Japanese Beautiful Passage Commentary

개정판

用例文을 중심으로 상세하게 풀이한

일본어 명문선주해 (II)

김원호 지음

UUP

日本語名文選註解(II)

- 2024년 8월 08일 개정판 1쇄 발행
- 2013년 3월 28일 초판 2쇄 발행
- 2004년 2월 29일 초판 발행
- 지은이 김원호
- 펴낸이 오연천
- 펴낸곳 (울산대학교출판부) 44610 울산광역시 남구 대학로 93(무거동) 울산대학교 출판부
- 전화 (052)259-2488 팩스 (052)277-3011
- 홈페이지 http://uup.ulsan.ac.kr
- 출판등록 제370-1996-000001호(1996.3.13.)
- 18,000

ISBN 979.11.6726.043.7(93730)

머리말

그 옛날, 대학시절 어느 교수님으로부터 수강했던 일본어과목. 그 과목의 교재로 사용한 『일본어판 다이제스트(월간)』가 있었다.

어느 날 갑자기 그 속에 재미있던 내용들이 생각나, 1983년 서울 청계천 고서점가를 이리저리 배회하며 수집하러 다녔던 기억이 생생히 난다. 나는 그것을 지금 연구실 구석에 시리즈로 보관하여 남기고 있는데 늘 좋은 보석으로 생각하고 있다.

이제 그 잡지 속의 재미있었던 테마 중에서, 지금으로서는 시사성은 적지만 흥미로우면서도 명문장(名文章)으로 생각되는 것을 여기에 모아 보았다. 그것을 잘 분석해 보면, 한 문장 한 문장 속에 들어있는 일본어 어휘나 표현력이 다른 테마보다 한층 우수하다고 생각되는 것들이다. 그러나 집필자의 대부분이 영문으로 된 저본(底本)을 일역(日訳)한 것이 단점이기는 하지만, 그것은 일본어다운 문장이면서 세련된 문장임에는 틀림없다.

일본어로 된 문장을 쉽게 이해할 수 있는 단계에 이르려면, 상당한 시간이 소요되는 것은 말할 필요도 없다. 영어학습과 마찬가지로 오랜 기간 연마해야 하는 언어이다. 일본어는 처음 배울 때는 쉽다고 하지만 배우면 배울수록 점점 어려워지는 외국어이다.

일본어 문장이 「히라가나」와 「가타카나」 그리고 「한자」로 되어 있어서, 「가나」와 「한자」만 알면 쉽게 독해할 수 있다고 하는데 그렇지 않다. 또한 한일 양국어가 너무나 닮아서 쉽게 번역할 수 있다고 생각하지만 그렇지 않다. 그래서 수많은 일본어 정보(情報)들이 한국어로 이전(移転)되는 과정에서 엉뚱한 의

미로 변질되어 사용되고 있는 것을 자주 본다. 그렇기 때문에, 보다 정확하고 올바른 번역이 절실히 요구되고 있는 것이다. 그러기 위해서는 양언어의 언어학적인 특성(特性)을 올바르게 파악하고 거기에 따르는 표현의 차이 등을 확실히 이해해야 할 것이다.

본 주해서는, 6개월 이상 배운 자를 대상으로 하여 주석을 달아 설명하였다. 각 주석의 제시어 마다 다양한 예문들이 많이 정리되어 있고 상세하게 설명되어 있어, 혼자서도 쉽게 공부할 수 있게끔 편리하게 꾸며 놓았다. 일본의 인터넷 사이트와 여러 가지 일본어 사전 등을 이용, 독특한 예문을 채록하여 학습자에게 가려운 부분을 시원하게 긁어주는 텍스트로 제작해 보았다.

본서는, 『日本語名文選註解(Ⅰ)』의 후속판으로 이후 연속 출간할 예정이다.

본서를 저의 강좌의 교재로 사용하는 것도, 앞의 이유도 있겠지만 다이제스트 일본어판으로 외국어를 공부하였던 필자가, 그 당시 학생의 입장에서 배웠던 방법으로 우리 학생들에게 가르치고 싶었기 때문이다. 더욱이 본서는, 독해용 교재로 제작된 것이지만 때로는 회화용으로 사용되어도 좋을 것이다. 또한 본서로 공부함으로써 일본어의 어휘 및 번역연습에 큰 도움이 될 것으로 생각되며, 나아가 '각종시험'에도 대비할 수 있는 훌륭한 어학서가 될 것으로 확신한다.

본 주해서가 발간되기까지 「魯魚, 亥豕の誤り」를 선별해 준 저의 seminar반 학생들에게 고마움을 표하고 싶다.

일본어공부에 몰두하고 있는 여러분들의 무궁한 건투를 기원한다.

2013년 2월 26일

저 자

개정판을 내면서

본서 '일본어명문선주해(2권)' 초판이 발행된지 2004년 2월입니다. 어언 20년.. 강산도 두 번이나 바뀌었습니다. 이런 것을 보고 우리는 '세월이 마치 화살 같다'고 하지 않습니까? 정말 세월이 빠른 것 같습니다!

저의 신분도 달라졌습니다. 2003년 당시 정교수였습니다. 이젠 명예교수라는 훈장을 달고 지난 세월을 회고하면서 삶의 여러 감흥을 즐기고 있습니다. 다행히 건강한 체질이라 특별한 문제는 없지요. 마냥 하고자하는 일거리만 많을 뿐입니다.

이제는 1인 방송시대가 아닌가요? 어느날 갑자기 출현한 '유튜브'라는 요물이 세상을 지배하고있습니다. '알고리즘'의 구조를 모르면 안되는 정보화시대. 영상경쟁시대라 할까요? 바야흐로 인기위주의 유튜브 크리에이터 시대가 도래한 것입니다. 본인도 슬쩍 한자리를 차지하고싶어졌습니다. 마치 현역 교수시절로 돌아가 열정적인 강의도 하는 듯합니다. 다양한 일본어 강좌를 개설하여 급변하는 영상시대에 한몫해보려 합니다.

이번 기회에 많은 독자들의 요구에 부응하여, 본서 '일본어명문선주해(2권)'를 수정하고 보완하게 되었습니다. 독자 여러분의 무궁한 발전이 있기를 기원합니다.

2024. 7. 25 중복날 저자

일러두기

I. **본서는, 4장로 나누어져 있으며, 각 장을 다시 몇 개의 단원으로 나누었다. 매단원은 <본문> <한자의 読み方> <주해>로 구성하였으며 각 장마다 <연습문제>도 추가하였다. <부록>에는 <본문의 번역> <연습문제의 답> <색인>이 첨부되어 있다.**

1. **「본문」** : 해석상 중요한 단어나 보충설명이 필요한 사항은, <주석번호> 를 달아 두었고 <주해> 에서 상세히 설명해 두었다. 한자의 「読み方」나 전반적인 번역은 가능한 한 학습자 스스로 사전을 하나하나 찾아보면서 이해하도록 하는 것이 바람직하다.

예) ウィム少年は手当たり次弟[1)]の数を分解することに熱中した。「あまりおもしろいので、 友だちがフットボールをしている間も、私は素因数分解ばかりしてました。二万までの数字はひととおりばらばらにしてみましたよ」*(「2장驚異の人間コンピューター」より)*

2. **「한자의 読み方」** : 혼자서 공부하기 쉽게, 본문의 순서대로 「読み方」를 따로 써 두었고 의미도 풀이해 두었다. 「일본어를 6개월 이상 배운 학생」을 기준으로 보아 쉽다고 판단되는 기초적인 단어는 대상에

서 제외했다.

예) 生協(せいきょう) : 생활협동조합　　握(にぎ)る : (5단) 쥐다
歓迎(かんげい) : 환영　　蛋白源(たんぱくげん) : 단백원

3. 「주해」 :

A. 본문 속에 표시되어 있는 <주석번호> 순서대로 중요한 어휘와 중요한 어구를 상세하게 설명해 두었다. 가능한 한 이해하기 쉽도록 많은 예문을 들었다. 또한 예문의 <한자> 에도 최대한 가나를 달아 두었다. 더욱이 그 예문이 어디에서 인용되었는지 출전(出典)이 필요할 경우에는, 문말에 명기(明記)하여 이해에 도움을 주었다.

예) 手当(てあ)たり次第(しだい) : 닥치는 대로. (= どれもこれも)

⇨ 冬の間は、暇(ひま)に任(まか)せて、<u>てあたり次第</u>、図書館を利用して本を読んだり、レンタルビデオで夏に見れなかった映画を見たりしていた。
(겨울철에는 휴가를 맡아 닥치는 대로 도서관을 이용하면서 책을 읽거나 비디오를 빌려 여름철 보지 못했던 영화를 보기도 했다.)

⇨ 台風(たいふう)6号は何千という人命(じんめい)を<u>手当たり次第</u>にうばった。
(태풍 6호는 몇 천 명이라는 인명을 닥치는 대로 빼앗았다.)

B. <주해> 설명 중, 보충설명이 필요한 「사항」에 대해서는 《자료해설》 란을 두어 상세하게 해설해 두었다.

C. 그리고 제시어가 복합어 및 연어 등으로 사용될 경우, cf)란을 두어 제시어를 이해하는데 최대한 도움설명을 해두었다.

예) 言(い)い分(ぶん) : 주장하고 싶은 말, 불평, 이의 (= 文句、もんく)

⇨ 相手(あいて)の言い分を聞く。
(상대방의 이야기를 듣다.)
⇨ 言い分があれば遠慮(えんりょ)なくいいなさい。
(불평이 있으면 거리낌 없이 말하시오)

cf) 言(い)い訳(わけ) : 변명, 핑계. [= 口実(こうじつ), 弁解(べんかい)]
⇨ そんな言い訳は聞きたくありません。
(그러한 변명은 듣고 싶지 않습니다.)
⇨ いいわけとは、自分の立場を正当化(せいとうか)するためにもちいられるのが普通である。〔yp〕
(변명은, 자기의 입장을 정당화하기 위하여 사용되는 것이 보통이다.)

D. 제시어의 표기는, 먼저 한자를 표기하고 후리가나를 해두었다. 경우에 따라서는, 그 한자로 자주 사용되고 있지 않을 경우에는 후리가나를 먼저 표기하고 나중에 한자를 표기해 두었다.

예) 教(おそ)わる　卸売(おろしうり)　さば(捌)く　いじく(弄)る

4. 「연습문제」 : 전체적인 대의 파악을 위하여, 각장마다 몇 개의 <문제문>을 만들어 제시하였다. 본문 전체의 대의를 파악한 후, 일본어로 대화해 봄으로써 중고급 회화학습에도 도움이 되도록 했다.

5. 「본문의 번역」 : 한국어로의 번역은 <부록> 란에 있으며 최대한 <직역> 해 두었다. 단, 경우에 따라 문맥이 자연스럽지 않을 때는 <의역>으로 해 두었다.

6. 「연습문제의 답」 : 연습문제의 답은<부록>란에 있으며, 가능한 한<본문>의 내용

을 중심으로 <답안>을 만들어 학습에 도움이 되도록 했다.

7. 「색인」 : 마지막 부분에는, <색인>란을 두어 「일본어」「한국어」별로 그 어휘·어구를 찾아보기 쉽도록 해두었다. 본서를 편리하게 사용하기 위해서는 필요한 코너이다.

Ⅱ. 본서에서 사용되는 일본어의 <품사> 와 <활용형의 명칭> 은, 편의상 다음과 같이 <약어> 로 표시하기로 한다.

1. <품사>의 약어

N : 명사
V : 동사

5단 : 5단활용동사　　上1 : 上1단활용동사
下1 : 下1단활용동사　　カ변 : カ行변격동사
サ변 : サ行변격동사
自 : 자동사　　他 : 타동사

A : 형용사 (일명 イ형용사)　　Av : 형용동사 (일명 ナ형용사)
助v : 조동사　　副 : 부사
感 : 감동사　　接 : 접속사
助 : 조사　　接尾 : 접미어
連体 : 연체사

2. <활용형>의 약어

基 : 기본형　　未 : 미연형
用 : 연용형(소위 「ます형」)　　体 : 연체형
終 : 종지형　　仮 : 가정형

命 : 명령형

Ⅲ. 본서는, 주로 <자습용>으로 제작하였으며 <중고급의 일본어 독해교재 또는 회화교재>로 사용하면 적합하다.

Ⅳ. 본문에 사용한 해당용례의 출전(出典)을 마지막에 [약어]로 명기하였다. 본문에 사용한 용례의 <참고문헌>은 다음과 같다.

<용례문의 참고문헌>

〔출전〕 〔약어〕

·http://www.yahoo.co.jp → 〔yp〕

·山岸勝栄編(2000),『スーパー·アンカー和英辞典』, 学習研究社 → 〔スーパー〕

·小島義郎·竹林 滋·中尾啓介(1996),『Lighthouse Japanese English Dictionary』, 研究社 → 〔LD〕

·新村出(1989),『広辞苑』, 3版, 岩波書店 → 〔広〕

·小学館編輯部(1990),『日本国語大辞典』 → 〔大〕

·林史典·つるおか昭夫(1992),『15万例文·成句 現代国語用例辞典』, 教育社 → 〔現代〕

·藤原与一·磯貝英夫(1985),『表現類義辞典』, 東京堂 → 〔表現〕

·小学館辞典編輯部(1994),『使い方の分かる類語例解辞典』, 小学館 → 〔類語〕

·田忠魁·泉原省二·金相順(1998),『類義語使い分け辞典』, 研究社 → 〔使〕

·文化庁(1973),『外国人のための基本語用例辞典』, 大蔵省印刷局 → 무표시

·安田吉実·孫洛範(1991),『民衆엣센스 日韓辞典』, 3刷, 民衆書林 → 무표시

·日本語教育学会(1982),『日本語教育事典』, 初版, 大修館書店 → 〔教育〕

목차

제2장 驚異の人間コンピューター

제4장 ヘボン博士と「和英語林集成」

제1장

安全ベルトは飾りではない

ワンちゃんの安全ベルト

《第1章》

安全ベルトは飾りではない

[1—1]

본문

昨年の**棺桶型**[1)]**交通事故**－ドライバー[2)]や車に同乗中[3)]の者が死亡する交通事故　－　による死者は五千三百十五人に達した。[4)]ところが、交通安全問題の専門家によれば、[5)] これらの人々がもし安全ベルトをきちんと[6)] 締めていたら、そのうちの六割が死なずにすんだし、[7)] 負傷の程度もずっと軽かったはずだ[8)]という。たとえば、運輸省による次のような[9)]調査報告がある。 今年一月十二日、 金沢市で起こった衝突事故で、四人の男性が、 腰やひざ、胸などに打撲傷を受け、顔面を切るなど合計十三か所を負傷した。ことに[10)] 一人は右眼球にフロントガラスの破片がささって重傷、一人は左足を骨折していた。

ところが、この調査によれば、もし全員が二点式[11)]安全ベルトを締めていたとしたら、[12)] 顔や胸など五か所の負傷は免れなかった[13]かもしれないが、いずれも[14]軽傷ですみ、三点式安全ベルトであったら、わずか一か所、手首に軽傷を負った[15]だけで他のすべての負傷を免れることができていたはずだというのである。ところが、飛行機の座席ベルトを締めることに文句を言う[16]人はいないというのに、同じような装置である車の安全ベルトとなると、[17] ドライバーたちはさまざまな[18]口実を設けて[19]締めようとはしない。次に掲げるのは、事故を起こした[20]ドライバーを対象としたアンケート調査に現われた、**安全ベルトを締めない口実**である。 これらの口実は、 調査の対象となったドライバーたちに限らず、[21] 一般にも広く用いられている口実だが、よく検討してみると、これらの言い分[22]には根拠のないことがわかる。なぜ誤りなのかを検討してみよう。

一、ベルトを着けたり、はずしたりするのがめんどうである。

前記のアンケート調査では、ドライバーの四分の三が、安全ベルトを締めなかった理由の一つとしてこう主張する。 しかし実際に締めてみると、決してそれほどめんどうなものではないことがわかるだろう。運転席にすわって体を正しい位置に安定させ、安全ベルトを締め終わる[23]のに要する時間は、高々三十秒から一分にすぎない。[24] また、万一事故にあった[25]場合でも、救助者が簡単にはずすことができるように作られている。ベルトの長さにしても、[26] 利用者の体に合わせて適切な長さだけ引出せる巻取り式のものもあり、いちいち手で調節しなければならなかった以前のようなわずらわしさはなくなっている。

二、体の自由が奪われて、運転しにくい。

これは二番めによく用いられる口実である。たしかに、安全ベルトによって体が座席に固定されているのだから、 体の自由はある程度制限される。しかし、運転がしにくくなる[27]ということはない。むしろ[28]安全ベルトを締めていてこそ[29] 鋭いカーブを切る[30]こともできるし、凹凸[31]の多い悪路でも確実にハンドルをさばくことができるのである。あるいは[32]また、急ブレーキをかけたときとか、衝突事故のときに、前にのめって[33]車内のどこかに体が激しくたたきつけられる[34]といった、 危険な二次衝突を未然に防いでくれる。また、安全ベルトは、衝突の衝撃から体を守ってくれるだけでなく、[35] 事故の予防にも役立っていることを忘れてはならない。[36] 運転中に後ろを振り向いたり、 床に落ちたものを拾ったりといった、事故を招く危険な動作ができなくなるし、一方では姿勢が正しく保たれるので視野も広がる。
ちなみに、[37] 昨年の全交通事故死のうち一二・三パーセントは、わき見運転によって引起こされている。安全ベルトは、 車の利用者ばかりでなく歩行者を事故から守ることにもつながることを忘れてはならない。

三、車が火事になった場合、脱出が遅れるのではないか。

この種の災難にあう可能性は非常に低い。たとえば、昨年中に東京都で発生した車の火災件数 — 必ずしも[38]すべてが交通事故による火災とは限らない — は、同年中に都内で起こった、車同士[39]の衝突や転倒などの交通事故の一・七パーセントにすぎない。またもし、不幸にして[40]こういう事故が本当に起こったとしても、安全ベルトを締めていたほうがはるかに安全である。ベルトをはずすのには、ワンタッチの操作でものの数秒もかからないし、安全ベルトを締めていなかったら二次衝突で人事不省に陥ったり、[41]あるいは負傷して脱出できなくなることも十分考えられるからである。

한자의 読み方

安全(あんぜん) : 안전
棺桶(かんおけ) : 관통
事故(じこ) : 사고
死亡(しぼう) : 사망
専門家(せんもんか) : 전문가
六割(ろくわり) : 6할
程度(ていど) : 정도
調査(ちょうさ) : 소사
金沢市(かなざわし) : 가나자와 시
打撲傷(だぼくしょう) : 타박상
合計(ごうけい) : 합계
破片(はへん) : 파편
骨折(こっせつ) : 골절
免(まぬが)れる : 면하다, 피하다
手首(てくび) : 손목
座席(ざせき) : 좌석
装置(そうち) : 장치
設(もう)ける : (구실을)대다. 만들다
対象(たいしょう) : 대상
限(かぎ)る : (5단)한하다
用(もち)いる : 이용하다
言(い)い分(ぶん) : 핑계, 주장
誤(あやま)り : 잘못
前記(ぜんき) : 앞에서 기술
主張(しゅちょう) : 주장
運転席(うんてんせき) : 운전석
位置(いち) : 위치
要(よう)する : 요하다
万一(まんいち) : 만일
利用者(りようしゃ) : 이용자
飾(かざ)り : 장식
交通(こうつう) : 교통
同乗(どうじょう) : 동승
死者(ししゃ) : 사망자
締(し)める : 매다
負傷(ふしょう) : 부상
運輸省(うんゆしょう) : 운수성
報告(ほうこく) : 보고
衝突(しょうとつ) : 충돌
顔面(がんめん) : 안면
右眼球(うがんきゅう) : 오른쪽 안구
重傷(じゅうしょう) : 중상
全員(ぜんいん) : 전원
軽傷(けいしょう) : 경상
負(お)う : 입다
文句(もんく) : 불평, 불만
口実(こうじつ) : 구실, 핑계
掲(かか)げる : 들다, 언급하다
現(あらわ)れる : 나타나다
一般(いっぱん) : 일반
検討(けんとう) : 검토
根拠(こんきょ) : 근거
面倒(めんどう)だ : 성가시다, 귀찮다
理由(りゆう) : 이유
実際(じっさい) : 실제
正(ただ)しい : 바르다
安定(あんてい) : 안정
高々(たかだか) : 기껏해야
救助者(きゅうじょしゃ) : 구조자
適切(てきせつ) : 적절

引(ひ)き出(だ)す : 끌어내다
調節(ちょうせつ) : 조절
固定(こてい) : 고정
鋭(するど)い : 예리하다
悪路(あくろ) : 나쁜 길
激(はげ)しい : 심하다
未然(みぜん) : 미연
衝撃(しょうげき) : 충격
予防(よぼう) : 예방
振(ふ)り向(む)く : 뒤돌아보다
拾(ひろ)う : 줍다
動作(どうさ) : 동작
保(たも)つ : 유지하다
引(ひ)き起(お)こす : 일으키다
火事(かじ) : 화재
遅(おく)れる : 늦어지다
災難(さいなん) : 재난
非常(ひじょう)に : 매우
火災(かさい) : 화재
都内(とない) : 도내
転倒(てんとう) : 전복
操作(そうさ) : 조작
人事不省(じんじふせい) : 인사불성
十分(じゅうぶん) : 충분히
巻取り式(まきとりしき) : 감기식
奪(うば)う : 빼앗다
制限(せいげん) : 제한
凹凸(おうとつ、でこぼこ) : 요철
確実(かくじつ) : 확실
危険(きけん) : 위험
防(ふせ)ぐ : 방지하다
守(まも)る : 지키다
役立(やくだ)つ : 도움이 되다
床(ゆか) : 마루, 밑
招(まね)く : 초래하다
姿勢(しせい) : 자세
視野(しや) : 시야
歩行者(ほこうしゃ) : 보행자
脱出(だっしゅつ) : 탈출
種(しゅ) : 종류
可能性(かのうせい) : 가능성
発生(はっせい) : 발생
件数(けんすう) : 건수
同士(どうし) : 끼리
不幸(ふこう) : 불행
数秒(すうびょう) : 몇 초
陥(おちい)る : (5단)빠지다

주해

1) ~型(がた) : ~형.

⇨ 2004年型(ねんがた)の自動車(じどうしゃ) (2004년형의 자동차)

⇨ 新型(しんがた)の機械(きかい) (신형기계)

⇨ 大型株(おおがたかぶ) (대형주식)

⇨ 小型(こがた)は簡単に釣(つ)れるが25cmオーバーになると波止(はと)からは、なかなか釣れない。〔yp〕

(작은 물고기는 간단히 낚을 수 있지만, 25센치 이상이 되면 부두에서는 좀처럼 낚을 수 없다.)

2) ドライバー : 운전자 (= driver).

⇨ 一番好きなドライバーを投票(とうひょう)して下さい。〔自動車競技より〕

(가장 좋아하는 운전자를 투표해 주십시오.)

cf) 同音異語 : ドライバー 〔= screwdriver, ねじ回(まわ)し〕

→ 드라이버, 나사돌리개.

⇨ 新品！充電式(じゅうでんしき)コンパクト電動ドライバードリル。〔yp〕

(신품! 충전식 소형 전동 드라이버 드릴.)

3) ~中(ちゅう) : ~중.

⇨ 授業(じゅぎょう)中ですから、しずかに歩いてください。

(수업중이니 조용히 걸어 주세요.)

⇨ ただいま食事(しょくじ)中ですから、しばらくお待ちください。

(지금 식사중이니까 잠시 기다려 주세요.)

⇨ その事件(じけん)は、目下(もっか)取(と)り調(しら)べ中です。

(그 사건은 지금 조사 중입니다.)

⇨ 今、試験(しけん)中です。(지금 시험 중입니다.)

⇨ 建築(けんちく)中の家。(건축 중인 가옥)

⇨ 会談(かいだん)中。(회의 중), 休養(きゅうよう)中。(휴양 중)

⇨ 仕事(しごと)中。(일하는 중)

cf) ~中(じゅう) : 온~, ~내내. (= all, every)

⇨ 시간 : 一日(いちにち)中。(하루 종일, all day long)
一晩(ひとばん)中。(밤새도록, all night)
一年(いちねん)中。(1년 내내, all the year round)
今年(ことし)中に。(올해 내로, the end of this year)
冬(ふゆ)中。(겨울 내내, all through the winter) 〔LD〕

⇨ 장소 : 世界(せかい)中。(온 세계, all over the world)
顔(かお)中に。(얼굴전체에, all over his face)
体(からだ)中。(온몸, whole body)
学校中で。(학교전체에서, in our school)
家(いえ)中。(온 집안, everywhere in the house)
東京(とうきょう)中。(도쿄의 모든 곳, everywhere in Tokyo) 〔LD〕

4) ~に達(たっ)する : ~에 달하다.

⇨ 幸福(こうふく)に達する道。(행복에 이르는 길)

⇨ 基準(きじゅん)に達する。(기준에 달하다.)

⇨ パニック発作(ほっさ)は、強い不安と恐怖、そして下に示す症状(しょうじょう)のうち四つ以上が突然出現(しゅつげん)し、10分以内にピークにたっする発作である。〔yp〕

(공황 발작은, 심한 불안과 공포, 그리고 아래에 나타나는 증상 중, 4개 이상이 돌연히 나타나며, 10분 이내에 최고조에

달하는 발작이다.)

⇨ 隕石(いんせき)はふつうは重さが、数百グラムから数キログラムくらいですが、大きいものでは数十トンにたっすることもあります。

(운석은 보통 무게가, 수백 그램에서 수 킬로그램 정도입니다만, 큰 것은 수십 톤에 달하는 것도 있습니다.)

5) ~による：~에 의거하다, 근거하다.

⇨ 話によればあの人は外国へ亡命(ぼうめい)したそうだ。

(이야기에 따르면 그 사람은 외국으로 망명했다고 한다.)

⇨ あの人が成功(せいこう)したのは友人(ゆうじん)の熱心(ねっしん)な協力(きょうりょく) によると言われている。

(저 사람이 성공한 것은 친구의 열성적인 협력에 의한 것이라고 말하고 있다.)

6) きちんと：(副)깔끔히, 정확히, 똑바로, 바르고 흐트러지지 않은 모양.

⇨ 彼の寝室(しんしつ)はいつもきちんと片(かた)づいている。〔スーパー〕

(그의 침실은 늘 깔끔히 정돈되어 있다.)

⇨ 彼は部屋代(へやだい)を毎月きちんと払う。〔スーパー〕

(그는 방값을 매월 정확히 낸다.)

⇨ 彼女は何事(なにごと)によらずきちんとやる人だ。〔LD〕

(그녀는 무슨 일을 하든 확실히 하는 사람이다.)

⇨ くつを脱(ぬ)いだらきちんとそろえておきなさい。〔LD〕

(신발을 벗으면 바르게 모아두세요.)

⇨ 泣いてないでお母さんにきちんとわけを話してごらん。〔スーパー〕

(울고 있지 말고 엄마한테 바르게 이유를 말해보렴.)

⇨ その先生はいつもきちんとした服装(ふくそう)をしている。〔スーパー〕

(그 선생님은 늘 단정한 복장을 하고 있다.)

7) V의 未然形+ずに済(す)む : 무사히 해결되다, ~지 않아도 되다.

⇨ となりの家のまどガラスをこわして'すみません'と謝(あやま)ったら、お金をはらわずに済んだ。

(이웃집의 창문을 깨뜨려 '미안합니다' 라고 사과했더니, 돈을 치르지 않고 해결되었다.)

⇨ 毎日家で復習(ふくしゅう)をしていたので、とつぜんテストがあったが困らずに済んだ。

(매일 집에서 복습을 하고 있었으므로, 갑작스럽게 시험이 있었지만 문제없이 끝났다.)

8) ~はずだ : ~ㄹ 것이다. (예정)

⇨ 汽車(きしゃ)は10時に出るはずです。

(기차는 10시에 출발할 것입니다.)

⇨ 1時には来るはずなのに友だちはまだ来ない。

(1시에는 올 텐데 친구는 아직 오지 않는다.)

9) ~のような : ~와 같은, ~와 닮은. (비유, 예시)

⇨ 暗くてよく見えなかったが、犯人(はんにん)はピストルのような物をもっていた。

(어두워서 잘 보이지 않았지만, 범인은 권총 같은 것을 들고 있었다.)

⇨ その女の人はネッカチーフのような赤い切れを首に巻(ま)いていました。

(그 여자는 스카프 같은 빨간 헝겊을 목에 두르고 있었습니다.)

10) 殊(こと)に : 특히.(= とりわけ, その上に)

⇨ 殊に、この辺(あた)りは地価(ちか)が安いので、最近(さいきん)都会(とかい)で大勢(おおぜい)人々が土地(とち)を求めてやってくる。

(특히 이 근처는 땅값이 싸기 때문에, 최근 도시에서 많은 사람들이 토지를 구하러 온다.)

11) ~式(しき) : (어떤 일을 할 때의 일정한) 방법, 방식.

⇨ あの人はすべてイギリス式だ。

(저 사람은 모든 것이 영국식이다.)

⇨ 新式(しんしき)のものより、わたしは旧式(きゅうしき)のほうが好きだ。

(신식인 것보다 나는 구식을 좋아한다.)

12) ~としたら : (가령 그렇게 생각하는 경우에) ~한다면.

⇨ あなたがもし田中さんだったとしたら、どうしましたか。

(당신이 만약 다나카 씨였다고 한다면 어떻게 했겠습니까?)

⇨ 今10万円もらったとしたら、何に使いますか。

(지금 10만 엔 받았다고 한다면 어디에 사용하겠습니까?)

13) 免(まぬか)れる : 피하다, 면하다. (=「まぬがれる」라고도 함)

⇨ 私はその車(くるま)に乗(の)り遅(おく)れたために運(うん)よく事故(じこ)を免れた。

(나는 그 차를 늦게 탔기 때문에 운 좋게 사고를 면했다.)

⇨ 責任(せきにん)を免れようったってだめだよ。〔スーパー〕

(책임을 회피하려 하다니 안돼.)

14) いずれも ：(副)어느 쪽이나 다, 이것도 저것도, 모두 다.

⇨ わたしはいずれも関係がないから、早く下さい。
(나는 어느 쪽이나 다 관계없으니까 빨리 주세요.)

⇨ ラッピングをお選びください。いずれも無料です。〔yp〕
(포장을 골라 주십시오. 어느 것도 무료입니다.)

⇨ 製鉄業界(せいてつぎょうかい)、生産と収益(しゅうえき)がいずれも増加。〔yp〕
(제철업계, 생산과 수익 모두 다 증가.)

cf) いずれ：(副)어쨌든, 결국. (= ともかく, とにかく)

⇨ いずれ、詳(くわ)しいことは書面(しょめん)で提出(ていしゅつ)いたします。
(어쨌든 상세한 것은 서면으로 제출하겠습니다.)

⇨ 隠(かく)してもいずれわかってしまいますよ。
(숨겨봤자 결국 알려지고 맙니다.)

15) 負(お)う ：(상처 등을) 입다.

⇨ 彼女が何者(なにもの)かに刃物(はもの)で顔を切りつけられ、1週間のけがを負った。〔yp〕
(그녀가 누군가의 칼에 얼굴이 베여 1주일간의 상처를 입었다.)

⇨ 崖(がけ)からおちて重(おも)いきずを負った。
(벼랑에서 떨어져 심한 상처를 입었다.)

16) 文句(もんく)を言う ：불평, 불만을 말하다.

⇨ 隣(となり)の部屋(へや)のラジオがうるさいので文句を言いに行った。
(옆방의 라디오가 시끄러워서 따지러 갔다.)

⇨ 文句があるなら、わたしに言いなさい。
(불평이 있으면 나에게 말하세요.)

⇨ 非喫煙者(ひきつえんしゃ)はたばこを喫わないだけですが、嫌煙(けんえん)は他人の喫煙に文句を言ってきます。〔yp〕
(비 흡연자는 담배를 피우지 않지만, 담배 연기를 싫어하는 사람은 타인의 흡연에 불평을 합니다.)

17) ~となると : ~이 되면.

⇨ いざとなると実行(じっこう)できない。
(막상 일이 닥치면 실행 못한다.)

⇨ 自分のこととなるとみんなにげてしまう。
(막상 자기 일이 되면 모두 도망쳐 버린다.)

18) さまざまだ : 여러 가지다, 가지각색이다.(= いろいろだ)

⇨ 絵本(えほん)はさまざまな色(いろ)になっている。
(그림책은 여러 가지 색으로 되어 있다)

⇨ 人の顔がみんな違うように人の考えもさまざまだ。
(사람의 얼굴이 모두 다른 것처럼 사람의 생각도 가지가지다.)

19) 口実(こうじつ)を設(もう)ける : 구실을 대다.

⇨ あの人がガラスをこわしたのをしっているのに口実を設ける。
(저 사람이 유리창을 깬 걸 알고 있는데도 구실을 댄다.)

⇨ ブレア首相の今回のイラク訪問は主に、イラクに駐屯(ちゅうとん)するイギリス将兵(しょうへい)を励(はげ)まし、 戦後のイラク再建(さいけん)を見積(みつ)もって、その対イラク攻撃(こうげき)に適切な口実を設けることにある。〔yp〕

(블레어 수상의 이번 이라크 방문은, 주로 이라크에 주둔하는 영국 장병을 격려하고 전후 이라크 재건을 예상하여 대 이라크 공격에 적절한 구실을 대는 데 있다.)

20) 起(お)こす : (사고 등을) 일으키다.

⇨ 飲酒(いんしゅ)運転をして事故を起こした。

(음주운전해서 사고를 냈다.)

⇨ 自動車保険(ほけん)は、事故を起こす確率(かくりつ)が低そうな人ほど、保険料が安く済(す)む仕組(しく)みになっている。〔yp〕

(자동차 보험은, 사고를 일으키는 확률이 적은 사람일수록 보험료가 싸게 먹히는 구조로 되어있다.)

⇨ 対米テロ攻撃、個人より組織が起こす危険(きけん)が大きい。〔yp〕

(대미 테러공격, 개인보다 조직이 일으킬 위험이 크다.)

21) ~に限(かぎ)らず : (~만이 아니라 다른 경우에도) ~에 한하지 않고.

⇨ 山田さんに限らずだれでも油断(ゆだん)すると失敗しますよ。

(야마다 씨에 한하지 않고 누구든 방심하면 실패합니다.)

⇨ 障害者(しょうがいしゃ)·高齢者(こうれいしゃ)に限らず、だれでも、自由に、どこへでも旅行が楽しめること(Tourism For All)を目指す。〔yp〕

(장애자 · 고령자에 한하지 않고 누구라도 자유로이 어디라도 여행을 즐길 수 있는 것을 목표로 한다.)

⇨ 恐竜(きょうりゅう)に限らず動物が死ぬと、やわらかい部分は腐(くさ)ったり、ほかの生物に食べられたりして、骨など硬い部分だけが残る。〔yp〕

(공룡만이 아니라 동물이 죽으면, 부드러운 부분은 썩기도

하고, 다른 생물들에게 먹히기도 하여 뼈 등 딱딱한 부분만 이 남는다.)

22) 言(い)い分(ぶん) : 주장하고 싶은 말, 불평, 이의. (= 文句、もんく)

⇨ 相手(あいて)の<u>言い分</u>を聞く。

(상대방의 이야기를 듣다.)

⇨ <u>言い分</u>があれば遠慮(えんりょ)なくいいなさい。

(불평이 있으면 거리낌 없이 말하시오)

cf) 言(い)い訳(わけ) : 변명, 핑계. [= 口実(こうじつ)、弁解(べんかい)]

⇨ そんな<u>言い訳</u>は聞きたくありません。

(그러한 변명은 듣고 싶지 않습니다.)

⇨ <u>いいわけ</u>とは、自分の立場を正当化(せいとうか)するためにもちいられるのが普通である。〔yp〕

(변명은, 자기의 입장을 정당화하기 위하여 사용되는 것이 보통이다.)

23) V의 連用形+終わる : ~하기를 끝내다, 다 ~하다.

⇨ その雑誌を読み<u>終わっ</u>たらぼくに貸してください。

(그 잡지를 다 읽으면 나에게 빌려주세요.)

⇨ わずか、五日だけにおこづかいを全部使い<u>終わっ</u>た。

(불과 5일 만에 용돈을 다 써버렸다.)

24) ~に過(す)ぎない : ~에 지나지 않다, ~에 불과하다.

⇨ いくらはたらいても1か月の収入(しゅうにゅう)はわずか5万円<u>にすぎない</u>。

(아무리 일을 해도 1개월 수입이 불과 5만 엔에 지나지 않는다.)

⇨ 今の話は、ただ私の希望(きぼう)<u>にすぎない</u>のです。現実(げんじつ)にはなかなかうまくいかないでしょう。
(지금 이야기는 단지 나의 희망에 지나지 않습니다. 현실은 좀처럼 잘 되지 않지요.)

25) Nに遭(あ)う : (사고, 재난을) 당하다, 부딪치다, 만나다.

⇨ 今日学校に来る途中(とちゅう)小学生が事故<u>にあう</u>のを見た。
(오늘 학교에 오는 도중에 초등학생이 사고를 당하는 것을 보았다.)

⇨ 旅行中何の事故<u>にもあわ</u>なくてよかった。
(여행 중 아무런 사고도 없어서 다행이다.)

⇨ 災難(さいなん)<u>にあっ</u>たとき、その災難に負(ま)けないだけの心の強さが必要(ひつよう)だ。
(재난을 만났을 때 그 재난에 꺾이지 않을 만한 강한 마음이 필요하다.)

26) ~にしても : ~에게도, ~역시, 가령~라고 하더라도.

⇨ 母<u>にしても</u>初めから賛成していたわけではありません。
(엄마 역시 처음부터 찬성한 것은 아닙니다.)

⇨ いくら頭がいい<u>にしても</u>この問題をそう簡単(かんたん)には解(と)けないと思います。
(아무리 머리가 좋다고 해도 이 문제를 그렇게 간단히 풀 수 없을 것입니다.)

27) V의 連用形+にくい : ~기 어렵다.

⇨ この薬(くすり)はにがくて飲み<u>にくい</u>。
(이 약은 써서 먹기 어렵다.)

⇨ 英語は発音(はつおん)し<u>にくい</u>言語(げんご)だ。

(영어는 발음하기 어려운 언어다.)

28) むしろ : (副) 오히려, 차라리.(= かえって)

⇨ この悪天候(あくてんこう)では進(すす)むよりもむしろとどまるべきだ。

(이렇게 날씨가 나빠서는 진행시키는 것보다 오히려 중지해야 할 것이다.)

29) ~こそ : ~야 말로, ~만큼.

⇨ あの建物こそ代表的(だいひょうてき)な日本家屋(かおく)です。

(저 건물이야말로 대표적인 일본 가옥입니다.)

⇨ 毎日の努力(どりょく)こそ成功(せいこう)の原因(げんいん)なのですから一生懸命にやってください。

(매일의 노력이야말로 성공의 원인이 되므로 열심히 해주세요.)

30) カーブを切(き)る : 커브를 틀다.

⇨ あの競走(きょうそう)自動車はかっこうよくカーブを切った。

(저 경주 차는 멋지게 커브를 틀었다.)

⇨ 狭い練習場では、ついでにブレーキングやカーブを切る練習もできます。(自転車練習)〔yp〕

(좁은 연습장에서는, 겸하여 브레킹이나 커브를 트는 연습도 할 수 있습니다.)

31) 凹凸(おうとつ、でこぼこ) : 요철.

⇨ 路面(ろめん)の凹凸。

(도로면의 요철)

⇨ 宇宙から測(はか)る海面(かいめん)の凹凸で渦(うず)や黒潮(くろしお)をみる。〔yp〕
(우주에서부터 측량되는 해면의 요철로써 소용돌이나 난류를 본다.)

cf) 凹(へこ)む : (5단) 움푹 패다
凹(おう)レンズ : 오목렌즈
凹面鏡(おうめんきょう) : 오목거울
凸(とつ)レンズ : 볼록렌즈
凸面鏡(とつめんきょう) : 볼록거울
凸凹(でこぼこ) : 울퉁불퉁

32) あるいは : ㈱ 혹은, 혹시.(= または, もし)
⇨ やれるか、あるいは、やれないかとにかくやってみることですね。
(할 수 있을지 또는 할 수 없을지 어쨌든 해 볼 일이네요.)
⇨ 午後あるいは、一雨(ひとあめ)来るかもしれない。
(혹시 오후에 한차례 비가 올지도 모른다.)

33) のめる : (5단) 고꾸라지다(= つんのめる), 앞으로 넘어지다 (= 前へたおれる)
⇨ 足を踏(ふ)み外(はず)して前にのめる。
(발을 헛디디며 앞으로 고꾸라지다.)
⇨ 石(いし)につまずいて前にのめる。
(돌에 채어서 앞으로 고꾸라지다.)

34) V의 用+つける : (어세를 강조하는 말) 마구 ~하다.
⇨ あまりわがままなのでしかりつけてやった。
(너무나 제 멋대로 라서 마구 야단을 쳤다.)

⇨ ひどく怒(おこ)って本をつくえにたたきつけた。
(몹시 화를 내고서 책을 책상에 내던졌다.)

35) ~だけでなく : ~(뿐)만 아니라.

⇨ 映画は単(たん)に見るだけでなく考えなければならない。
(영화는 단지 보기만 하는 게 아니라 생각해야 된다.)

⇨ 早寝(はやね)だけでなく早起(はやお)きもしよう。
(일찍 잘 뿐만 아니라 일찍 일어나자.)

36) ~てはならない : ~해서는 안 된다(금지).

⇨ これは子どもの見てはならないものです。
(이것은 아이가 봐서는 안 되는 것입니다.)

⇨ 易しい問題だといって油断(ゆだん)をしてはなりません。
(쉬운 문제라고 해서 방심을 해서는 안 됩니다.)

37) 因(ちな)みに : ㊓ 거기에 겸해서 말하면 덧붙여서 말하면. (= それにつけて, ついでに言えば)

⇨ 本校(ほんこう)はその歴史(れきし)と伝統(でんとう)によって培(つちか)われた優(すぐ)れた教育理念(きょういくりねん)のもとに多数(たすう)の子女(しじょ)を教育し、社会に送(おくり)出(だ)しているという栄(は)えある学園(がくえん)であり、ちなみに東京女子大学とは姉妹校(しまいこう)でもあります。
(본교는 그 역사와 전통에 의해 길러낸 우수한 교육이념의 바탕아래 다수의 자녀를 교육하고 사회에 배출하고 있는 영광스러운 학교이며, 게다가 동경여대와는 자매학교이기도 합니다.)

38) 必(かなら)ずしも~限(かぎ)らない : 반드시 ~라고는 할 수 없다.

⇨ 金持(かねも)ちが必ずしも幸福(こうふく)とは限らない。
(부자가 반드시 행복하다고는 할 수 없다.)

⇨ ねだんの高いものが必ずしも品(しな)がいいとは限らない。
(값이 비싼 것이 반드시 품질이 좋다고는 할 수 없다.)

39) N+同士(どうし) : (接尾) ~끼리. (둘 이상인 사람이 서로 같은 종류임을 표현)

⇨ 戦後(せんご)学生どうしの結婚が増(ふ)えてきた。
(전후, 학생끼리의 결혼이 늘었다.)

⇨ 今夜(こんや)、気の合(あ)った者(もの)どうしで旅行(りょこう)に行くこととなりました。
(오늘밤 뜻이 맞는 사람끼리 여행을 가기로 했습니다.)

⇨ ユーザー同士の音声通話(おんせいつうわ)によるコミュニケーションサービス。〔yp〕
(사용자끼리의 음성전화 통화에 의한 전달서비스.)

⇨ ファン同士の交流を目的としたページ。〔yp〕
(팬들끼리의 교류를 목적으로 한 페이지.)

⇨ 天文(てんもん)に興味を持つ人同士の交流。〔yp〕
(천문에 흥미를 갖은 사람들끼리의 교류.)

40) 不幸(ふこう)にして : 불행하게도.

⇨ かれは不幸にして子どものときに両親(りょうしん)を失(うしな)った。
(그는 불행하게도 어린아이 때 양친을 여의었다.)

⇨ 不幸にして彼の乗った船は海に沈(しず)んでしまった。
(불행하게도 그가 탄 배는 바다에 가라앉아 버렸다.)

41) ものの~ : (連体) 기껏, 고작, 불과 [= 物の, せいぜい, およそ, ほんの~, 시간・거리・수량 등이 대수로운 정도가 아님을 나타냄]

⇨ ものの5分もたたないうちに。

(불과 5분도 지나기 전에.)

⇨ ものの2キロも歩いたころ。

(겨우 2km쯤 걸었을 무렵.)

⇨ ものの1分のすれば出来ますよ。

(한 1분만 있으면 됩니다.)

42) 陥(おちい)る : (5단) (인사불성에) 빠지다.

⇨ 恐怖(きょうふ)のあまり人事不省に陥る。

(무서운 나머지 인사불성에 빠지다.)

⇨ 父が急に倒(たお)れて危篤(きとく)に陥った。

(아버지가 갑자기 쓰러져서 위독한 상태에 빠졌다.)

⇨ 彼は二者択一(にしゃたくいつ)を迫(せま)られ、ジレンマに陥った。

〔スーパー〕

(그는 양자택일에 쫓겨 딜레마에 빠졌다.)

[1—2]

본문

四、衝突のとき車内に閉じこめられる[1]のではないか。

衝突時に、そのまま車内に残っていたらぺしゃんこに[2]つぶされて[3]死亡したと思われるのに、衝突の反動で外に投げ出された[4]ために助かったという事例もたしかにある。しかしそれは、例外的に運がよかっただけのことであり、こんな幸運なケースは非常にまれである。[5] わが国の場合、統計的にはっきりした数字はないが、アメリカでは致命傷を受ける危険度は、車外に投げ出される場合が最も高いとされている。安全ベルトの大切な効用の一つは、衝突の衝撃で体が車外にほうり出される[6]のを防ぐことなのである。

五、低速で運転しているので必要ない。

一九七三年に発生した傷害を伴う交通事故のうち、二四パーセントは時速二十キロ以下のスピードで起こっており、七七パーセントは五十キロ以下のスピードで起こっている。また、死亡事故は、どんなスピードででも起こりうる[7]ことも銘記しておくべきだろう。[8] 六二年に運輸省技術研究所で行なった等身大の人形を使った実験では、二十九キロ程度のスピードの衝突でも、生身[9]の人間なら即死の状態にあったと報告されている。スピードがおそいから安全だとは決して言えないのである。

六、高速で起こった事故では役に立たない[10]のではないか。

もちろん、安全ベルトは万能ではない。しかし、ベルトを締めていれば、締めない場合に比べて、事故にあっても生き残れる[11]可能性ははるかに[12]大きくなる。わが国の場合、ベルトの着用率は非常に低く、着用が義務づけられている[13]高速道路でも六パーセント程度にすぎないため、ベルトのおかげで命拾い[14]をしたという事例はきわめて[15]少ないが、それでも、七十キロ、八十キロのスピードで起こした事故であるにもかかわらず、軽傷ですんだという例がすでに数例報告されている。

七、安全ベルトは、運転技術の未熟なものが締めるものだ。

安全ベルトを締めていたり、同乗者に安全ベルトを締めるように勧めたりすると、自分の運転技術が未熟だと思われないかと心配するドライバーや、友人の車に乗せてもらったときに安全ベルトを締めたりすると、いかにも友人の腕を信用していないようで失礼にあたると考える人は少なくない。安全ベルトを締めるとドライバーのプライドをきずつける[16]ことになるというこの考え方は、車の利用者の間に広く定着している根強い[17]偏見の一つである。普通乗用車と軽四輪乗用車について調べてみると、昨年一年間では、少なくとも約五十一台につき[18]一台の割合で死傷事故を起こしていることがわかる。いつ、どこで、どんな事故を起こすか、どんな事故にあうかはだれも予測できないことなのだ。警視庁安全教育係の小川俊夫主任は、「わが国の場合、 安全ベルトを締めていたら助かったはずだと思われる事故があまりに多すぎます」と言って嘆く。 つまらない見栄[19]や遠慮[20]が、事故の被害を大きくしているのである。しかし、車の利用者がすすんで安全ベルトを締めるように仕向ける[21]には、[22] ドライバー自身の自覚とともに、 社会一般の理解や家庭の理解も欠く[23]ことができない。また、安全ベルト着用が一つの習慣として身につけば、ことさら[24]めんどうがらずに[25]すむ。そこで科学警察研究所 安全室長の森尚雄氏は次のように提案している。「エンジンをかけてから発車させるまでの間に多少の時間があります。この時間はドライバーにとって手持ちぶさた[26]の時間と言ってもよいでしょうから、 この時間に安全ベルトを締めるようにしたらよいでしょう。」

多くの事実が示すとおり、安全ベルトをきらうこれらの口実にはまったく根拠がない。ドライバーのなかには、自分の命だから、生きようが死のうが[27]私の勝手だ[28]」 と口走る[29]人もいる。しかし、自らの生命を軽視する人々は、ともすると[30]他人の生命まで軽視しがちである。 あなたの車にぜひ安全ベルトを取りつけて利用することをおすすめしたい。安全ベルトは、ある日突然襲って[31]くるかもしれない交通事故の不幸から、あなた自身を そしてあなたの愛する家族の一人一人を救って[32]くれるはずである。

한자의 読み方

閉(と)じる : 닫히다, 막히다
反動(はんどう) : 반동
助(たす)かる : 구조되어 살다
例外的(れいがいてき) : 예외적
統計(とうけい) : 통계
危険度(きけんど) : 위험도
低速(ていそく) : 저속
伴(ともな)う : 동반하다
銘記(めいき) : 명기
等身大(とうしんだい) : 등신대
生身(なまみ) : 살아있는 몸
状態(じょうたい) : 상태
万能(ばんのう) : 만능
道路(どうろ) : 도로
未熟(みじゅく) : 미숙
心配(しんぱい)する : 걱정하다
腕(うで) : 팔, 솜씨
定着(ていちゃく) : 정착
普通(ふつう) : 보통
乗用車(じょうようしゃ) : 승용차
予測(よそく) : 예측
教育係(きょういくがかり) : 교육계
嘆(なげ)く : 한탄하다
遠慮(えんりょ) : 사양, 양보
仕向(しむ)ける : 대하다, 하게 하다
理解(りかい) : 이해
警察(けいさつ) : 경찰
提案(ていあん) : 제안
多少(たしょう) : 다소
命(いのち) : 목숨
生命(せいめい) : 생명
残(のこ)る : 남아있다, 살아남다
投(な)げ出(だ)す : 팽개치다, 내던지다
事例(じれい) : 사례
幸運(こううん) : 행운
致命傷(ちめいしょう) : 치명상
効用(こうよう) : 효용
傷害(しょうがい) : 상해
時速(じそく) : 시속
研究所(けんきゅうじょ) : 연구소
実験(じっけん) : 실험
即死(そくし) : 즉사
高速(こうそく) : 고속
着用率(ちゃくようりつ) : 착용률
数例(すうれい) : 몇 가지 예
勧(すす)める : 권하다
友人(ゆうじん) : 친구
信用(しんよう) : 신용
偏見(へんけん) : 편견
軽四輪(けいよんりん) : 승용차
割合(わりあい) : 비율
警視庁(けいしちょう) : 경시청
主任(しゅにん) : 주임
見栄(みえ) : 겉치레
被害(ひがい) : 피해
自覚(じかく) : 자각
習慣(しゅうかん) : 습관
室長(しつちょう) : 실장
発車(はっしゃ) : 발차
事実(じじつ) : 사실
軽視(けいし) : 경시
突然(とつぜん) : 돌연, 갑자기

주해

1) 閉(と)じ込(こ)める : 가두다, 감금하다.

⇨ 吹雪(ふぶき)で山小屋(やまごや)に閉じこめられた。〔使〕

(눈보라로 산 속 오두막집에 갇혔다.)

⇨ 死刑(しけい)の宣告(せんこく)を受(う)けて監獄(かんごく)に閉じ込められた。

(사형선고를 받고 감옥에 갇혔다.)

2) ぺしゃんこ : 눌려서 찌그러진(납작해진) 모양, 상대방에게 윽박 질려서 꼼짝 못하게 된 모양.

⇨ 自動車(じどうしゃ)の下の箱(はこ)がぺしゃんこになりました。

(자동차 아래의 상자가 납작해졌습니다.)

⇨ 一言(ひとこと)で相手(あいて)をぺしゃんこにする。

(한마디로 상대방을 납작하게 만들다.)

3) つぶ(潰)す : 찌부러뜨리다, 부수다, 으깨다, 망하게 하다.

⇨ 箱を踏(ふ)んでつぶす。

(상자를 밟아 부수다.)

⇨ じゃがいもをすりつぶす。

(감자를 갈아 으깨다.)

⇨ お米はつぶすとなぜ「のり」になるのか。〔yp〕

(쌀은 으깨면 왜 「풀」이 되는 건가?)

⇨ 金融庁(きんゆうちょう)が中小企業(ちゅうしょうきぎょう)をつぶす。〔yp〕

(금융청이 중소기업을 망하게 한다.)

4) 投(な)げ出(だ)す : 내던지다, 팽개치다, 포기하다.

⇨ 命(いのち)を<u>投げ出し</u>て社会のためにはたらいた。

(생명을 던져 사회를 위하여 일했다.)

⇨ 多くの都民(とみん)が施設の拡充(かくじゅう)を待ち望んでいるなかで、都立施設の廃止(はいし)や民間移譲(いじょう)をうちだすことは、地方自治体としての責任を<u>なげだす</u>ものと言わねばなりません。〔yp〕

(많은 도민이 시설확충을 학수고대하는 가운데 도립시설의 폐지나 민간이양을 밝히는 것은 지자체로서의 책임을 팽개치는 것으로 봐야합니다.)

5) まれだ : (Av) 드물다, 희소하다.

⇨ 理屈(りくつ)では説明できない現象(げんしょう)も広い世(よ)の中には<u>稀に</u>あるかもしれない。

(이론으로는 설명할 수 없는 현상도 넓은 세상 속에는 드물게 있을지도 모른다.)

⇨ 100万人に1人程度とごく<u>まれだ</u>が 脳炎(のうえん)の発生も報告されている。〔yp〕

(백만 명에 한사람 정도로 극히 드물지만 뇌염발생도 보고되고 있다.)

⇨ 父と娘が映画監督になる例も<u>まれだ</u>が 父娘(ちちむすめ)そろって同じ映画祭(えいがさい)に作品(しゅっぴん)が出品される例は、ものすごくまれな例だと思う。〔yp〕

(아버지와 딸이 영화감독이 되는 예도 드물지만 부터가 같이 동일

영화제에 작품이 출품되는 예는 매우 드문 예라고 생각한다.)

6) 放(ほう)り出(だ)す : 밖으로 내 팽개치다, 내쫓다
(= はなって外へ出す)

⇨ 会社からほうりだされた。
(회사에서 쫓겨났다.)

⇨ かばんをほうり出して遊(あそ)びに行く。
(가방을 내팽개치고 놀러 간다.)

⇨ 食事してすぐに布団(ふとん)に体をほうりだす。〔yp〕
(식사를 하고 바로 이불에 몸을 내던진다.)

7) V의 用 + 得る (うる, える) : ~할 수 있다.

⇨ 考えうる。(생각할 수 있다.) 有りうる。(있을 수 있다.)
ありえない。(있을 수 없다.)

⇨ 北が納得(なっとく)し得る措置(そち)を。
〔第2回 南北副相級会談より〕
(북한이 납득할 수 있는 조치를.)

8) べき : 응당 그렇게 해야 함, 적절한, 온당한, ~할 만한.
(「べし」의 연체형)

⇨ あやまるべきだ。
(응당 사과해야 한다.)

⇨ 子供が見るべきテレビじゃない。
(어린이가 볼 TV가 아니다.)

⇨ 見るべきものがない。
(볼 만한 것이 없다.)

9) 生身(なまみ) : 살아있는 몸, 몸뚱이.(= いきみ、a living body)

⇨ 生身だから時には病気(びょうき)にもなる。

(살아있는 몸이니 때로는 아프기도 한다.)

⇨ 生身を削(けず)る思い。

(살을 에는 느낌.)

⇨ 1歳ごろまではできるだけ見る時間を減(へ)らし、生身の触(ふ)れ合(あ)いを大切にしてほしいです。〔yp〕

(한살 때 쯤 까지는 가능한 한 보는 시간을 줄이고, 서로 몸 접촉을 소중하게 해주기를 바랍니다.)

10) 役(やく)に立(た)つ : 쓸모가 있다, 도움이 되다.

⇨ 逆引(ぎゃくび)き辞書は日本語の勉強にたいへん役に立つ。

(역순사전은 일본어 공부에 대단히 도움이 된다.)

⇨ 経験(けいけん)は社会(しゃかい)に出(で)たあと役に立つ。

(경험은 사회에 나간 뒤에도 도움이 된다.)

11) 生(い)き残(のこ)る : 살아남다.

⇨ 核戦争(かくせんそう)になったら生き残るのは難しい。

(핵전쟁이 나면 살아남기는 어렵다.)

⇨ 飛行機(ひこうき)の墜落事故(ついらくじこ)で生き残る人はなかった。

(비행기 추락사고로 살아남은 사람은 없었다.)

12) はるかに : (멀리 떨어진 모양) 아득히, (매우 다른 상태) 매우, 훨씬.

⇨ はるかに昔(むかし)の話である。

(아득한 옛날 얘기이다.)

⇨ はるかに富士山(ふじさん)が眺(なが)められる。

(아득히 멀리 후지산이 바라다 보인다.)

⇨ はるかにすぐれている。

(매우 훌륭하다.)

⇨ この店のほうがはるかに安い。

(이 가게 쪽이 훨씬 싸다.)

⇨ SARSは世界にとってAIDSよりもはるかに重大(じゅうだい)な脅威(きょうい)をもたらしている。〔yp〕

(사스는 세계에서 에이즈보다도 훨씬 중대한 위협을 주고 있다.)

⇨ 解雇者数(かいこしゃすう)が4千名線をはるかに上回(うわまわ)ると予想される。〔yp〕

(해고자수가 4천명 선을 훨씬 넘을 것으로 예상된다.)

13) 義務(ぎむ)づける : 의무화하다, 의무를 부과하다.

⇨ 納税(のうぜい)を義務づける。

(납세의 의무를 지다.)

⇨ 費用(ひよう)の分担(ぶんたん)を義務づける。

(비용의 분담을 지게 하다.)

⇨ ゲーム事業者(じぎょうしゃ)には暴力的(ぼうりょくてき)なゲームを分離(ぶんり)し、注意書きでプレイには両親の合意(ごうい)が必要であることを明確にするよう義務付けている。〔yp〕

(게임사업자에게는 폭력적인 게임을 분리시키고, 주의서에 플레이에는 부모의 합의가 필요하다는 것을 명확히 하도록 의무화하고 있다.)

14) 命拾(いのちびろ)い : 구사일생, 다행스럽게 목숨을 구함.

⇨ 彼はこの事件で唯一(ゆいいつ)の命拾いした男である。

(그는 이 사건에서 유일하게 목숨을 건진 남자이다.)

⇨ 建物の崩壊(ほうかい)があったがかれは命拾いした。
(건물의 붕괴가 있었지만 그는 목숨을 구했다.)

15) 極(きわ)めて : 더할 것 없이, 매우, 극히.
(= この上なく, はなはだ)

⇨ 納豆(なっとう)は美容·ダイエットにきわめて有効(ゆうこう)な機能性加工食品です。〔yp〕
(낫토는 미용, 다이어트에 매우 유효한 기능성 가공식품입니다.)

⇨ 健康(けんこう)はきわめて良好(りょうこう)です。
(건강은 극히 양호합니다.)

16) 傷(きず)つける : 상하게 하다, 상처 입히다.

⇨ けんかで相手に傷つける。
(싸움에서 상대에게 상처 입히다.)

⇨ あなたを中傷(ちゅうしょう)したり名誉(めいよ)を傷つけるような内容を告(つ)げたり文書などを届(とど)ける。〔yp〕
(당신을 중상하거나 명예를 손상시키는 내용을 이야기하거나 문서 따위를 보낸다.)

⇨ 暴言(ぼうげん)·悪口(わるくち)で人を傷つける。〔yp〕
(폭언, 악담으로 타인을 상처 입힌다.)

17) 根強(ねづよ)い : (오래 계속 되어) 변하지 않음, 뿌리 깊은, 끈질긴.

⇨ 彼女は根強い根性(こんじょう)をもっている。
(그녀는 끈질긴 근성을 갖고 있다.)

⇨ 韓国の道徳(どうとく)のみなもとは、儒教(じゅきょう)にあり、儒教精神は漢字とともにまなばれなければならないというねづ

よいかんがえが背景(はいけい)にある。〔yp〕
(한국의 도덕적인 뿌리는, 유교에 있으며 유교정신은 한자와 함께 배워야 하는 뿌리 깊은 사고가 배경에 깔려있다.)

18) ~につき : ~에 대해서, ~당.

⇨ 事故率(じこりつ)は100台につき1件である。
(사고율은 100대 당 1건이다.)
⇨ 宿泊料(しゅくはくりょう)はひとりにつき五百円だ。
(숙박료는 한 사람 당 오백 엔이다.)

19) 見栄(みえ) : 허식, 겉치레, 허영.(= show, vanity)

⇨ 見栄を張(は)る。
(허세를 부리다)
⇨ 見栄で高い洋服を着る。
(겉치레로 비싼 양복을 입다.)
⇨ もう一つの原因(げんいん)は何といっても「親の見栄」が最大の原因でしょう。〔yp〕
(또 하나의 원인은 뭐니 뭐니 해도「부모의 허영」이 최대원인이지요.)
⇨ 私は変な見栄のようなくだらないプライド的なものがまだある。〔yp〕
(나는 이상하게도 허영과 같은 시시한 자존적인 것이 아직 있다.)

cf) 見栄え(みばえ) : 볼품이 좋음, 돋보임.
(= look lovely, look attractive)

⇨ 見栄えのする着物。(돋보이는 옷.)
⇨ 見栄えのする贈り物。(훌륭하게 보이는 선물.)
⇨ せっかくのパーティーだというのに、見栄えのしない洋服を着て現れた。

(모처럼의 파티인데 볼 폼 없는 양복을 입고 나타났다.)

20) **遠慮(えんりょ) : 사양, 꺼림, 망설임, 조심.**

⇨ 遠慮ない批評(ひひょう)。

(기탄없는 비평.)

⇨ 遠慮会釈(えしゃく)もなく。

(예절이고 인사도 없이, 거리낌 없이)

⇨ この施設での飲食はご遠慮ください。〔yp〕

(이 시설에서의 식사행위는 사양해 주십시오.)

⇨ 血(ゆけつ)を受ける患者(かんじゃ)さんの安全性を確保するため、下記に該当(がいとう)する方は献血(けんけつ)をご遠慮ください。〔yp〕

(수혈을 받는 환자의 안정성을 확보하기 위하여, 아래에 해당하는 분은 헌혈을 삼가 해 주십시오.)

21) **仕向(しむ)ける : (어떤 행동을 하도록) 작용하다(= induce), 이끌다 (= lead).**

⇨ 彼は太郎(たろう)にその授業をサボるようにしむけた。

(그는 타로에게 그 수업을 빼먹도록 했다.)

⇨ 彼女(かのじょ)は息子(むすこ)が医学(いがく)を学(まな)ぶようにしむけた。

(그녀는 아들이 의학을 공부하도록 이끌었다.)

22) **V의 基本形+には : ~하려면, ~하기에는. (목적)**

⇨ 体を丈夫(じょうぶ)にするにはジョギングをするのが一番だと思います。

(몸을 튼튼하게 하기에는 조깅을 하는 것이 가장 좋다고 생각합니다.)

⇨ 専門技術を身につけるにはおよそ十年かかるそうだ。〔yp〕

(전문기술을 익히기 위해서는 대충 10년 걸린다고 한다.)

23) 欠(か)く : (他) 빠뜨리다.

⇨ 食事(しょくじ)を欠くこともある。

(식사를 거르는 일도 있다.)

⇨ 説明に必要な資料(しりょう)や用例を欠いていた。

(설명에 필요한 자료나 용례를 빠뜨렸다.)

⇨ 公平性(こうへいせい)を欠く日本テレビの報道(ほうどう)に抗議(こうぎ)する。〔yp〕

(공평성이 없는 니혼 TV의 보도에 항의한다.)

cf) 欠(か)ける : (自) 이지러지다, 결여되다, 빠지다.

⇨ このナイフは刃(は)が欠けているので切りにくい。

(이 칼은 날이 이지러져 있어 베기 어렵다.)

⇨ 十五夜(じゅうごや)も過ぎて、これからはだんだん月が欠けていく。

(보름도 지나고 이제부터는 점점 달이 이지러져 간다.)

⇨ 一番から百番まで番号をそろえたが二つばかり欠けていた。

(1번에서 100번까지 번호를 갖추었지만 둘 정도 빠져 있었다.)

24) ことさら(殊更) : 일부러, 새삼스러이. (= わざわざ, わざと)

⇨ ことさらに知(し)らぬ顔をする。

(일부러 모르는 체하다.)

⇨ ことさら説明するまでもない。

(새삼스러이 설명할 것 까지도 없다.)

⇨ ことさら取り立てて、とやかく批判(ひはん)するのはよくない。

(새삼스러이 집어내어 이러니저러니 비판하는 것은 좋지 않다.)

25) ~がる：(接尾) 감각, 감정을 나타내는 말. (A, Av의 어간에 접속하여 1인칭 이외의 심정을 표현)

⇨ こわがる。(무서워하다)　かわいがる。(귀여워하다)

⇨ アメリカの心理学者ジンバルドーははずかしがる人は四つのことを恐(おそ)れると言う。〔yp〕

(미국의 심리학자 진바르드는, 부끄러워하는 사람은 네 가지 일을 무서워 한다고 한다.)

⇨ 彼女は友達がいなくてさびしがっています。

(그녀는 친구가 없어서 쓸쓸해하고 있습니다.)

26) 手持ち無沙汰(てもちぶさた)：(N, Av) 무료하거나 따분하며 심심한 모양.

⇨ 仕事がなくて手持ちぶさただ。

(일이 없어서 심심하다.)

⇨ 手持ちぶさたの様子(ようす)だね。

(할 일이 없어 심심한 모양이군.)

⇨ 電車や人を待っている時は、手持ちぶさたから、ついたばこに手が伸びがちだ。〔yp〕

(전차나 사람을 기다리고 있을 때에는, 무료한 것에서 결국 담배에 손대기 쉽다.)

⇨ 「手持ちぶさた」 を徹底的に解消し、タバコのように吸いながら楽しく禁煙する。〔禁煙草PR〕 〔yp〕

(「무료하고 심심함」을 철저하게 해소하고 담배같이 피우면서 즐겁게 금연한다.)

27) ~(よう)が ~まいが : 그 어느 쪽이라도, ~하든 ~말든.

⇨ 降ろうが降るまいが、かまいはしない。

(비가 오든 말든 상관하지 않는다.)

⇨ 言おうが言うまいが、かってにせよ。

(말하든 말든 네 멋대로 해라.)

28) 勝手(かって)だ : (Av) 제멋대로 굴다, 버릇이 없다.

⇨ あの人は自分のことしか考えない、勝手な人です。

(저 사람은 자기 일만 생각하는 제멋대로의 사람입니다.)

⇨ 自分の人生、どう生きようが本人(ほんにん)の勝手だ。〔yp〕

(자기의 인생, 어떻게 살아가든 본인 마음대로이다.)

29) 口走(くちばし)る : (5단) (무의식중에, 엉겁결에) 입 밖에 내다, 말해버리다.

⇨ 彼は酒に酔(よ)っているのでいらぬ事まで口走った。

(그는 술에 취해 있었기 때문에 쓸데없는 것까지 입 밖에 냈다.)

⇨ 環境(かんきょう)が変わったことにより、一時的に変(へん)なことを口走ったりする患者さんがおられます。〔yp〕

(환경이 바뀜으로써 일시적으로 이상한 말을 내뱉기도 하는 환자가 있습니다.)

30) ともすると(とかく) ~がちだ : 자칫하면 ~ㄴ 경향이 있다, ~기 십상이다.

⇨ 学生は、試験がないと、とかくなまけがちになるものだ。

(학생은, 시험이 없으면 자칫 게으르기 십상이다.)

⇨ 投資家(とうしか)は、とかく群集(ぐんしゅう)心理で動きがちだ。いわゆる付和雷同(ふわらいどう)である。〔yp〕

(투자가는 군중심리로 움직이기 십상이다. 소위 부화뇌동이다.)

⇨ 子供たちは、夏休み期間中、ともすると生活のペースが乱(みだ)れ、「食」を中心とした健康管理がおろそかになりがちだ。〔yp〕
(어린이들은 여름 방학기간 중에, 자칫하면 생활패턴이 무너져 「음식」을 중심으로 한 건강관리가 소홀하게 되기 십상이다.)

31) 襲(おそ)う : (달갑지 않은 것이) 덮치다, 습격하다, 느닷없이~하다, (뒤를) 잇다, 계승하다.

⇨ 警察(けいさつ)がばくち場(ば)を襲う。
(경찰이 도박장을 덮치다.)

⇨ 山田さんはきのう泥棒(どろぼう)に襲われて、お金をすっかり取られてしまった。
(야마다 씨는 어제 도둑맞아 돈을 몽땅 잃어 버렸다.)

⇨ 敵(てき)が大勢(おおぜい)で襲ってきた。
(적이 대군으로 습격해 왔다.)

⇨ 三代目(さんだいめ)の家系(かけい)をおそう。
(3대째의 가계를 잇다.)

32) 救(すく)う : 구하다 (= 救助(きゅうじょ)する, save).

⇨ 人命(じんめい)を救ったので、人々からほめられた。
(인명을 구했으므로 많은 사람들로부터 칭찬을 들었다.)

⇨ 人々(ひとびと)を苦(くる)しみから救うため彼は僧(そう)になった。
(사람들을 고통에서 구하기 위하여 그는 스님이 되었다.)

연습문제

＊上の本文の内容をよく読んで次の問いに日本語で簡単に答えなさい。

(問1) 昨年の棺桶型交通事故による死者のうち、安全ベルトをきちんと締めていたら、何パーセントが死なずにすんだか述べなさい。

(問2) ドライバーたちは、さまざまな口実を設けて安全ベルトを締めようとはしないが、その七つの口実は何か述べなさい。

(問3) 運転席にすわって体を正しい位置に安定させ、安全ベルトを締め終わるのに要する時間は、どのぐらいかかるのか述べなさい。

(問4) ベルトを締めていたら、運転がしにくくなるということはない。むしろ、危険な二次衝突を未然に防いでくれる。その危険な二次衝突とは何か述べなさい。

(問5) 昨年中に東京都で発生した車の火災の割合は、どのぐらいあったのか述べなさい。

(問6) 衝突時において、ベルトの大切な効用が一つある。それは何か述べなさい。

(問7) 1987年(昭62)に運輸省技術研究所で行なった、二十九キロ程度のスピードの衝突で等身大の人形を使った実験があった。実験の結果はどうだったか、またその結果からどういう事が言えるか述べなさい。

(問8) 安全ベルトを締めることに対する、車の利用者の間に広く定着している根強い偏見がある。それは何か述べなさい。

(問9) それでは、いつ安全ベルトを締めるよう習慣付ければよいのか述べなさい。

(問10) 上の本文の内容について、簡潔に言うと、どういう結論になるだろうか述べなさい。

제2장

驚異の人間コンピューター

4	9	2
3	5	7
8	1	6

16	3	2	13
5	10	11	8
9	6	7	12
4	15	14	1

魔方陣

《第2章》

驚異の人間コンピューター

[2—1]

본문

一九七五年三月五日。フランス、リヨンのとある[1]学校の講堂である。ステージには眼鏡をかけた小柄な[2]紳士が立っている。オランダ人で名前はウィレム(ウィム)·クレイン、六十三歳。講堂を埋めた[3]二百人ほどの科学者、 数学者から出された二百けた[4]の数字が、 八枚もつないだ[5]黒板の端[6]から端までのたくっている。[7] この数の二十三乗根をできるだけ短い時間で求める、というのがクレインに与えられた課題である。 ただし、 鉛筆や紙や計算器などをいっさい[8]使用してはならない。

黒板の上の大時計の針がスタートした。クレインは黒板の数字をじっと[9]見つめ、それからステージの上をぐるぐる[10]歩き回り始める。ものすごい[11]勢いでなにごとかつぶやいている。[12] オランダ語である。 聴衆が息をつめて[13]待つなかを時計の針が進んでい。五分 …… 八分 …… 十分。そして、十分三十二秒、クレインはチヨークを取り、黒板に一つの数字をなぐり書きする。[14)]コンピューターが直ちに[15)]その答を確かめる。 聴衆が熱狂的な拍手を送る。暗算の世界記録が、この分野における数少ないプロの一人によって今破られたのである。ギネス社版記録事典「世界一の世界」は二年連続でクレインを世界記録保持者として記載することになった。「人間コンピューター」の称号が彼にふさわしいことが改めて確認されたのである。

ウィム·クレインが数学的天分を発揮するのは、このようなシヨー的なものに限定されているわけでは決してない。 ここ十七年間というもの、ジユネーブ郊外のCERN(ヨーロッパ合同原子核研究機関)において、 彼の才能は科学の研究のために重要な役割を果たしているのだ。 CERNでは多くの人物が働いているが、そのなかでもウィム·クレインは、この巨大な研究機構のなかで、コンピューターにさえ不可能な事柄[16)]を手早く[17)]処理することができる唯一の頭脳なのである。

実のところ、精巧きわまる[18)]この電子装置が実用に供される[19)]ようになるまでは、ウィムがCERNのコンピューターであった。ある科学者がそれを解く[20)]のに何日も何週間も、ときには何か月もかかりそうな計算にぶつかった[21)]ときには、それをウィムのところへ持ってくる。すると、ほとんどすぐその場で答が与えられるのである。

スピードの秘訣 最近では、どの科学者もコンピューターに入れられるようにプログラムをつくる傾向があるけれども、ウィムのような人間の頭脳のほうが機械よりも有利な面もまだ残されている。「ごく[22]大まかに[23]言うと、コンピューターは一つずつ順番に仕事をしていくわけです」とアメリカの物理学者ジェレミー・バーンスタインは説明する。「ところがウィムは、いくつかの組合わせ[24]をいっぺんに[25]並列させて考えを進めることができる。だから一つの組の計算をしながら、うまくいきそうにもない[26]組合わせのほうは切捨てて[27]いくというようなことを同時にやってしまうんですね。驚くべきスピードの秘訣の一端[28]はここにあると思います」

한자의 読み方

驚異(きょうい) : 경이
眼鏡(めがね) : 안경
科学者(かがくしゃ) : 과학자
数字(すうじ) : 숫자
端(はし) : 끝
求(もと)める : (요)구하다, 찾다
課題(かだい) : 과제
使用(しよう) : 사용
勢(いきお)い : 기세
進(すす)む : 나아가다
確(たし)かめる : 확인하다
拍手(はくしゅ) : 박수
暗算(あんざん) : 암산
分野(ぶんや) : 분야
破(やぶ)る : 깨다
事典(じてん) : 사전
連続(れんぞく) : 연속
記載(きさい) : 기재
確認(かくにん) : 확인
発揮(はっき) : 발휘
郊外(こうがい) : 교외
原子核(げんしかく) : 원자핵
才能(さいのう) : 재능
役割(やくわり) : 역할
人物(じんぶつ) : 인물
機構(きこう) : 기구
処理(しょり) : 처리
頭脳(ずのう) : 두뇌
電子装置(でんしそうち) : 전자장치
秘訣(ひけつ) : 비결
傾向(けいこう) : 경향
講堂(こうどう) : 강당
紳士(しんし) : 신사
数学者(すうがくしゃ) : 수학자
黒板(こくばん) : 흑판
乗根(じょうこん) : 승근, 제곱
与(あた)える : 주다, 수여하다
計算器(けいさんき) : 계산기
大時計(おおどけい) : 대형시계
聴衆(ちょうしゅう) : 청중
答(こたえ) : 해답
熱狂的(ねっきょうてき) : 열광적
送(おく)る : 보내다
世界記録(せかいきろく) : 세계기록
数少(かずすく)ない : 수가 적다
ギネス社版(しゃばん) : 기네스사(출)판
世界一(せかいいち) : 세계 제일
保持者(ほじしゃ) : 보유자
改(あらた)めて : 새삼스럽게, 다시
天分(てんぶん) : 천성, 천분
限定(げんてい) : 한정
合同(ごうどう) : 합동
研究機関(けんきゅうきかん) : 연구기관
重要(じゅうよう)だ : 중요하다
果(は)たす : 다하다, 완수하다
巨大(きょだい) : 거대
不可能(ふかのう) : 불가능
唯一(ゆいいつ) : 유일
精巧(せいこう) : 정교
実用(じつよう) : 실용
最近(さいきん) : 최근
機械(きかい) : 기계

有利(ゆうり) : 유리
順番(じゅんばん) : 순번
並列(へいれつ) : 병렬
驚(おどろ)く : 놀라다
残(のこ)す : 남기다
物理学者(ぶつりがくしゃ) : 물리학자
同時(どうじ)に : 동시에

주해

1) とある : (連体) 어느, 어떤. (= ある)

⇨ あの人はとある街角(まちかど)で見たような人だ。〔使〕
(저 사람은 어느 길목에서 본 듯한 사람이다.)

⇨ とある町(まち)で不思議(ふしぎ)な事件が起った。
(어떤 마을에서 이상한 사건이 일어났다.)

2) 小柄(こがら)だ : (Av) 몸집이 작다. ↔ 大柄(おおがら)だ

⇨ こがらな男とはいっしょに暮(くら)したくない。
(몸집이 작은 남자와는 함께 살고 싶지 않다.)

⇨ 彼は小柄だが、ダンクシュートをきめられるすごい選手だ。
(그는 몸집은 작지만 덩크슛을 넣을 수 있는 대단한 선수다.)

3) 埋(う)める : 묻다, 파묻다, 채우다, (손해·부족을) 메우다, 보충하다.

⇨ 骨(ほね)を外国に埋めた。
(유골을 외국에 묻었다.)

⇨ ごみを地中(ちちゅう)に埋めた。
(쓰레기를 땅 속에 파묻었다.)

⇨ 全市(ぜんし)を花で埋めた。
(시 전체를 꽃으로 채웠다.)

⇨ 赤字(あかじ)を埋めるためにアルバイトをした。
(적자를 메우기 위하여 아르바이트를 했다.)

⇨ 人から金をかりてきて、使いこんだ穴(あな)を埋めた。
(다른 사람에게서 돈을 빌려와 써버린 데를 보충했다.)

4) けた(桁) : 자리(수의 단위), 규모, 수준.

⇨ 小数点(しょうすうてん)以下(いか)四(よん)けたまで求(もと)める。
(소수점 이하 네 자리까지 구하다.)

⇨ けたをみまちがえて二十万ウオンの服を買ってしまった。
(자리 수를 잘 못 보아 이십만 원짜리 옷을 사버렸다.)

⇨ どっちも金持だがけたが違います。
(어느 쪽이나 부자지만 규모가 다릅니다.)

5) 繋(つな)ぐ : (끈・밧줄 따위로 붙들어) 매다, 묶다, (하나로) 잇다, 연결하다.

⇨ 子供をかまないように犬をつないでおいた。
(아이를 물지 않도록 개를 매어 두었다.)

⇨ 露命(ろめい)をつなぐ。
(이슬같이 덧없는 목숨을 이어가다.)

⇨ 彼の仕事は機関車(きかんしゃ)と客車(きゃくしゃ)をつなぐことだ。
(그의 직무는 기관차와 객차를 연결하는 일이다.)

6) 端(はし) : 맨 끝, 가장자리, 일부분, 처음, 시초, 베어낸 부분.

⇨ 紙の端を切って形(かたち)をそろえる。
(종이의 맨 끝을 잘라서 모양을 같게 하다.)

⇨ 汚(よご)れた食器(しょっき)をテーブルの端に寄(よ)せて、かたづける。

(더러워진 식기를 테이블 가장자리에 모아서 치우다.)

⇨ 言葉の端を捕(と)らえて文句(もんく)をつける。

(말꼬리를 잡아서 트집을 잡다.)

⇨ 端から順々(じゅんじゅん)に問題を解(と)いていきなさい。

(처음부터 순서대로 문제를 풀어 나가세요.)

⇨ 端くれ。(조각, 토막) = 切(き)れ端(はし)

7) のたくる : 꿈틀거리다, 글씨를 마구 갈겨쓰다.

⇨ 土(つち)の中でみみずがのたくっている。

(흙 속에서 지렁이가 꿈틀거리고 있다.)

⇨ 踏(ふ)まれた蛇(へび)がいたそうにのたくっている。

(밟힌 뱀이 아픈 듯이 꿈틀거리고 있다.)

⇨ 黒板(こくばん)にのたくった字を判読(はんどく)した。

(칠판에 마구 갈겨 쓴 글씨를 판독했다.)

8) 一切(いっさい) : 일체, 전부(= すべて), (부정 동반) 일체 ~않다, 전혀~않다.

⇨ 火事(かじ)でいっさいの財産(ざいさん)を失(うしな)ってしまった。

(화재로 모든 재산을 잃어버리고 말았다.)

⇨ 食事のことはいっさいむすめにまかせてあります。

(식사는 모두 딸에게 맡겨두고 있습니다.)

⇨ お金のことはいっさい知らない。

(돈에 관한 것은 일체 모른다.)

⇨ たばこはいっさい吸(す)いませんが酒は少し飲みます。

(담배는 전혀 피우지 않지만 술은 조금은 마십니다.)

9) じっと : (가만히 있는 모양, 꾹 참는 모양) 가만히, 곰곰이.

⇨ 写真を写(うつ)しますから、じっとして動(うご)かないでください。
(사진을 찍으니까 가만히 움직이지 마세요.)

⇨ 動(うご)くと血(ち)が出ます。5分ぐらいじっとしていなさい。
(움직이면 피가 나옵니다. 5분 정도 가만히 있으세요.)

⇨ 目を閉(と)じて、じっと考えている。
(눈을 감고 곰곰이 생각하고 있다.)

⇨ ずいぶんひどいことを言われたが、じっとがまんして聞いている。
(몹시 심한 말을 들었지만 꾹 참고 듣고 있다.)

⇨ 今は反対(はんたい)しないで、しばらくじっとしているほうがいい。
(지금은 반대하지 않고 잠시 꾹 참고 있는 쪽이 좋다.)

10) ぐるぐる : (회전하는 모양) 빙글빙글.

⇨ 子どもたちは大きな木のまわりをぐるぐる回ってあそんでいました。
(아이들은 큰 나무 주위를 빙글빙글 돌며 놀고 있었습니다.)

⇨ どろぼうは田中さんをひもでぐるぐるまいて、動(うご)けないようにしてしまった。
(도둑은 다나카 씨를 끈으로 둘둘 감아 움직일 수 없도록 해 버렸다.)

11) 物凄(ものすご)い : 무섭다, 끔찍하다, 굉장하다, 대단하다.

⇨ 山の上にはものすごく風がふいています。
(산 위에는 무섭게 바람이 불고 있습니다.)

⇨ その男のおこった顔はものすごい。
(그 남자의 화난 얼굴은 무섭다.)

⇨ その日の敵(てき)の空襲(くうしゅう)はものすごかった。

(그 날의 적의 공습은 끔찍했다.)

⇨ あの歌手(かしゅ)の人気(にんき)はものすごい。

(저 가수의 인기는 굉장하다.)

⇨ 山田さんは絵(え)がものすごくじょうずだ。

(야마다씨는 그림을 대단히 잘 그린다.)

⇨ 彼女(かのじょ)はものすごい美人(びじん)だ。

(그녀는 대단한 미인이다.)

12) つぶやく : 중얼거리다, 투덜거리다.(= ぶつぶつと小言で言う)

⇨ 何をひとりでつぶやいているのですか。

(무엇을 혼자서 중얼거리고 있습니까?)

⇨ ぶつぶつつぶやいていないで、言いたいことがあるのならはっきり言いなさい。

(투덜투덜 거리지 말고 하고 싶은 이야기가 있으면 분명히 말해요.)

13) 息(いき)をつめる : 숨을 죽이다.

⇨ 息をつめて成行(なりゆ)きをじっと見守(みまも)った。

(숨을 죽이고 경과를 가만히 지켜보았다.)

⇨ あや子(こ)はいきをつめるように、なんどもひなをのぞきこみました。

(아야코 는 숨을 죽이듯 몇 번이고 갓 태어난 새를 뚫어지게 보았습니다.)

cf) 息(いき) : 숨, 호흡, (어떤 일을 함께 할 때의) 마음, 손발.

⇨ 鼻で息をするようにすれば病気の何割(なんわり)かを減(へ)らすことが出来る。〔yp〕

(코로 숨을 쉬도록 하면 질병의 몇 할을 줄일 수 있다.)

⇨ このしばいに出てくる人たちはみんな息が合(あ)っている。

(이 연극에 나오는 사람들은 모두 손발이 맞는다.)

14) 殴(なぐ)り書(が)きする : 갈겨쓰다.

⇨ お恥(は)ずかしいのですが、私実はなぐり書きすると他の方は解読不能(かいどくふのう)なんです。

(부끄럽습니다만 사실 저는 갈겨쓰면 다른 사람은 읽어볼 수 없어요.)

⇨ 字は綺麗(きれい)に書くよりは、荒々(あらあら)しく殴り書きするほうがいい。その方が「赤裸々(せきらら)」だ。

(글자는 예쁘게 쓰기보다 조잡하게 갈겨쓰는 쪽이 좋아. 그렇게 하는 것이 적나라 해보여.)

cf) 殴(なぐ)る : 세게 때리다.

⇨ いつもはおとなしいのに、酒を飲むと人を殴るんだ。

(평상시는 온순한데도 술을 마시면 사람을 때린다.)

⇨ 昔の先生はよく生徒を殴ったが、殴られても生徒も親もひどいと思わなかった。

(옛날 선생님은 곧잘 학생을 때렸는데 맞더라도 학생도 부모도 심하다고 하지 않았다.)

15) 直(ただ)ちに : 곧, 즉시, 직접, 그대로.

⇨ 準備(じゅんび)ができたら、直ちに出発する。

(준비가 되면 곧 출발한다.)

⇨ 患者(かんじゃ)は直ちに病院に運(はこ)ばれた。

(환자는 즉시 병원으로 옮겨졌다.)

⇨ アメリカの北部(ほくぶ)は直ちにカナダに接(せっ)している。
(미국 북부는 직접 캐나다에 접해 있다.)
⇨ 努力(どりょく)が直ちに成功とつながるとは限(かぎ)らない。
(노력이 즉시 성공으로 이어진다고는 할 수 없다.)

16) 事柄(ことがら) : 사항, 사정, 일의 형편.
⇨ 関心ある事柄。(관심 있는 사항)
⇨ 知っておくべき事柄。(알아두어야 할 사항)
⇨ すべての些細(ささい)な事柄。(모든 사소한 사항)
⇨ 事柄によっては手伝(てつだ)えないこともあります。
(사정에 따라서는 돕지 못하는 수도 있습니다.)
⇨ お金を出すか出さないかは事柄次第(しだい)です。
(돈을 내느냐 안 내느냐는 형편 나름입니다.)

17) 手早(てばや)い : 재빠르다, 민첩하다.
⇨ 寿司飯の手早い冷(ひ)やし方。
(초밥을 빨리 식히는 방법)
⇨ 手軽(てがる)で手早い店。
(부담 없고 빨리 되는 가게.)
⇨ 仕事を手早く処理(しょり)した。
(일을 재빠르게 처리했다.)
⇨ 手術(しゅじゅつ)は短い時間に手早く行(おこな)われた。
(수술은 짧은 시간에 민첩하게 실시되었다.)

18) 極(きわ)まる : 극도에 달하다, ~기 짝이 없다, 최상이다, 다하다, 끝나다.

⇨ 喜(よろこ)びがきわまって泣(な)きだす。

(너무 기뻐서 없어 울음을 터뜨리다.)

⇨ そんな行為(こうい)は残酷(ざんこく)きわまる。

(그런 행위는 잔혹하기 짝이 없다.)

⇨ 夏はビールにきわまる。

(여름에는 맥주가 최상이다.)

⇨ 彼の夢はきわまる所を知らない。

(그의 꿈은 끝이 없다.)

⇨ 歓楽(かんらく)がきわまると悲(かな)しみが湧(わ)く。

(환락이 다하게 되면 슬픔이 솟는다.)

19) 供(きょう)する : 대접하다, 제공하다, 이바지하다.

⇨ お久(ひさ)しぶりにいらっしゃったお客に茶菓(さか)を供した。

(오랜만에 오신 손님에게 다과를 대접했다.)

⇨ 今度に選(えら)ばれた市長(しちょう)が市の発展(はってん)のために供したらいい。

(이번에 뽑힌 시장이 시의 발전을 위해 이바지했으면 좋겠다.)

20) 解(と)く : (매여 있던 것을) 풀다, (금지나 계약을) 해제・해약하다, (답을) 풀다, (직무에서) 벗어나게 하다, 해임하다, (격앙된 감정을) 해소시키다.

⇨ このつつみを解いて、中を見たくてたまりません。

(이 포장을 풀어 속을 보고 싶습니다.)

⇨ 輸入制限(ゆにゅうせいげん)を解いて貿易(ぼうえき)を自由化(じゆうか)する。

(수입제한을 해제하고 무역을 자유화한다.)

⇨ 事件(じけん)のなぞを解くかぎが見つかった。

(사건의 수수께끼를 푸는 열쇠가 발견되었다.)

⇨ 校長(こうちょう)の職(しょく)を解く。

(교장의 직위를 해임하다.)

⇨ 怒(いか)りを解いて話し合う気(き)になった。

(노여움을 풀고 대화할 생각이 들었다.)

21) ぶつかる : 충돌하다, 부닥치다, 대립하다, 겹치다, 마주치다.

⇨ 自動車と電車がぶつかる。

(자동차와 전차가 충돌하다.)

⇨ むずかしい問題にぶつかった。

(어려운 문제에 부닥쳤다.)

⇨ 結婚(けっこん)問題で父と意見(いけん)がぶつかる。

(결혼 문제로 아버지와 의견이 대립된다.)

⇨ 日曜日と祭日(さいじつ)がぶつかる。

(일요일과 국경일이 겹친다.)

⇨ ふたつの道路(どうろ)があそこでぶつかる。

(두 길이 저곳에서 마주친다.)

22) 極(ごく) : 극히, 더 없이. (= この上なく, きわめて)

⇨ これはごく上等(じょうとう)な品(しな)です。

(이것은 극히 훌륭한 상품입니다.)

⇨ 売(う)り上(あ)げ高(だか)の減少(げんしょう)はごくわずかにすぎない。

(매출액의 감소는 극소수에 지나지 않는다.)

⇨ この事件(じけん)は歴史上(れきしじょう)ごく重大(じゅうだ

い)だと言える。

(이 사건은 역사상 대단히 중요하다고 할 수 있다.)

⇨ 年内(ねんない)に景気(けいき)が回夏(かいふく)するのは、ごくむずかしい。

(연내에 경기가 회복되는 것은 대단히 어렵다.)

⇨ 彼はごく自然な感(かん)じで韓国人の心のなかに溶(と)け込(こ)んでいった。

(그는 극히 자연스러운 느낌으로 한국인의 마음속으로 동화되어 갔다.)

23) 大(おお)まかだ : (마음이) 대범하다, 대략적이다, 대충이다.

⇨ 彼の大まかな性格(せいかく)が気に入(い)ります。

(그의 대범한 성격이 마음에 듭니다.)

⇨ 私はポケットの中のお金を大まかに見積(みつも)ってみた。

(나는 주머니 안에 있는 돈을 대충 어림해 보았다.)

24) 組合(くみあわ)せ : 조합하는 행위, 짜 맞추기, (数) 조합, 대전(표), 세트.

⇨ このもようは、形(かたち)はおもしろいですが、色の組合せが悪いですね。〔yp〕

(이 무늬는 모양은 재미있지만 색의 조합이 나빠요.)

⇨ 番号の組合わせ。(번호 짜 맞추기)

⇨ 順列(じゅんれつ)と組合わせ。(순열과 조합)

⇨ 組合わせの相手は強敵(きょうてき)だ。

(대전 상대는 강적이다.)

⇨ 相撲(すもう)の試合(しあい)の組合わせはもう決まりましたか。

(씨름 시합의 대전표는 이미 결정되었습니까?)

⇨ 小学校入学のお祝(いわ)いにノートとえんぴつの組合せを贈(お

く)りました。
(초등학교 입학 축하로 노트와 연필 세트를 보냈습니다.)

cf) 組合(くみあ)わせる : 짝짓게 하다, 짜 맞추다, 교차시키다.

⇨ 50人のクラスですから、5人ずつ組合わせればグループが10できます。
(50명의 학급이니까 5명씩 짝지으면 그룹이 10개 됩니다.)

⇨ 上手(じょうず)に組合わせなければすぐに倒(たお)れてしまいますよ。
(잘 짜 맞추지 않으면 이내 쓰러져 버려요.)

25) 一遍(いっぺん)に : 한번에 (= 一度に), 즉시 (= すぐに).

⇨ 敵(てき)はいっぺんに降伏(こうふく)した。
(적은 한번에 항복했다.)

⇨ その小説はおもしろくていっぺんに読んでしまった。
(그 소설은 재미있어서 한번에 읽어버렸다.)

⇨ わたしが仲裁(ちゅうさい)に入ったら二人はいっぺんに仲直(なかなお)りした。
(내가 중재했더니 둘은 즉시 사이가 좋아졌다.)

26) 「V의 用+そうに(も)ない」 : ~지 않을 것 같다. (= ~できそうにもない)

⇨ 今日のサッカーの試合(しあい)は勝(か)てそうにもない。
(오늘 축구시합은 이길 수 없을 것 같다.)

⇨ 今から行っても間(ま)に合(あ)いそうもない。
(지금부터 가더라도 제시간에 대지 않을 것 같다.)

⇨ こんな難問(なんもん)は、私には解(と)けそうに(も)ない。
(이런 어려운 문제는 나는 풀 수 없을 것 같다.)

27) 切(き)り捨(す)てる : (끝수를) 잘라버리다, 무시하다.

⇨ 小数点(しょうすうてん)以下(いか)は切り捨てる。
(소수점이하는 잘라버리다.)

⇨ やさいの古(ふる)くなった部分は切り捨てて使った。
(야채의 오래된 부분은 잘라버리고 사용했다.)

⇨ できないからといって子どもを切り捨てるのは真(しん)の教育(きょういく)からは程遠(ほどとお)い。
(할 수 없다고 하여 아이를 무시하는 것은 진정한 교육에서는 적합하지 않다.)

28) 一端(いったん) : 일단, 한쪽 끝, 일부분.

⇨ 感想(かんそう)の一端を述(の)べる。〔大〕
(감상의 일단을 말하다.)

⇨ つくえの一端を持(も)ち上(あ)げる。
(책상 한 모퉁이를 들어올리다.)

⇨ ふだん考えていたことの一端を述べます。
(평소에 생각하고 있던 바의 일부분을 서술합니다.)

[2—2]

본문

ウィムの計算の速さは本当に驚くべきものだ。 あるとき彼はCERNの物理学者ヘンク·ウィントと私に二けたの数字を三つあげるように言った。 彼がその掛け算を暗算でして、 ウィントのミニ電卓と競争しようというのである。 私は21×16×87という問題を出した。 一秒もたたないうちに彼は、 「29,232」だと言う。ウィントはちょっと[1]遅れて、 その答が合っていることを確認した。「数字のキーを押すのにどうしても[2]手間[3]がかかっちゃってね[4]」とウィント。ウィムもうなずいて、[5]「コンピューターの計算にはかなわない[6]かもしれないけれど、操作する人の指より私のほうが早いと思いますよ」

CERNで働くウィムの同僚は彼を大自然の驚異になぞらえて、[7]人間マッターホーン[8]とか、 人間グランドキャニオン[9]といった呼び方をする。 しかしウィム自身は自分の才能についてそれほど神秘的な見方はしない。 たとえば暗算しているときは、 まるでこわれてしまった機械みたいに何やら[10]ぶつぶつ[11]言っているのだが、そうしないとうまく頭が回転しないと彼は言う。「数字を私は目で見るのではないんです……耳で聞かないとどうもうまくいかない[12]のです」とウィムは説明する。 「まだ若かったころのこと、 あるオランダの心理学者が私をテストしたことがあります。 口の中に水を含んだままで計算するように言われたんです。すっかり[13]スピードが落ちてしまいましたよ」

最初の 「開花期」 実際ウィム自身の話を聞いていると、彼と同じくらい熱心に練習すれば、 だれでも同じ程度のことはできるようになるのではないかとさえ考えられてくる。 ウィムは一九一二年十二月四日、 アムステルダムに生まれた。 父親はユダヤ人の医師で、 ウィムはその二人の息子のうちの一人だった(「生まれたのは水曜日、午前十時四十六分、家の電話番号は51314、父の車の免許証番号は59143」と彼はすらすら言う)。知能指数もごく普通で、 まったく平凡な子供として育った。 だが十歳前後のときに彼自身が最初の「開花期」 と呼ぶものがやってくる。[14] 素因数分解との出合いである。つまり、数字を素数ばかりの積の形にしてしまうのである。「たとえば、21は3の七倍です。22は11の二倍です。 けれども23はどんなふうにも割ることができません。この数がすでに素数だからです」

ウィム少年は手当たり次弟[15]の数を分解することに熱中した。「あまりおもしろいので、友だちがフットボールをしている間も、 私は素因数分解ばかりしてました。 二万までの数字はひととおり[16]ばらばらに[17]してみましたよ」その結果、 ウィムはやがて九九を一けただけでなく100×100まで覚え込んでしまう。千までの数の二乗もすらすらと[18]言えるし、一万までの素数も全部覚えてしまった。どうやってそのような数字を記憶するのか? 特別な秘訣などない、とウィムは言う。

한자의 読み方

速(はや)さ : 속도
掛け算(かけざん) : 곱셈
暗算(あんざん) : 암산
電卓(でんたく) : 전자식 탁자 계산기
競争(きょうそう) : 경쟁
問題(もんだい) : 문제
一秒(いちびょう) : 1초
遅(おく)れる : 늦다, 뒤지다
確認(かくにん) : 확인
数字(すうじ) : 숫자
押(お)す : 밀다, 누르다
操作(そうさ) : 조작
指(ゆび) : 손가락
同僚(どうりょう) : 동료
大自然(だいしぜん) : 대자연
人間(にんげん) : 인간
自身(じしん) : 자기, 자신
自分(じぶん) : 자기, 자신
神秘(しんぴ) : 신비
見方(みかた) : 견해, 생각, 관점
機械(きかい) : 기계
回転(かいてん) : 회전
説明(せつめい) : 설명
心理学者(しんりがくしゃ) : 심리학자
含(ふく)む : 머금다, 포함하다
落(お)ちる : 떨어지다
最初(さいしょ) : 최초
開花期(かいかき) : 개화기
実際(じっさい) : 실제
熱心(ねっしん) : 열심
程度(ていど) : 정도
生(う)まれる : 태어나다
父親(ちちおや) : 부친, 아버지
医師(いし) : 의사
電話番号(でんわばんごう) : 전화번호
免許証(めんきょしょう) : 면허증
知能指数(ちのうしすう) : 지능지수
普通(ふつう) : 보통
平凡(へいぼん) : 평범
十歳前後(じゅっさいぜんご) : 10세 전후
素因数分解(そいんすうぶんかい) : 소인수분해
出合(であ)う : 우연히 만나다
素数(そすう) : 소수
積の形(せきのかたち) : 곱셈
七倍(ななばい) : 7배
割(わ)る : 나누다
熱中(ねっちゅう) : 열중
覚(おぼ)え込(こ)む : (머리 속에) 외워 두다
二乗(にじょう) : 자승, 제곱
記憶(きおく) : 기억
特別(とくべつ) : 특별
秘訣(ひけつ) : 비결

주해

1) ちょっと： (짧은 시간의 의미) 잠시, 좀, (양적으로) 조금, 약간, (뒤에 부정 동반) 간단히, 쉽게.

⇨ ご主人にちょっとお目にかかりたいのですが。
(주인을 잠깐 만나 뵙고 싶습니다만.)

⇨ 彼はちょっと考えてから答えた。
(그는 잠시 생각하고 나서 대답했다.)

⇨ あさねぼうしたので、ごはんはちょっとしか食べられませんでした。
(늦잠을 잤기에 밥은 조금 밖에 먹지 못했습니다.)

⇨ かれはちょっとした財産(ざいさん)をもっている。
(그는 약간의 재산을 가지고 있다.)

⇨ このほんをどこで買ったか、今ちょっと思い出せません。
(이 책을 어디에서 샀는지 얼른 생각나지 않습니다.)

⇨ ここから学校まで30分ではちょっと行かれまい。
(여기에서 학교까지 30분으로는 약간 부족할 것이다.)

2) どうしても：아무리 해도 (= まったく), 반드시, 꼭 (= 何が何かも), 하여튼, 어쨌든 (= とかく).

⇨ この問題はどうしてもわからない。
(이 문제는 아무리해도 알 수가 없다.)

⇨ あの人に頼んでみたがどうしても許可(きょか)しなかった。
(저 사람에게 부탁해 보았지만 아무리 해도 허락하지 않았다.)

⇨ きょうの試合にはどうしても勝(か)たなければならない。
(오늘시합은 무슨 일이 있어도 이기지 않으면 안 된다.)

⇨ そのお金は今月じゅうにどうしても返(かえ)してください。

(그 돈은 이 달 중에 반드시 갚아 주세요.)

⇨ 人はどうしても過(あやま)ちを犯(おか)しがちだ。

(사람은 하여튼 잘못을 범하기 마련이다.)

3) 手間(てま) : (일을 하는데 드는) 품, 시간, 수고.

⇨ 案外(あんがい)仕事がてまがかかった。

(의외로 일이 시간이 걸렸다.)

⇨ 手間取らないようにしなさい。

(시간이 걸리지 않도록 하세요.)

⇨ 手間暇(ひま)いらず合格できない。

(시간과 노력을 들이지 않고 합격 할 수 없다.)

⇨ インターネットで検索(けんさく)の手間を省(はぶ)く方法(ほうほう)。〔yp〕 (인터넷에서 검색수고를 더는 방법.)

4) ~ちゃってね: ~해 버렸어. (「~てしまってね」의 축약형)

⇨ レポートをせいりするに三日間(みっかかん)もかかっちゃってね。

(리포트를 정리하는 데에 3일간이나 걸려 버렸어.)

⇨ 彼女から来た手紙を母に読まれちゃってね。

(그녀로부터 온 편지를 엄마가 읽어버렸어.)

5) うなずく : 수긍하다, 끄덕이다.

⇨ 子供たちは先生の注意をひとつひとつうなずいて聞いていた。

(아이들은 선생님의 주의를 하나하나 고개를 끄덕이며 듣고 있었다.)

⇨ あなたが説明すれば、みんなおとなしくうなずいてくれるだろう。

(당신이 설명한다면 모두 순순히 수긍해 주겠지.)

6) 敵(かな)わない : 당할 수 없다 (= ひってきしない), 견딜 수 없다, 참을 수 없다 (=がまんできない).

⇨ 君はまだ下手(へた)だからあの人にはかなわない。

(자네는 아직 서투니까 그 사람에게는 당할 수 없다.)

⇨ 日本の暑(あつ)さと湿気(しっけ)にはかなわない。

(일본의 더위와 습기는 참을 수 없다.)

⇨ こういそがしくてはかなわないよ。

(이렇게 바빠서는 견딜 수 없다.)

cf) 敵(かな)う : 대적하다, 견디다, 이루어지다, 적합하다.

⇨ あの店は宣伝(せんでん)が上手だから、こちらはとてもかなわない。〔使〕

(저 가게는 선전을 잘하니까 도저히 대적할 수 없다.)

⇨ どんなに一生懸命やって、あの人にかなうものか。

(아무리 열심히 해 봤자 저 사람에게 당할 수 있겠는가?)

⇨ 長い間の願(ねが)いがかない、ふたりは結婚した。

(오랫동안의 염원이 이루어져 두 사람은 결혼했다.)

⇨ 生徒(せいと)の目的にかなった、教(おし)え方(かた)をする。

(학생의 목적에 적합한 교수방법을 행하다.)

7) 準(なぞら)える : 비교하다 (= ひかくする), 비유하다 (= たとえる), 본뜨다 (= まねる).

⇨ 人生(じんせい)を旅(たび)になぞらえる。

(인생을 나그네 길에 비교하다.)

⇨ 正(ただ)しい政治(せいじ)をする政治人を普通(ふつう)竹(たけ)になぞらえる。

(바른 정치를 하는 정치인을 보통 대나무에 비유한다.)

⇨ 王(おう)になぞらえた服装(ふくそう)。

(임금 옷을 본뜬 복장.)

8) マッターホーン (Matterhorn) :

자료해설

スイス·イタリア国境(こっきょう)のアルプスにそびえる高峰(こうほう)。標高(ひょうこう)四千五百五メートル。鋭(するど)くとがった四角錐(しかくすい)の山容(さんよう)をもつ。一八六五年イギリスのウインパーが初登頂(はつとうちょう)、イタリア語名モンテチルビノ、フランス語名モンセルバン。〔yp〕

⇨ 스위스·이탈리아국경의 알프스에 우뚝 솟은 고봉. 높이 4,505미터. 날카롭게 뾰족한 사각귀의 산 모양을 가졌다. 1865년 영국의 윈퍼 가 처음등정. 이탈리아 이름은 몽테칠비노, 프랑스 이름은 몽셀 방.

9) グランドーキャニオン (Grand canyon) :

자료해설

アメリカ合衆国(がっしゅうこく)西部、コロラド川がコロラド高原(こうげん)を浸食(しんしょく)して形成された大峡谷(だいきょうこく)。延長(えんちょう)三百五十キロ、幅(はば)六～三十キロ、深さ1.6キロに達(たっ)する無数(むすう)の地層(ちそう)が重(かさ)なり、各(かく)地層の色彩(しきさい)も多種類にわたる。雄大(ゆうだい)な峡谷美(きょうこくび)をほこる国立公園。〔yp〕

⇨ 미합중국 서부, 콜로라도 강이 콜로라도 고원을 침식하여 형성된 대협곡. 총 길이 350킬로 폭6～30킬로미터, 깊이 1.6킬로에 달하는 무수한 지층이 겹쳐 각 지층의 색깔도 종류가 많다. 웅대한 협곡의 미를 자랑하는 국립공원.

10) なにやら : 뭔지, 뭔가.

⇨ この本はむずかしくて、何が何やらさっぱりわからない。

(이 책은 어려워서 뭐가 뭔지 전혀 알 수 없다.)

⇨ 外で何やら音がするが、だれか来たのかな。

(밖에서 뭔가 소리가 나는데 누가 왔는가?)

⇨ 子どもが誕生日のお祝いだといって、何やらプレゼントをくれた。

(아이가 생일을 축하한다면서 뭔가 선물을 주었다.)

11) ぶつぶつ(と) : (副)중얼중얼, 투덜투덜, 부글부글, (N)(얼굴에 여드름, 습진)등이 도톨도톨 한 것.

⇨ ぶつぶつとひとり言(ごと)をいう。

(중얼중얼 혼자 말을 한다.)

⇨ この結論(けつろん)にぶつぶつ言う人はいない。

(이 결론에 투덜투덜하는 사람은 없다.)

⇨ かげでぶつぶつ言わないでください。

(뒤에서 투덜투덜 하지 마세요.)

⇨ 豆がぶつぶつ煮(に)えている。

(콩이 부글부글 끓고 있다.)

⇨ 顔にぶつぶつがたくさんできた。

(얼굴에 좁쌀알 같은 것이 많이 생겼다.)

12) うまくいく : 잘 되어 가다.

⇨ 同じ失敗(しっぱい)を重(かさ)ねたが、今度は何をしてもうまくいくだろう。

(똑같은 실패를 거듭했지만 이번에는 무엇을 하든지 잘 될 것이다.)

cf) うまい : (뭔가 뛰어나 있는 모양) 좋다, 잘하다, 맛있다, (고생하지 않고 자기만) 재미를 보다, (어쨌든 손해를 보지 않는 모양) 일이 잘되다.

⇨ それはうまい考えだ。
(그것은 좋은 생각이다.)

⇨ あの人はいつもうまいことばかり言っている。
(저 사람은 언제나 그럴싸한 말만 하고 있다.)

⇨ こんなうまい物は今まで食べたことがない。
(이런 맛있는 것은 여태껏 먹은 적이 없다.)

⇨ あいつだけうまいことをした。
(저 녀석만 재미를 보았다.)

⇨ うまい事(こと)行(ゆ)けば一年遊べる。
(일이 잘되면 1년 놀고먹을 수 있다.

13) すっかり : 모두 다, 죄다, 완전히, 정말로. (= 残るところなくすべて)

⇨ おいしかったので、すっかり食べてしまった。
(맛이 있어서 모두 먹어 치웠다.)

⇨ すっかり用意ができたから、いつでも出かけられる。
(완전히 준비가 되었으니 언제라도 나갈 수가 있다.)

⇨ 日本はもうすっかり夏になって、上着を着ている人はほとんど見られなくなった。
(일본은 벌써 완전히 여름이 되어, 윗도리를 입고 있는 사람은 거의 볼 수 없게 되었다.)

14) やってくる : 다가오다. ('건너편에서 이쪽으로 옴' 을 강조)

⇨ まもなく試験がやってきます。
(곧 시험이 다가옵니다.)

⇨ ともだちが急にうちへやってきた。

(친구가 갑자기 집에 찾아 왔다.)

⇨ 待っているのになかなかやってこない。

(기다리고 있는데도 좀처럼 나타나지 않는다.)

15) 手当(てあ)たり次第(しだい) : 닥치는 대로. (= どれもこれも)

⇨ 冬の間は、暇(ひま)に任(まか)せて、てあたり次第、図書館を利用して本を読んだり、レンタルビデオで夏に見れなかった映画を見たりしていた。〔yp〕

(겨울동안 한가한 마음으로 닥치는 대로 도서관을 이용하면서 책을 읽거나 비디오를 빌려 여름철 보지 못했던 영화를 보기도 했다.)

⇨ 台風(たいふう)6号は何千という人命(じんめい)を手当たり次第にうばった。

(태풍 6호는 몇 천 명이라는 인명을 닥치는 대로 빼앗았다.)

16) 一通(ひととお)り : (부사적으로 많이 사용) 대강, 대충, (뒤에 부정 동반) 보통, 이만저만함.

⇨ ひととおりあなたの話を聞いてから考えましょう。

(대충 당신의 이야기를 듣고 난 뒤 생각합시다.)

⇨ スキー道具(どうぐ)を一通りそろえるには10万円以上(いじょう)かかる。〔スーパー〕

(스키도구를 대충 갖추려면 10만엔 이상 든다.)

⇨ 両親の心慮(しんりょ)はひととおりではなかった。

(부모님의 걱정이 보통이 아니었다.)

17) ばらばら : (따로 따로 흩어지는 모양) 뿔뿔이, 공중 분해되는 모습,

(제각기 다른 모양) 각각, 하나하나.

⇨ 飛行機がばらばらになっておちる。

(비행기가 공중 분해되어 떨어지다.)

⇨ 集まった人たちはばらばら自分の意見を言いました。

(모인 사람들은 각각 자신의 의견을 말했습니다.)

18) すらすら : (멈추지 않고 진행하는 모습) 술술, 척척.

⇨ 日本語の本は読めますが、日本人のようにすらすら話すのはまだむずかしいです。

(일본어 책은 읽을 수 있습니다만 일본인처럼 술술 이야기하는 것은 아직 어렵습니다.)

⇨ 計画(けいかく)がすらすら進(すす)んで、とてもうれしいです。

(계획이 척척 진행되어 매우 기쁩니다.)

[2—3]

본문

「すっかり覚え込む[1]まで繰返しその数字を言って頭の中にたたき込むだけのことですよ。外国語を覚えるのと同じです」また、 彼はひまさえあれば[2]数字をいじくりまわしている。[3] たとえばCERNの駐車場を彼と一緒に歩いているとすると、かなり早口の英語でおしゃべりしながら、そのあいまあいまに[4]オランダ語で一生懸命なにかぶつぶつ言っていることに気がつくだろう。[5] 車のナンバーを片っぱしから[6]素因数分解しているのである。

ウィムの第二の開花は十四歳のときのことだった。ある教師が対数表を持って来てその使い方を彼に説明した。 週末にその表を先生から借りたウィムは、さっそく暗記し始めた。今彼は百五十までの対数表は全部頭の中にはいっている。今までにそれだけの対数を覚えてしまった人間は二人しか知られていない(もう一人はドイツ人の数学者リュックレである)。こうして高校を卒業するころには、ウィムはどんなコンピューターにもひけをとらない[7]材料を彼の頭脳の記憶装置のなかにたくわえる[8]ことになった。[9] 今まで彼がやってのけた[10]計算では、それ以上の材料は必要ないのだという。

ショーの世界へ しかし、両親は彼の才能を喜ぶどころか[11]むしろ不安な思いで見守るのだった。聴衆の前で暗算をして見せてほしいという依頼が舞い込む[12]ようになると、父のクレイン医師はウィムが医学の道からそれて[13]行ってしまうのではないかと心配した。ウィムは父を安心させるためにこつこつと[14]学校の勉強を続けた。だが一九三七年に父が死に、続いて第二次世界大戦の混乱が襲ってきた。戦争が終わるとウイムははっきりと医学を捨て、ショービジネスの世界にはいることにした。といっても、それはまことにささやかな[15]出発だった。ギター弾きやアコーディオン弾きと一緒に町かどや公園の片すみに立って、そこで計算の妙技を披露した[16]のである。やがてそういう生活にもいや気がさして、[17] 今度はオランダやベルギーの小学校を訪れては講演をするようになった。そのうちにアムステルダムの数学研究所に彼の才能が認められ、そこで計算係[18]として働くことになった。だがウィムの心をとらえていたのは(それは今も同じだが)やはりショーの世界であった。彼は今日機会がある限りラジオやテレビに出演するように心がけている。[19]「あの刺激がいいんですね」と彼は言う。「聴衆からチャレンジを受けるのが好きなのです」

한자의 読み方

繰返(くりかえ)す : 반복하다	駐車場(ちゅうしゃじょう) : 주차장
早口(はやくち) : 빠른 말투	教師(きょうし) : 교사
対数表(たいすうひょう) : 대수표	使(つか)い方(かた) : 사용방법
説明(せつめい) : 설명	週末(しゅうまつ) : 주말
暗記(あんき) : 암기	覚(おぼ)える : 기억하다
数学者(すうがくしゃ) : 수학자	卒業(そつぎょう): 졸업
材料(ざいりょう) : 재료	以上(いじょう) : 이상
必要(ひつよう) : 필요	世界(せかい) : 세계
喜ぶ(よろこ)ぶ : 기뻐하다	不安(ふあん) : 불안
見守(みまも)る : 쭉 지켜보다	依頼(いらい) : 의뢰
医師(いし) : 의사, = 医者(いしゃ)	医学(いがく) : 의학
続(つづ)く : 계속되다	大戦(たいせん) : 대전
混乱(こんらん) : 혼란	襲(おそ)う : 덮치다
戦争(せんそう) : 전쟁	捨(すて)る : 버리다
出発(しゅっぱつ) : 출발	弾(ひ)く : (악기를) 타다, 켜다
町(まち)かど : 거리 모퉁이	片隅(かたすみ) : 한 쪽 구석
妙技(みょうぎ) : 묘기	訪(おとず)れる : 방문하다
講演(こうえん) : 강연	認(みと)める : 인정
計算係(けいさんがかり) : 계산담당	機会(きかい) : 기회
限(かぎ)る : (5단) 한하다	出演(しゅつえん) : 출연
心(こころ)がける : 유념하다	刺激(しげき) : 자극

주해

1) ~込(こ)む : (後項v) ~안에 넣다, 철저히~하다.

⇨ シャツなどは全部小さなかばんの中におし込みました。

(셔츠 등은 전부 작은 가방 안에 쑤셔 넣었습니다.)

⇨ あの人はもう何時間もいすにすわって考え込んでいます。

(저 사람은 벌써 몇 시간이나 의자에 앉아서 골똘히 생각하고 있습니다.)

cf) 叩(たた)きこむ : 힘껏 때려 박다, 철저히 주입시켜 가르치다. (= hammer into)

⇨ くぎをたたきこむ。
(못을 때려 박다.)

⇨ この公式(こうしき)は頭にたたき込んでおけよ。〔スーパー〕
(이 공식은 머리 속에 외워둬!)

⇨ 待ちに待った運動会。だれもが青春(せいしゅん)をたたきこむ日であった。〔yp〕
(기다리고 기다리던 운동회. 모두가 청춘을 불사르 는 날이었다.)

2) ~さえ ~ば : (그것만으로 충분해서 그 외의 것은 필요없다) ~만 ~하면.

⇨ これさえあればほかには何も要(い)りません。
(이것만 있으면 그 외는 아무 것도 필요 없습니다.)

⇨ この機械(きかい)は100円だまを入(い)れさえすれば、動(うご)きだします。
(이 기계는 100엔 주화를 넣는 것만으로 움직입니다.)

3) いじく(弄)る : 만지작거리다, 주무르다. (= finger, 「いじる」의 속어)

⇨ 先生の話も聞かずに消(け)しゴムをいじくっている。〔類語〕
(선생님의 이야기도 듣지 않고 지우개를 만지작거리고 있다.)

⇨ 授業中に髪(かみ)をいじる。〔類語〕
(수업 중에 머리 카락을 만지고 있다.)

⇨ 赤(あか)ん坊(ぼう)はおもちゃの車をいじっている。〔LD〕
(갓난아이는 장난감 차를 만지작거리고 있다.)

⇨ 会則(かいそく)をいじくりまわしている。
(회칙을 마구 주무르고 있다.)

cf) ~回す：(後項v) 마구 ~하다, 주위 전체를 ~하다.
⇨ 鉢をいじり回す。
(화로의 불을 들쑤시다.)
⇨ 針金を張(は)り回す。
(철사를 둘러치다.)
⇨ 辺りを見回す。
(주위를 둘러보다.)

4) あいまあいまに：틈틈이, 짬짬이. (= たまに, たまたま)

⇨ 勉強のあいまあいまにマンガを読む。〔類語〕
(공부하는 틈틈이 만화를 본다.)
⇨ 仕事のあいまあいまに一服(いっぷく)する。
(일하는 짬짬이 한대 피운다.)

5) 気(き)が付(つ)く：생각이 미치다, 알아차리다, 정신이 들다, 의식을 회복하다.

⇨ よい所(ところ)に気が付いた。
(좋은 곳에 생각이 미쳤다.)
⇨ 私があいさつをしたのに、あの人はだまっていました。
たぶん気が付かなかったのかもしれません。
(내가 인사를 했는데 그 사람은 가만히 있었어요. 아마 알아차리지 못했을지도 모릅니다.)
⇨ 気がついたようだね。
(정신이 드는가봐.)

⇨ 彼は若(わか)いのでよく気がつく。

(그는 젊기 때문에 빨리 회복된다.)

6) 片(かた)っぱしから : 닥치는 대로, 모조리.

⇨ やりたいことは片っぱしから挑戦(ちょうせん)しよう！〔yp〕

(하고 싶은 것은 닥치는 대로 하자!)

⇨ 出されたごちそうを片っぱしから食べていく。

(나온 음식을 모조리 먹어 치운다.)

⇨ 中学時代の地理(ちり)といえば、日本全国片っぱしから、地理的な特長(とくちょう)と産業(さんぎょう)の特長(とくちょう)を頭に詰(つ)め込(こ)んだ。〔yp〕

(중학교 때의 지리라 하면, 일본전국을 통틀어 지리적인 특징과 산업특징을 모조리 머리 속에 외워두었다.)

7) 引(ひ)けをとらない : 뒤지지 않다, 손색이 없다.

⇨ 彼はひけをとらない韓国一(かんこくいち)の歌手(かしゅ)です。

(그는 손색없는 한국 제일의 가수입니다.)

cf) 引けをとる : 뒤지다 (= 遅れをとる), 지다 (= 負ける).

⇨ 他の受験生(じゅけんせい)に引けをとることはありえないという自信をつけてくれた。

(다른 수험생에게 뒤지는 일은 있을 수 없다는 자신을 갖게 되었다.)

⇨ 我々はゲーム全体では相手(あいて)に引けをとるチームではなかった。

(우리들은 게임전체에서 상대에게 지는 팀이 아니었다.)

8) 蓄(たくわ)える : (만일을 위해) 대비해 두다, 모으다, 기르다, 쌓아두다, (수염 등) 깎지 않고 두다.

⇨ 金をたくわえる。(돈을 모으다.)

⇨ 実力(じつりょく)をたくわえる。(실력을 길러두다.)

⇨ 弟子(でし)を蓄える。(제자를 기르다.)

⇨ 弥生(やよい)時代には、地下に掘(ほ)り込んだ穴(あな)に食料を蓄える方法もありました。この穴を貯蔵穴(ちょぞうけつ)と呼んでいます。〔yp〕
(야요이 시대는 지하에 판 구멍에다 식료품을 쌓아두는 방법도 있었습니다. 이 구멍을 저장혈이라 부르고 있습니다.)

⇨ 脂肪(しぼう)を体内(たいない)に蓄えるバッタの群(む)れ。〔yp〕
(지방을 체내에 쌓아두는 버터덩어리.)

⇨ 鼻下(はなした)のひげを蓄える。
(코 밑 수염을 기르다.)

9) ~ことになる : ~하게 되다 (결과).

⇨ 来年帰国(きこく)することになると思います。
(내년에 귀국하게 됩니다.)

⇨ 会社をやめることになりました。
(회사를 그만 두게 되었습니다.)

⇨ 学校で5時間、家で3時間、全部で8時間、勉強することになる。
(학교에서 5시간 집에서 3시간 전부8시간 공부하는 셈이 된다.)

10) ~てのける : (훌륭히, 거리낌 없이) ~하다, ~해 치우다.

⇨ 悪口(わるくち)を面前(めんぜん)で言ってのける。
(면전에서 거리낌 없이 욕설을 해 버리다.)

⇨ 彼は難しい仕事をやすやすとやってのけた。
(그는 어려운 일을 쉽사리 해 치웠다.)

11) ~どころか : (앞을 강하게 부정, 뒤를 강하게 말하는 경우) ~는커녕, ~물론.

⇨ 彼女は独身どころか、もう子どもが3人もあります。
(그녀는 독신이기는커녕 벌써 아이가 세 명이나 있습니다.)

⇨ 彼はヨーロッパどころか、アフリカへまで行ったことがある。
(그는 유럽은 물론 아프리카까지 갔던 적이 있다.)

12) 舞(ま)いこむ : 날아 들어오다, (예기치 않은 것이) 난데없이 날아들다, 넘치다.

⇨ ビラがまいこむ。
(전단지가 날아들어 오다.)

⇨ 戸(と)のすき間(ま)から雪が舞い込んだ。
(문 틈새로부터 눈이 날아 들어왔다.)

⇨ 幸運(こううん)がまいこむ。(행운이 날아들다.)

⇨ 今日もいつものように仕事が舞いこむ。〔yp〕
(오늘도 평상시와 마찬가지로 할일이 넘친다.)

⇨ 全国のお客様からご注文が舞いこむ今日この頃。高原で育ったフルーツの美味しさ、 豊かな自然の恵(めぐ)みを活(い)かした商品をご堪能(たんのう)ください。〔yp〕
(전국의 손님으로부터 주문이 쏟아지는 지금 이 때. 고원에서 키운 과일의 훌륭한 맛, 풍요로운 자연의 은총을 살린 상품을 드셔 보세요.)

cf) 舞(ま)う : (가벼운 것이 공중에) 흩날리다, 춤추다.

⇨ 風に木(こ)の葉(は)が舞っている。

(바람에 나뭇잎이 흩날리고 있다.)

⇨ 音楽に合(あ)わせて舞(まい)を舞う。

(음악에 맞추어 춤을 춘다.)

13) 外(それ)る : 빗나가다, 벗어나다.

⇨ 本題(ほんだい)とはちょっとそれるかもしれませんが、わたしは「備考(びこう)」欄(らん)にひらがなで名前を入力(にゅうりょく)し、ソートしています。〔yp〕

(본제목과는 좀 빗나갈지 모르지만 저는 「비고」란에 히라가나로 이름을 입력하여 분류하고 있습니다.)

⇨ トンネルの手前(てまえ)数百メートル手前から、県道(けんどう)を右にそれる。〔yp〕

(터널 바로 앞 수 백 미터 앞에서부터 현도를 오른쪽으로 벗어난다.)

14) こつこつ(と) : (열심히 하는 모습) 꾸준히, (딱딱한 것에 부딪치는 소리) 똑 똑.

⇨ 彼がこつこつとお金をためているのは、外国へ旅行するためです。

(그가 꾸준히 돈을 모으고 있는 것은 외국으로 여행가기 위한 것입니다.)

⇨ ドアをこつこつノックする音がしたので玄関に出てみた。

(문을 똑똑 노크하는 소리가 났기 때문에 현관에 나가 보았다.)

15) 細(ささ)やかだ : (Av) 사소하다, 조촐하다, 변변치 못하다.

⇨ ささやかな物なんですが、どうぞ。

(보잘 것 없습니다만 받아 주세요.)

⇨ 式に呼んだのは、家族と本当に大切な仲間(なかま)だけに

した。ささやかだがとても暖かい結婚式だった。〔yp〕
(식에 불렀던 사람은 가족과 정말 소중한 친구들만이었다. 조촐했지만 매우 의미 있는 결혼식이었다.)

⇨ 客室は七つ。夏は湖(みずうみ)で釣(つ)れた魚、秋には山で採(と)れたキノコなどで、ささやかだが心ばかりのもてなしをする。〔yp〕
(객실은 일곱 개. 여름에는 호수에서 잡은 물고기, 가을에는 산에서 딴 버섯 등으로 변변치 못하지만 마음으로 대접을 한다.)

16) 披露(ひろう)する : 피로하다, (일반에게) 발표하다, 널리 알리다. (= introduce, announce)

⇨ 結婚を披露する。
(결혼을 피로하다.)

⇨ ステージに出演(しゅつえん)して練習の成果(せいか)を披露する。〔LD〕
(무대에 출연해서 연습의 성과를 보여준다.)

⇨ その踊りをアジア大会開会式(かいかいしき)で披露することになっている。
(그 춤은 아시아대회 개회식에서 알리기로 되어 있다.)

⇨ みんなそれぞれ自慢(じまん)ののどをひろうする。
(모두들 각자 노래자랑을 하다.)

⇨ 小売業者(こうりぎょうしゃ)に新製品(しんせいひん)を披露する。〔使〕
(소매업자에게 신제품을 홍보하다.)

17) 嫌気(いやけ)がさす : 싫증이 나다.

⇨ この歌はもう嫌気がさす。
(이 노래는 이제 싫증이 난다.)

⇨ 彼女はその社会に嫌気がさしてやめた。

(그녀는 그 회사에 싫증이 나서 그만 두었다.)

⇨ その頃、俺(おれ)は、うるさいだけの音楽にいやけがさし、ジャズとか、おとなしめの曲(きょく)に興味(きょうみ)が移(うつ)っていった。〔yp〕

(그 때 나는 시끄러운 음악에 싫증이 나 재즈라던가 조용한 음악으로 흥미가 바뀌었다.)

18) ~係(がかり) : (接尾) 계(원), 담당자.

⇨ 受付係(うけつけがかり)に来てください。

(접수계로 와 주세요.)

⇨ 彼はホテルのフロント係をしている。

(그는 호텔 프론트를 담당하고 있다.)

⇨ 本をかりる時、図書係にカードをわたしてください。

(책을 빌릴 때 도서담당자에게 카드를 건네주세요.)

19) 心掛(こころが)ける : 항상 주의하다, 명심하다.

⇨ 失礼のないように心がける。

(실례되는 일이 없도록 항상 주의하다.)

⇨ 手紙をもらったらすぐに返事(へんじ)を出すように、心掛けなさい。

(편지를 받으면 즉시 답장을 보내도록 명심해요.)

⇨ 質素倹約(しっそけんやく)を心がける。

(근검절약을 명심하다.)

⇨ いつも正(ただ)しい姿勢(しせい)を保(たも)つように心掛けるべきだ。

(늘 올바른 자세를 갖도록 명심해야 한다.)

[2—4]

본문

ウィムのショーでなんといっても[1]一番人気があるのは、いわゆる魔方陣[2]というやつである。ある数字を一つウィムに出す。すると彼は縦横四つずつ全部で十六のます目[3]を作り、その一つずつにそれぞれ異なる数字を埋めていく。全部埋め終わると、その四つの数字を縦でも横でも斜め[4]でもどの方向に足しても、[5]答はみな、先ほど[6]出された数になる、という仕組みである。[7] 私の場合は自分の住所から111という数を出した。するとウィムは、たちまち[8]上の四つのます目に左から順に18、32、40、21と書き込んでいった。それから一番左の行を上から下に18、38、25、30と書いた。そして次の行にも数字を書いていく。全部終わるのに二分しかかからなかった。

絶えざる訓練[9] いったん[10]ステージやCERNの構内から離れてしまうと、ウィムはまことに[11]人間的なコンピューターである。たとえば人の車のナンバーはすぐ覚えるかもしれないが、その持ち主[12]の顔は忘れてしまう。「わたしは物覚え[13]が悪くて困ってるんです」と彼は言う。「この前もアパートの鍵を忘れてはいけないと思ってワイシャツのポケットに入れておいたんです。ところが部屋へ帰ってきたらどこへ鍵をしまったか[14]どうしても思い出せなくて ……」

ウィム·クレインと話をすればするほど、[15] この人物から学ぶべきことがたくさんあるという思いをますます強くさせられる。一つには[16]人生に対する積極的な取組み方[17]がある。その点はスポーツのチャンピオンに似ていると言えるかもしれない。持って生まれたすばらしい運動神経があったとしても、絶えざる訓練を何年も続けなければ何にもならないだろう。また目標に立ち向かう[18]勇気も必要である。もう一つウィムから学べることは、数学を使いこなす[19]コツというものはだれでも身につける[19]ことができるということである。彼と同じような暗算の名手になることはむずかしかろう。それはわれわれが、アーサー·アッシュのようなテニスの選手や、ジャン·クロード·キリーのようなスキー選手になれないのと同じである。しかしわれわれなりに、[20] 数字をもうちょっと上手にあやつる[21]ことはできるようになれるはずだとウィムは主張する。まず重要なのは数字に対する恐怖感を捨て去る[22]ことである。自由自在に数を分解して、計算しやすくしてしまえばいい。「たとえば, 6×6=36はだれでも知っています」とウィムはいう。ところが60×60という問題を出すともう恐れをなしてしまう。本当は36に0を二つつければいいだけなんですがね」

한자의 読み方

人気(にんき) : 인기	縦横(じゅうおう) : 종횡
異(こと)なる : 다르다	埋(う)める : 묻다, 메우다
縦(たて) : 세로	横(よこ) : 가로, 옆, 곁
方向(ほうこう) : 방향	場合(ばあい) : 경우
住所(じゅうしょ) : 주소	訓練(くんれん) : 훈련
構内(こうない) : 구내	離(はな)れる : 떨어지다
鍵(かぎ) : 열쇠	積極的(せっきょくてき) : 적극적
似(に)る : 닮다, 비슷하다	神経(しんけい) : 신경
目標(もくひょう) : 목표	勇気(ゆうき) : 용기
名手(めいしゅ) : 명수	主張(しゅちょう) : 주장
重要(じゅうよう)だ : 중요하다	恐怖感(きょうふかん) : 공포감
自由自在(じゆうじざい) : 자유자재	恐(おそ)れ : 두려움

주해

1) なんといっても : 뭐니 뭐니 해도, 뭐라고 해도.

⇨ なんといっても、おかあさんが作ってくれた料理ほどおいしいものはないよ。
(뭐니 뭐니 해도 어머니가 만들어 주신 요리만큼 맛있는 것은 없어.)

⇨ なんといっても、あの人には勝つことはできない。
(뭐라 해도 저 사람한테 이길 수는 없다.)

2) 魔方陣(まほうじん) : 마방진. (가로 세로 대각선 등 어느 쪽으로 합해도 수가 같도록 맞추어 놓은 것.)

⇨「まほうじん」って知ってますか。漢字で書くと「魔方陣」…タテ・ヨコ・

ななめ、どこの列の数字をたしても、合計が同じになるんだよ。〔yp〕

(「마방진」이라는 것 알고 있습니까? 한자로 쓰면 「魔方陣」… 세로·가로·대각선 어느 열의 숫자를 보태도 합계가 같게 되는 거지요.)

⇨ <u>魔方陣</u>はパズル的な要素が強く、挑戦(ちょうせん)しているうちに計算が理解でき、計算力も自然に高めることができるので、計算が苦手(にがて)な子にとって、とてもよい教材になります。〔yp〕

(마방진은 퍼즐적 요소가 강하여 도전하는 중에 계산을 이해할 수 있고 계산력도 자연히 높일 수 있기 때문에, 계산하기를 어려워하는 아이에게 매우 좋은 교재가 됩니다.)

3) 升目(ますめ) : (바둑판, 원고용지, 지도 등의) 눈, 눈금.

⇨ 原稿用紙(げんこうようし)の<u>ます目</u>を埋(う)める。

(원고용지의 칸을 메우다.)

⇨ 一つの<u>ます目</u>の大きさが、地図の上で4cmとすると、2万5千分の1地形図(ちけいず)では、じっさいの長さは4×25,000＝1km、ます目の面積(めんせき)は１平方(へいほう)kmとなります。

(하나의 눈금크기가 지도상 4센티로 하면 2만5천분의 1지형도에서는 실제길이는 4×25,000＝1킬로, 눈금면적은 1평방킬로가 됩니다.)

⇨ オセロゲームとは、縦横(じゅうおう)８×８の<u>ます目</u>に区画(くかく)された正方形(せいほうけい)の盤(ばん)を使い、表裏(ひょうり)が白色(はくしょく)と黒色(こくしょく)になっているコマ(石)64個(こ)を使用して、二人で争(あらそ)うゲームである。〔yp〕

(오세로 게임이란 종횡 ８×８의 눈금으로 나누어진 정방형 판을 사용하며, 앞뒤가 흑·백색으로 되어 있는 돌 64개를 사

용하여 둘이서 하는 게임이다.)

4) 斜(なな)めだ : (Av) 경사지다, 비스듬하다, (기분, 행동 등이) 좋지 않다, 바르지 않다. (斜め : (N) 경사, 비스듬함)

⇨ 一度に大勢(おおぜい)の人が乗ったので船が斜めに傾(かたむ)いた。

(한꺼번에 많은 사람이 탔기 때문에 배가 비스듬히 기울었다.)

⇨ 交番(こうばん)はそのデパートの斜めの前にある。

(파출소는 그 백화점의 대각선 쪽으로 있다.)

⇨ 父は今御機嫌(ごきげん)が斜めだ。

(아버지는 지금 기분이 좋지 않은 상태이다.)

⇨ ななめに世(よ)を渡(わた)る。

(부정하게 세상을 살아가다.)

5) 足(た)す : 더하다, 보충하다, 용무를 보다.

⇨ もう千円足せば、もっとよい物が買える。

(천 엔 더 보태면 더 좋은 물건을 살 수 있다.)

⇨ お年玉(としだま)に三千円足して電子辞典(でんしじてん)を買った。

(세뱃돈에 삼천엔을 보태 전자사전을 샀다.)

⇨ 銀行に行ったり、そのほか二、三の用(よう)を足してから帰った。

(은행에 가기도 하고 그밖에 두세 가지 일을 보고 나서 돌아왔다.)

6) 先(さき)ほど : (「さっき」의 공손한 표현) 조금 전, 아까. (= すこし前のじこく)

⇨ 先ほどから雨が降っております。

(조금 전부터 비가 내리고 있습니다.)

⇨ 先ほどから森田さんという方がお待(ま)ちです。

(아까부터 모리다 라는 분이 기다리고 계십니다.)

7) 仕組(しくみ) : 구조, 장치, 방법, (소설 등의) 줄거리.

⇨ 初心者がだいたい分かるインターネットのしくみ。〔yp〕
(초심자가 대체로 알 수 있는 인터넷의 구조.)

⇨ 歯車(はぐるま)で動(うご)くしくみ。
(톱니바퀴로 움직이는 장치)

⇨ こういうしくみで事を運(はこ)ぶ。
(이런 방법으로 일을 진행시킨다.)

⇨ 複雑(ふくざつ)なしくみの劇(げき)。
(복잡한 줄거리의 연극.)

8) たちまち : 금세, 이내, 곧.(= いっしゅんにして, すぐに)

⇨ 楽会(おんがくかい)の切符(きっぷ)はたちまち売り切れてしまった。
(음악회 표는 곧 매진되어 버렸다.)

⇨ 今まで晴れていた空はたちまち曇(くも)って、雨が降ってきた。
(여태까지 개어있던 하늘은 갑자기 흐리면서 비가 내렸다.)

9) ~ざる+N : ~지 않는 N. (「ざる」 : 文語조동사 「ず」(부정)의 연체형), 「~ざるを得ない」(~지 않을 수 없다)의 형으로 많이 사용.

⇨ 知られざる名曲(めいきょく)。
(알려져 있지 않는 명곡.)

⇨ 知られざる郷土(きょうど)料理。
(알려지지 않는 향토요리.)

⇨ 南イタリア小都市探訪(たんぼう)…… 知られざる博物館。〔yp〕
(남이탈리아 소도시 탐방 …… 알려지지 않는 박물관.)

⇨ あの人は止(や)むを得ざる事情(じじょう)で学校を辞(や)めた。
(저 사람은 부득이한 사정으로 학교를 그만두었다.)

⇨ 私としては、その場合そうせざるを得なかったのです。

(나로서는 그런 경우 그렇게 하지 않을 수 없었어요.)

10) いったん(一旦) : 일단, 어디까지나. (「一度(いちど)」 보다 뜻이 강함)

⇨ 彼はいったん決心(けっしん)したら必ずやりとげる。

(그는 일단 결심하면 반드시 해낸다.)

⇨ いったん家へ帰ってから、また出かけるつもりです。

(일단 집에 돌아갔다가 다시 나갈 작정입니다.)

11) まことに : 정말로, 대단히. (= たいへん, ほんとうに)

⇨ これはまことにお気の毒(どく)です。

(이거 정말로 안됐습니다.)

⇨ まことに申(もう)し訳(わけ)ありませんが、もう一度電話をしてください。

(대단히 죄송합니다만 또 한번 전화를 걸어 주세요.)

12) 持ち主(もちぬし) : 소유자, 주인.

⇨ 落(おと)し物のもちぬしをさがす。

(잃어버린 물건의 주인을 찾다.)

⇨ このホテルは何度も待ち主が変わった。

(이 호텔은 여러 번 주인이 바뀌었다.)

⇨ いえをかりるときには、やちん、しききん、れいきん、ちゅうかいりょうなどがいります。しききんとれいきんはいえのもちぬしにはらいます。〔yp〕

(집을 빌릴 때에는 월세, 보증금, 사례금, 중개수수료 등이 필요합니다. 보증금과 사례금은 집주인에게 줍니다.)

13) 物覚(ものおぼ)え : 기억력(= memory).

⇨ 年寄(としよ)りだから物覚えが悪くなった。

(나이가 드니까 기억력이 나빠졌다.)

⇨ 近頃(ちかごろ)、ものおぼえが悪くなったなーとか、もっと頭の回転(かいてん)を速くしたいなー、なんていう方にとくにおすすめです。〔yp〕

(최근 기억력이 나빠졌어— 라든가 더욱이 머리 회전 빨랐으면— 하는 분에게 특별히 권유해 드립니다.)

14) しまう : (5단) 안에 넣다(= put), 정리하다(= かたづける), 일을 끝내다(= 終わりにする).

⇨ また使うかも知れないから、それはどこかに安全なところにしまっておいてください。

(또 사용할지 모르니 그것은 어딘가 안전한 곳에 넣어두세요.)

⇨ 労働者(ろうどうしゃ)たちはいつもより仕事を早くしまった。

(노동자들은 평상시보다 일을 빨리 끝냈다.)

15) ~ば~ほど : ~(하)면 ~(할)수록.

⇨ 人は金持(かねも)ちになればなるほどけちになるものだ。

(사람은 부자가 되면 될수록 인색해지는 법이다.)

⇨ 値段が高ければ高いほど品(しな)がよくなります。

(값이 비싸면 비쌀수록 더욱 물건이 좋아집니다.)

16) 一(ひと)つには : 한편, 반면, 일면. (= いっぽう, 一面)

⇨ 一つには会社のため、一つには自分のためでもある。

(한편으로는 회사를 위하며 한편으로는 자신을 위한 것이기

도 하다.)

⇨ 一つには美容(びよう)のために彼女は毎日体操(たいそう)をしている。

(한편으로는 미용을 위하여 그녀는 매일 체조를 하고 있다.)

17) 取(と)り組(く)み方(かた) : 대처방법.

⇨ これからのリサイクルに対する取り組み方。

(이제부터의 재활용에 대한 대처방법.)

⇨ やさしいITの活用と取り組み方。

(쉬운 IT활용과 대처방법.)

cf) 取(と)り組(く)む : 맞붙다, 열중하다, 몰두하다.

⇨ 今度のテニス大会では私はだれと取り組むかわからない。

(이번 테니스대회에서 나는 누구와 맞붙을지 알 수 없다.)

⇨ だれでも仕事に真剣(しんけん)に取り組んでいるときは美しく見えるものだ。

(누구든지 일에 열중하고 있을 때는 아름답게 보이는 법이다.)

18) 立(た)ち向(む)かう : 대항하다, 맞서다, 대처하다.

⇨ 少年(しょうねん)たちは勇敢(ゆうかん)に敵(てき)に立ち向かった。

(소년들은 용감하게 적에 대항했다.)

⇨ 難局(なんきょく)に立ち向かう政府(せいふ)の方針(ほうしん)。

(난국에 대처하는 정부의 방침.)

19) 使いこなす : 마음대로 구사하다, 잘 다루다.

⇨ やっとこの機械を使いこなせるようになった。

(겨우 이 기계를 잘 다룰 수 있게 되었다.)

⇨ 彼は部下を使いこなすのがうまい。

(그는 부하를 잘 다루는 것이 보통이 아니다.)

cf)こなす(熟す) : 작게 부수다, (음식을)삭이다, 소화시키다, (계획대로)처리하다, (말을)구사하다, (상품을)팔아 버리다.

⇨ 田(た)の土(つち)をこなす。
(논의 흙덩이를 잘게 부수다.)

⇨ 固い物をこなす。
(딱딱한 것을 삭이다.)

⇨ 胃(い)は食(た)べたものをこなす器官(きかん)です。
(위는 먹은 음식을 소화시키는 기관입니다.)

⇨ 仕事を一日(いちにち)でこなす。
(일을 하루에 처리하다.)

⇨ 彼は独習(どくしゅう)したが、英会話(えいかいわ)を自由(じゆう)にこなしている。
(그는 독학으로 공부했지만 영어회화를 자유로이 구사하고 있다.)

⇨ 彼は毎日大量(たいりょう)の品(しな)をこなしている。
(그는 매일 대량의 상품을 팔고 있다.)

20) 身(み)につける : 몸에 걸치다, 몸에 지니다, (배워 익혀서 자기 것으로) 만들다, 익히다

⇨ コートを身につける。
(코트를 몸에 걸치다.)

⇨ お金を身につける。
(돈을 소지하다.)

⇨ 教養(きょうよう)を身につける。
(교양을 갖추다.)

⇨ その論文(ろんぶん)の書き方、まとめ方の基本(きほん)を

みにつける。〔yp〕

(논문 쓰는 방법, 정리 방법의 기본을 몸에 익힌다.)

⇨ 現代文(げんだいぶん)を読むための基礎的(きそてき)な読解法(どっかいほう)をみにつけるとともに、漢字力(かんじりょく)、語彙力(ごいりょく)の強化(きょうか)を図(はか)る。〔yp〕

(현대문을 읽기 위한 기초적인 독해법을 익힘과 동시에 한자력, 어휘력 강화를 시도한다.)

21) ~なりに : ~나름으로, 나름대로.

⇨ 私なりに闘病日記(とうびょうにっき)。

(나 나름으로의 투병일기)

⇨ きみはきみなりにやれ。

(넌 너 나름대로 해라.)

⇨ 自分なりに仕事を一生懸命にやるのが大事だ。

(자기 나름대로 일을 열심히 하는 것이 중요하다.)

22) 操(あやつ)る : 조종하다, 다루다, (뒤에서 인형 등을) 움직이다, (말을 자유자재로) 구사하다.

⇨『脳(のう)と心をあやつる物質(ぶっしつ)』〔yp〕

(『뇌와 마음을 조종하는 물질』, 書名)

⇨ 彼はヨットの帆(ほ)を巧(たく)みに操った。

(그는 요트의 돛을 잘 다루었다.)

⇨ 彼はフランス語と英語を上手にあやつる。

(그는 프랑스어와 영어를 자유자재로 구사한다.)

23) 捨(す)て去(さ)る : (미련 없이) 버리고 떠나다, 떨쳐버리다.

⇨ 学問もすてさって商売(しょうばい)を始めた。

(학문도 미련 없이 버리고 장사를 시작했다.)

⇨ そのゆえに医師はただに安逸(あんいつ)、 利益(りえき)、歓娯(かんご)、 快楽(かいらく)をすてさるだけではなく、自分の健康や生命もかえりみず、さらには自分の名誉(めいよ)さえもなげうって、このもっとも高貴(こうき)なる目的に従事(じゅうじ)しなければならない。〔yp〕

(그렇기 때문에 의사는 단순히 안일, 이익, 기쁨, 쾌락을 떨쳐버릴 뿐 아니라 자기의 건강이나 생명도 돌보지 않으며 나아가 자기의 명예조차도 내버리면서 이러한 고귀한 목적에 종사해야 된다.)

cf) 去(さ)る：(自) (장소에서) 떠나가다, (시기가) 지나다, 떨어져 있다, (他) 멀리하다, 버리다.

⇨ 彼女は悲(かな)しげにその場を去って行った。

(그녀는 슬피 그곳을 떠났다.)

⇨ 青年時代(せいねんじだい)は永遠(えいえん)にさった。

(청년시절은 영원히 지났다.)

⇨ 火星探査車(かせいたんさしゃ)スピリットを去ること十キロ。

(화성탐사차 스피릿에서 10킬로 떨어진 곳.)

⇨ 俗念(ぞくねん)を去って修行(しゅぎょう)する。

(속념을 버리고 수행하다.)

[2—5]

본문

数を使いこなすためには、複雑なように見える数を、自分がよく知っている数の組合わせとして考えるといいと彼は言う。 たとえば掛け算[1)]をする場合、十とか百を掛けるのはたいていの人にとってそうむずかしいことではないだろう。 どんな数でも十倍するときには0を一つつければいいと知っているからである。[2)] 10×3=30、10×30 =300という具合である。百倍するのは0を二つつけるのと同じことになる。100×30=3000 したがってある数を三十倍するには、 要するに三倍して0を一つ余分[3)]につければいいということになる。30×7=210。

以上のことが頭にはいっていれば、 簡単に掛け算を暗算でできるようになる。 まず与えられた[4)]数字に一番近い十の位(あるいは百の位)の切りのいい数で計算してしまう。 そのあとで残ったものを足したり引いたりして整理すればいいわけである。 たとえば21×12の場合、 まず20×12、つまり2×12=24に0を一つ加えて240が得られる。それにもうひとつ12を足せばいいから答は252となる。 もう一つ例をあげよう。23×97の場合は23を百倍して2300が与えられる。 それから23の三倍つまり69を引いて答は2231となる、というわけである。

「新数学」とミニ電　子供たちにこういう計算法を教えることにはだれも興味を持っていないようだ、とウィムは残念がる。[5)]現在学校で数学教育現代化と称して教えられている、いわゆる「新数学」と廉価な[6)]ミニ電卓の普及によって、暗算の技術はやがてすっかり姿を消してしまうのではないか、と彼は心配する。CERNで私がインタビューした科学者たちも同じ意見だった。

数をいじくりまわすのは実に楽しいものであることを広く伝えるために、ウィムは機会がある限りCERNの堅苦しい[7)]研究所から外の世界に出るようにしている。アメリカで出演したいという希望を語るとき、彼はぱっと[8)]顔を輝かせ、[9)] 実際に舌なめずりする[10)]のである。私の電話番号6554677はいとも[11)]たやすく[12)]素因数分解してしまった。192×67×271という素数からできていると言うのだが、分解するのに一分二十五秒しかかからなかった。だが私の社会保険のナンバーの場合はようすがちょっと違った。141181881がその番号である。ほかの話をしながら、そのあいまあいまに何やら[13)]怒ったような口調でしきりに[14)]ひとりごとを言っている。もちろんオランダ語である。それが何分も続き、やがて三十分になり、一時間になった。そしてとうとう彼は言った。「弱りましたね。[15)] これはちょっと時間がかかりそうです。なんともひどい数字だ」

この陽気な[16)]数の魔術師がわれわれを招いている数の世界というものは、なかなか味な[17)]ことをする、と彼のもと[18)]を辞しながら[19)]私は考えたことだった。[Samuel A. schreiner, Jr.]

한자의 読み方

数(かず) : 수	複雑(ふくざつ) : 복잡
百倍(ひゃくばい) : 백 배	要(よう)する : 요하다
簡単(かんたん) : 간단	与(あた)える : 주다
位(くらい) : 숫자의 자릿수	残(のこ)る : 남다
整理(せいり) : 정리	得(え)る : 얻다, 이해하다
興味(きょうみ) : 흥미	教育(きょういく) : 교육
現代化(げんだいか) : 현대화	称(しょう)する: 일컫다, 칭하다
廉価(れんか) : 염가	普及(ふきゅう) : 보급
技術(ぎじゅつ) : 기술	消(け)す : 감추다, 없애다
意見(いけん) : 의견	楽(たの)しい : 즐겁다
希望(きぼう) : 희망	語(かた)る : 말하다
輝(かがや)く : 빛나다	社会(しゃかい) : 사회
保険(ほけん) : 보험	口調(くちょう) : 어조
魔術師(まじゅつし) : 마술사	招(まね)く : 부르다, 초대하다
味(あじ)な : 제법 신통한	

주해

1) 掛算(かけざん) : 곱셈 〔 =「掛(か)け算(ざん)」라고도 표기함, ↔ 나눗셈割(わ)り算(ざん)〕

⇨ 掛け算をする。곱셈하다.

⇨ 掛け算の記号(きごう)。곱셈기호.

⇨ 九九の掛け算表。구구단 곱셈표.

2) 具合(ぐあい) : 상태, 방식, 체면.

⇨ このごろ、毎晩よく眠れるので、からだの具合がいいようです。

(요즘 매일 밤잠을 잘 잘 수 있어서 몸 상태가 좋은 것 같아요.)

⇨ この時計はどうも具合がよくないから時計屋へ持って行こう。
(이 시계는 아무래도 상태가 좋지 않으니 시계 수리 점에 가지고 가자.)

⇨ フォークは、こんな具合に持って使えばいいのです。
(포크는 이런 식으로 잡고 사용하면 됩니다.)

⇨ この服ではどうも具合が悪い。
(이 옷으로는 도무지 체면이 서지 않는다.)

3) 余分(よぶん) : 여분, 나머지, 필요이상의 것, 덤.

⇨ 余分の切符(きっぷ)。(여분의 표)

⇨ 余分に上げよう。(덤으로 더 주겠다.)

⇨ バランスのいい水をまず腸(ちょう)へ運び、腸内細胞(さいぼう)をきれいにすることで、よぶんな老廃物(ろうはいぶつ)や脂肪(しぼう)を体外(たいがい)に排出(はいしゅつ)する、ダイエット効果(こうか)の高い水にパワーアップしていきます。〔yp〕
(밸런스가 좋은 물을 먼저 장에 운반하여, 장내세포를 깨끗이 하는 것으로, 나머지 노폐물이나 지방을 체외로 배출하는 다이어트효과가 높은 물로 파워업해 나갑니다.)

4) 切(き)りがいい : 끝맺음이 좋다.

⇨ 切りのいい所でやめる。
(끝맺음이 좋을 때 그만두다.)

⇨ 切りのいい数字、珍しい数字でご来店(らいてん)のお客様、ぜひ記念の書きこみをお願い致します。〔yp〕
(끝맺음이 좋은 숫자, 진귀한 숫자로 오시는 손님, 반드시 기념사인을 부탁 드립니다.)

⇨ チップを置く時は普通はそんなに細かい金額(きんがく)は出さないです。切りのいい金額にしましょう。〔yp〕
(팁을 둘 때는 보통은 그런 작은 금액은 내지 않습니다.
우수리 없는 금액으로 합시다.)

5) 残念(ざんねん)だ : 분하다, 유감스럽다.

⇨ 雨がふれば 釣りにも行けずざんねんだ。
(비가 오면 낚시도 못가고 분하다.)

⇨ 瀬戸大橋(せとおおはし)ができてから、潮(しお)の流れが速くなり魚が少なくなった。それから、 沙弥島(しゃみじま)のせみが少なくなったのがざんねんだ。〔yp〕
(세토 대교가 생기고 나서 조수의 흐름이 빨라지고 고기가 적어졌다. 그리고 샤미지마 의 매미가 적어진 것이 유감스럽다.)

⇨ 君が入学試験(にゅうがくしけん)に失敗(しっぱい)したのは残念なことだ。
(자네가 입학시험에 실패한 것은 유감스럽다.)

⇨ 先日(せんじつ)はお会いできず残念でした。
(요전에는 만나 뵙지 못해서 유감스러웠습니다.)

cf) 残念がる : 유감스러워 하다.

⇨ 両親はあなたと英語でお話しできないのを残念がっています。
(부모님은 당신과 영어로 말할 수 없는 것을 유감스러워 하고 있습니다.)

6) 廉価(れんか) : (N) 염가, 싼 값 (= 安価, あんか), ↔ 高価(こうか),
(Av) 廉価だ (값이 싸다)

⇨ 問屋(とんや)が委託者(いたくしゃ)の指定(してい)した金額(き

んがく)より廉価にて販売(はんばい)をした。〔yp〕

(도매상이 위탁자가 지정한 금액보다 염가로 판매를 했다.)

⇨ 中国の廉価な労働力(ろうどうりょく)は依然(いぜん)優位(ゆうい)。〔yp〕

(중국의 값싼 노동력은 여전히 우위.)

7) 堅苦(かたくる)しい : 엄격하다, 거북하다, 딱딱하다.

⇨ 彼は礼儀(れいぎ)正しくて堅苦しい人だ。

(그는 예의바르고 엄격한 사람이다.)

⇨ 彼と向かいあっているとどうも堅苦しい。

(그와 마주 대하고 있으면 아무래도 거북하다.)

⇨ 日本人には、相手のことをMr.やMrs.をつけて呼び合う堅苦しい習慣がある。

(일본인에게는 상대를 미스터나 미세스를 붙여 부르는 딱딱한 습관이 있다.)

8) ぱっと : (일시에 사방으로 퍼지는 모양) 쫙, 홱, (움직임이나 상태가 갑자기 바뀌는 모양) 획, 벌떡.

⇨ うわさがぱっと広(ひろ)まる。

(소문이 쫙 퍼지다.)

⇨ 傘(かさ)をぱっとひらく。

(우산을 홱 편다.)

⇨ 鳥がぱっと飛(と)び立(た)つ。

(새가 획 날아오른다.)

⇨ 驚(おどろ)いてぱっと立ち上(あ)がった。

(놀라서 벌떡 일어섰다.)

⇨ 高段者(こうだんしゃ)になるまでは、簡単な問題を「ぱっと見て

ぱっと分かる」ことを目標にしましょう。(囲碁(いご)より) 〔yp〕
(고단자가 되기까지에는 간단한 문제를 「한번 쫙 보고 빨리 아는 것」을 목표로 합시다.)

9) 輝(かがや)く : 밝게 빛나다, 반짝반짝 빛나다.

⇨ 空にはたくさんの星がきらきら輝いていた。
(하늘에는 많은 별이 반짝반짝 빛나고 있었다.)

⇨ ぎらぎらと輝く太陽(たいよう)、まっさおな海、夏はすばらしい。
(쨍쨍 빛나는 태양, 새파란 바다, 여름은 멋지다.)

10) 舌(した)なめずりする : 입맛을 다시다, 몹시 기다리다.

⇨ 舌なめずりをしてご飯を待っている。
(입맛을 다시면서 식사를 기다리고 있다.)

⇨ あの子どもは夏休みを舌なめずりして待(ま)ち構(がま)えている。
(그 어린아이는 여름방학을 몹시 기다리고 있다.)

⇨ 獲物(えもの)の来るのを舌なめずりして待つ。
(사냥감이 걸려들 것을 고대하고 있다.)

cf) 舐(なめ)ずる

⇨ 彼は舌を舐ずりしながら話を続けた。
(그는 혀로 입술을 핥으면서 이야기를 계속했다.)

11) いとも : 매우, 아주. (= まったく、はなはだ)

⇨ いともかるがると持(も)ち上(あ)げた。
(아주 가뿐하게 들어올렸다.)

⇨ 彼はその報告(ほうこく)を聞いていとも満足(まんぞく)した。
(그는 그 보고를 듣고 매우 만족했다.)

12) 容易(たやす)い : 쉽다, 손쉽다. (= easy)

⇨ あの人はなんでもたやすく引き受ける。

(저 사람은 무엇이든 쉽게 떠맡는다.)

⇨ 言うのはたやすいが、行(おこな)うのは難(むずか)しい。

(말하기는 쉽지만 실행하기는 어렵다.)

⇨ このごろアメリカはたやすく行けない。

(요즘 미국에는 손쉽게 갈 수 없다.)

13) 何(なに)やら : 뭔가, 뭔지. (= 何であろうか, なんだか)

⇨ 外で何やら音がするが、だれか来たのかな。

(밖에서 뭔가 소리가 나는데 누가 왔나?)

⇨ あの人は何やら考えがあるらしい。

(저 사람은 뭔가 생각이 있는 듯하다.)

14) しきりに : 빈번히, 끊임없이(= たびたび), 열심히, 몹시(= ねっしんに)

⇨ しきりに手紙をよこす。

(빈번히 편지를 보내오다.)

⇨ 何が悲(かな)しいのか、しきりに泣いている。

(무엇이 슬퍼서인지 줄곧 울고 있다.)

⇨ 子どもたちはしきりにディズニーランドに行きたがっている。〔スーパー〕

(어린이들은 몹시 디즈니랜드에 가고 싶어 한다.)

⇨ しきりに母を恋(こい)しがる。

(몹시 어머니를 그리워하다.)

15) 弱(よわ)る : (自)약해지다(= 衰(おとろ)える), 난처해지다, 낙심하다 (= 困る).

⇨ ひどい暑さのために体が弱ってきた。

(심한 더위 때문에 몸이 쇠약해졌다.)

⇨ このズボンは長年(ながねん)履(は)いたので、とても弱っている。

(이 바지는 여러 해 입었기 때문에 매우 낡아 있다.)

⇨ 彼女に連絡しようがないの弱ったなあ (= どうしよう)。

(그녀에게 연락할 방법이 없을까? 어쩌지.)

⇨ 弱ってるんだ。助(たす)けてくれ。〔スーパー〕

(죽겠어. 도와줘.)

⇨ 彼は奥(おく)さんに死なれて弱っている。

(그는 부인과 사별해서 낙심하고 있다.)

cf) 弱(よわ)まる : (自) 약해지다, 수그러지다. ↔ 強(つよ)まる

⇨ 台風(たいふう)の威力(いりょく)が弱まる。

(태풍의 위력이 약해지다.)

⇨ 回复力(かいふくりょく)が弱まるアメリカ経済。

(회복력이 약해지는 미국 경제)

⇨ 関東(かんとう)の大雨(おおあめ)やや弱まる。

(관동지방의 큰비 다소 약해짐.)

⇨ カルシウム不足(ふそく)はガンへの抵抗力(ていこうりょく)が弱まる。〔yp〕

(칼슘부족은 간의 저항력이 약해진다.)

16) 陽気(ようき)だ : (Av) 쾌활하다, 명랑하다.

⇨ 彼はいつも陽気に笑う。

(그는 언제나 쾌활하게 웃는다.)

⇨ 性質(せいしつ)は陽気な方(ほう)です。

(성질은 명랑한 편입니다.)

cf) 陽気 : (N) 기후, 날씨.

⇨ 今日は春らしい<u>陽気</u>だな。
(오늘은 봄다운 날씨구나.)

⇨ この数日(すうじつ)の<u>陽気</u>では花も早いだろう。
(요 며칠간의 날씨 같으면 꽃도 일찍 필 것이다.)

17) 味(あじ)だ : (Av) 제법 신통하다, 눈치가 빠르고 재주가 있다.

⇨ あの人もなかなか<u>味な</u>ことを言う。
(저 사람도 꽤 신통한 말을 한다.)

⇨ ノーベル賞選考(せんこう)委員会も<u>味な</u>ことをするものである。 田中さんのことである。通常(つうじょう)、このような科学的な賞をもらう人は、学者である。しかし田中さんは、京都の中堅(ちゅうけん)企業の一研究員である。〔yp〕
(노벨선정위원회도 멋진 일을 하는 것이다. 다나카 씨의 이야기이다. 통상 이러한 과학적인 상을 받는 사람은 학자이다. 그러나 다나카 씨는 교토의 중견기업의 한 연구원이다.)

18) もと : 곁, 슬하, ~하(下).

⇨ 親の<u>もと</u>を離(はな)れる。
(부모의 곁을 떠나다.)

⇨ <u>もと</u>に子女(しじょ)がない。
(슬하에 자녀가 없다.)

⇨ 年末までという約束の<u>もと</u>に。
(연말까지라는 약속 하에.)

⇨ 一定(いってい)の原則(げんそく)の<u>もと</u>で処理(しょり)する。
(일정한 원칙 하에서 처리한다.)

19) 辞(じ)する : 물러나다, 떠나다, 사절하다, 사퇴하다, 그만두다.

⇨ お宅を辞する時、私が道を曲(ま)がって、見えなくなるまで奥様(おくさま)の頭は、何回(なんかい)も何回も上下(じょうげ)に揺(ゆ)れていた。〔yp〕
(댁을 떠날 때 내가 길을 돌아서 보이지 않게 될 때까지, 사모님은 몇 번이나 고개를 조아리고 있었다.)

⇨ 他人(たにん)の勧誘(かんゆう)をじする。
(타인의 권유를 사절하다.)

⇨ 一身上(いっしんじょう)の理由(りゆう)で公職(こうしょく)を辞する。
(일신상의 이유로 공직을 사퇴하다.)

⇨ 職(しょく)を辞して帰郷(ききょう)する。
(직장을 그만두고 귀향하다.)

cf) 「辞せず」「辞さない」「辞さぬ」의 형으로 「서슴치 않고 하다」「가리지 않다」「사양하지 않다」「불사하다」의 의미.

⇨ 自己(じこ)の目的達成(もくてきたっせい)のためには暴力行使(ぼうりょくこうし)をも辞せず。〔yp〕
(자기 자신의 목적달성을 위해서는 폭력행사도 서슴치 않는다.)

⇨ 核兵器(かくへいき)の使用も辞さない。〔大〕
(핵병기의 사용도 서슴치 않는다.)

⇨ 水火(すいか)を辞せず。
(물불을 가리지 않고.)

⇨ ビルゲイツ氏と対決(たいけつ)も辞さぬインド大統領(だいとうりょう)。
(빌 게이츠 씨와 대결도 사양하지 않는 인도 대통령.)

⇨ 全従業員辞職(ぜんじゅうぎょういんじしょく)も辞さない。
(전 종업원 사직도 불사한다.)

⇨ チェコ、オリンピックボイコットも辞さぬ構(かま)え。
(체코, 올림픽 보이콧도 불사할 자세)

연습문제

* 上の本文の内容をよく読んで次の問いに日本語で簡単に答えなさい。

(問1) ウィムに与えられた課題とは何であるか述べなさい。

(問2) CERNでウィムの才能はどのような役割を果たしているのか述べなさい。

(問3) CERNで働くウィムの同僚は彼を何になぞらえて、何と呼んでいるか述べなさい。

(問4) ウィムの生い立ちについて述べなさい。

(問5) ショーの世界はどうだったか述べなさい。

(問6) いわゆる魔方陣というものは何であるか述べなさい。

(問7) ウィムから学ぶべきことがたくさんある。そのうち二つだけ述べなさい。

(問8) ウィムは掛け算をどうやっているのか、例をあげて説明しなさい。

제3장

奥様、包丁をどうぞ - 魚はなぜ高いか -

東京都中央卸売市場

《第3章》

奥様、包丁をどうぞ -魚はなぜ高いか-

[3―1]

본문

週二日のパート勤めの帰路、 鈴木君枝さんは夕食のおかず[1)]にと田端駅近くの魚屋さんの店に立寄る。[2)]　いつも白身の魚だが、一切れが百八十円から二百円はする。「同じものが今年の初めは百円か百二十円だったのに、 今年にはいってから三、 四回も値上がりしたんですよ。 サケの切身でも一切れが、 お正月ごろには[3)]八十円だったのに今では百二十円もするんです」と鈴木さんは嘆く。[4)]

主婦の吉田英子さんの場合はこうだ。「子供のころ、 母は週に六回ぐらいは魚を食膳[5)]に出したものです。 タコ、 カニ、 サケ、 ヒラメなど[6)]種類も豊富でした。 でも今は私が家族のために[7)]魚を用意するのは週に二回か、 多くて三回です。 五人家族のわが家では野菜をたっぷり[8)]入れた牛肉か鶏肉のシチュー[9)]のほうが経済的なんです」

十年前、福井ゆみさんの魚屋通いは日課のひとつだったが、今では何か特別のことでもないかぎり[10]魚屋に寄ることはない。イワシでさえ、[11] 値段が五倍にはね上がった。「主人ときたら、[13]旬の[14]イワシは毎日でも食べたいほうなんです。でももうだめね、イワシを買うのも月に三度か四度くらい。一昨日なんか[15]たった八匹で四百円もしたんですよ」と福井さんは言う。

複雑な魚の流通機構 魚はなぜこんなに高くなったのか。その理由の第一は、日本独特の長くて複雑な流通経路にある。八匹のイワシが漁師の手からプラスチックの容器に納められて[16]福井家[17]の台所に届く[18]までには、この長くて複雑な流通経路を通らなければならない。それぞれの段階で手数料が加わり、魚の値段はそのたびに高くなる。

たとえば、千葉県銚子港に水揚げされた[19]魚を例に考えてみよう。銚子港に水揚げされた魚は銚子の卸売[20]市場で値段をつけられ、[21] 塩干加工をするもの、缶詰などにまわすもの、冷凍にして値段のよい時期までストックするもの、生鮮のままで東京へ送るものなどに選び分けられる。福井さんが買った八匹のイワシについていえば、銚子港で百九十一円という値段が初めてつく(実際には取引きはもっと大きい単位で行なわれるのだが、それをイワシ八匹にあてはめて[22]計算すると百九十一円になる)。こうして銚子で値のついた[23]魚は東京の築地市場[24]の荷受人[25](問屋[26]とも言う)のもとへ送られる。荷受人はここで魚をセリにかけ、値段をつけて仲卸人[27)]に買いとらせる。八匹のイワシはセリで二百八十七円に売れ、荷受人はこのなかから五・五パーセントのマージン(約十六円)を受けとる。仲卸人はマグロやメカジキのような大型の魚の場合には売りやすいように頭、尾、胴などのブロックに分けて小売店(魚屋)に売りわたす。この作業のあるなしにかかわらず、[28)] 仲卸人はマージンとして七パーセント(二十円)を受けとるので、八匹のイワシは二百八十七円プラス二十円、三百七円で小売店に売られる。小売店はこの上にマージンとして三十パーセント(九十二円)を加算する。こうしてイワシ八匹が四百円という小売値になるのである。

魚は小売店の手にわたるまでは水揚げされたときの姿とあまり変わっていない。イワシはそのままでもいいが、マグロやスズキなどの大型の魚になると、食べやすい形に料理して売らなければならないので、小売店は熟練と手間[29)]のいる商売になる。骨やはらわたなど食べられない部分を取りのぞき、頭や尾を切り落とし、刺身にしたり、タンザク[30)]にしたり、ものによっては塩をしたり、乾物にこしらえたり、[31)] 味付けをするなど、客の注文に応じて手をかけるのも小売店の役目である。小売店のマージンが通常三十パーセントという比較的高いものになっている理由はそこにある。

取引きが進むごとに[32)]手数料が加わり、値段が変わり、魚が高くなってゆく経路は、これでおわかりいただけたと思う。ところで、同じ流通機構が昔からあったのに、昔はそれが高値の原因にならず、今になってイワシ、ヒラメ、マグロや刺身になる各種の魚が信じられないほど高くなったのはなぜだろうか。 理由は簡単だ。大型の冷凍設備や海の汚染がなく、人手が豊富で人件費が安かった昔は、 この流通の仕組みがうまく働き、 需要と供給を公正につなぐパイプの役割を果たしていたのだが、いまや[33]事情が変わり、その役割を果たさないばかりか[34]インフレに対して弱くなってしまったのである。

한자의 読み方

奥様(おくさま)： 사모님
包丁(ほうちょう)：부엌칼
週二日(しゅうふつか)：주2일
パート勤(つと)め：시간제 근무
帰路(きろ)：귀로
夕食(ゆうしょく)：저녁식사
田端駅(たばたえき)：다바타 역
魚屋(さかなや)：생선가게
立(た)ち寄(よ)る：들르다
白身(しろみ)：생선의 흰살 부분
一切(ひときれ)れ：한 토막
値上(ねあ)がり：값이 오름
切(き)り身(み)：생선토막
正月(しょうがつ)：정월
嘆(なげ)く：탄식하다
主婦(しゅふ)：주부
場合(ばあい)：경우
種類(しゅるい)：종류
豊富(ほうふ)：풍부
用意(ようい)：준비
牛肉(ぎゅうにく)：쇠고기
鶏肉(とりにく, けいにく)：닭고기
経済的(けいざいてき)：경제적
魚屋通(さかなやがよ)い：생선가게 들르기
日課(にっか)：일과
特別(とくべつ)：특별
寄(よ)る：들르다
値段(ねだん)：가격
主人(しゅじん)：남편
八匹(はっぴき)：여덟 마리
複雑(ふくざつ)：복잡
流通機構(りゅうつうきこう)：유통기구
独特(どくとく)：독특
経路(けいろ)：경로
漁師(りょうし)：어부
容器(ようき)：용기
納(おさ)める：담다, 넣다
福井家(ふくいけ)：후쿠이 가(집안)
届(とど)く：도달하다
通(とお)る：통하다
段階(だんかい)：단계
手数料(てすうりょう)：수수료
加(くわ)わる：부가되다
千葉県(ちばけん)：치바 현
銚子港(ちょうしこう)：쵸시 항구
水揚(みずあ)げ：뭍으로 내림
塩干(えんかん)：절여 말림
加工(かこう)：가공
缶詰(かんづめ)：통조림
冷凍(れいとう)：냉동
時期(じき)：시기
生鮮(せいせん)：신선함, 싱싱함
選(えら)び分(わ)ける：선별해서 나누다
取(と)り引(ひ)き：거래, 흥정
単位(たんい)：단위
計算(けいさん)：계산
築地(つきじ)：동경에 있는 지명
荷受人(にうけにん)：도매상(수하인)

問屋(とんや) : 중간 도매상
事情(じじょう) : 사정
買(か)い取(と)る : 매입하다
尾(お) : 꼬리
小売店(こうりてん) : 소매점
作業(さぎょう) : 작업
小売値(こうりね) : 소매값
姿(すがた) : 모습
手間(てま) : 수고, 노력, 일손
骨(ほね) : 뼈
切(き)り落(お)とす : 잘라내다
乾物(かんぶつ) : 건어물
注文(ちゅうもん) : 주문
通常(つうじょう) : 통상
高値(たかね) : 고가
各種(かくしゅ) : 각종
汚染(おせん) : 오염
人件費(じんけんひ) : 인건비
需要(じゅよう) : 수요
公正(こうせい) : 공정
果(は)たす : 다하다
競(せ)り : 경매
仲卸人(なかおろしにん) : 중간도매상
大型(おおがた) : 대형
胴(どう) : 몸통
売(う)りわたす : 팔아넘기다
加算(かさん) : 가산
売店(ばいてん) : 매점
熟練(じゅくれん) : 숙련
商売(しょうばい) : 장사
腸(はらわた) : 창자
刺身(さしみ) : 생선회
味付(あじつ)け : 맛을 냄
役目(やくめ) : 임무, 역할
比較(ひかく) : 비교
原因(げんいん) : 원인
設備(せつび) : 설비
人手(ひとで) : 일손
仕組(しくみ) : 구조
供給(きょうきゅう) : 공급
役割(やくわり) : 역할

주해

1) おかず : 반찬, 부식. (= おさい, おそうざい)

⇨ <u>おかず</u>はごはんといっしょに食べる、肉や魚や野菜などの副食(ふくしょく)をいいます。〔スーパー〕
(오카즈는, 밥과 함께 먹는 고기나 생선, 야채 등의 부식을 말합니다.)

⇨ 日本人の普通(ふつう)の食事は、ごはん、みそ汁(しる)、2～3

品(ぴん)のおかずで成(な)り立(た)っています。〔スーパー〕
(일본인의 보통 식사는, 밥·된장국 두세 가지의 반찬으로 되어 있습니다.)

⇨ 今日のおかずは何だろう。
(오늘 반찬은 뭘까?)

2) 立(た)ち寄(よ)る : 다가서다, 들르다.

⇨ 学校の帰りに映画館にたちよる。
(학교에서 돌아오는 길에 영화관에 들르다.)

⇨ 書店にたちよるとあなたを向上(こうじょう)させるなにかがある。
(서점에 들르면 당신을 향상시키는 뭔가가 있다.)

⇨ 時間が許(ゆる)す旅(たび)だったら絶対にたちよるべき土地(とち)だ。〔yp〕
(시간이 허락하는 여행이라면 절대로 들려야할 곳이다.)

3) お正月(しょうがつ) : 정월, 설.

⇨ お正月の15日に国(くに)へ帰ります。
(정월 15일에 고향에 돌아갑니다.)

⇨ 早くお正月が来るといいな。
(빨리 설이 왔으면 좋겠다.)

4) 嘆(なげ)く : 한탄하다, 탄식하다, 슬퍼하다, 분개하다.

⇨ 会長の死(し)を嘆く。
(회장의 죽음을 한탄하다.)

⇨ 道徳(どうとく)の低下(ていか)を嘆く。
(도덕의 저하를 한탄하다.)

⇨ 田中さんは愛児(あいじ)を失って嘆いています。

(다나카 씨는 사랑하는 아기를 잃고 슬퍼하고 있습니다.)

⇨ 青少年(せいしょうねん)の犯罪(はんざい)の増加(ぞうか)を嘆く。
(청소년의 범죄가 증가함을 개탄하다.)

5) 食膳(しょくぜん) : 밥상, 식탁(= お膳, おぜん), 요리(= 膳部, ぜんぶ)

⇨ 食膳に着(つ)く。
(식사하다, 밥상을 대하다.)

⇨ 食膳に供(きょう)する。
(요리로 내놓다.)

⇨ お膳をととのえる。(밥상을 차리다.)

⇨ 十人前の膳部。(십 인분의 밥상)

6) 생선의 명칭

⇨ アジ(전갱이), アワビ(전복), イワシ(정어리), エビ(새우), カニ(게), ギンダラ(은대구), サケ(연어), サバ(고등어), スケソウダラ(명태), スズキ(농어), タイ(도미), タコ(문어), ヒラメ(넙치), マグロ(참치), メカジキ(황새치), メルルーサ, (대구科 생선), ウニ(성게)

7) 為(ため) : 이익, 유익, 목적, 이유·원인, ~에게는(= ~にとって).

⇨ ためになる本。
(유익한 책.)

⇨ 初心者(しょしんしゃ)のための株式投資入門(かぶしきとうしにゅうもん)。〔yp〕(초심자를 위한 주식 투자 입문)

⇨ 君のために損(そん)をした。
(자네 때문에 손해를 보았어.)

⇨ 私の<u>ため</u>にはおじに当(あた)るんだ。
(나에게는 아저씨뻘이 되는 사람이다.)

8) たっぷり : 듬뿍, 많이, 넉넉히.

⇨ あいきょう<u>たっぷり</u>だ。
(애교가 넘쳐흐른다.)

⇨ ご飯は<u>たっぷり</u>あるから, 気にせず食べてください。
(밥은 많이 있으니까 신경 쓰지 말고 드세요.)

⇨ <u>たっぷり</u>と眠(ねむ)った。(푹 잤다.)

⇨ 皮肉(ひにく)<u>たっぷり</u>な言い方。
(몹시 빈정거리는 말투.)

⇨ <u>たっぷり</u>した服(ふく)がいいよ。
(넉넉한 옷이 좋다.)

9) シチュー(stew) : 고기에 감자당근마늘을 넣고 버터와 조미료를 섞어 조리한 서양요리.

⇨ <u>シチュー</u>にする。(스튜로 하다.)

⇨ なすのビーフ<u>シチュー</u>。(가지 비프 스튜)

⇨ 豚肉と野菜のコーンクリーム<u>シチュー</u>。〔LD〕
(돼지고기와 야채 콘 크림 스튜)

⇨ チキンとブロッコリーのクリーム<u>シチュー</u>。
(닭과 브록커리 크림 스튜)

10) ~かぎり : (시간이나 상황의 조건을 한정) ~ㄴ 이상은, ~한.

⇨ 仕事がある<u>かぎり</u>は帰らない。
(일이 있는 이상은 돌아가지 않는다.)

⇨ 支障(ししょう)のない<u>かぎり</u>出席します。

(지장이 없는 한 출석하겠습니다.)

11) 「~でさえ」의 형 : ~조차도 (=「すら」, 그것만으로 충분하여 다른 것은 필요하지 않다. 조사 「が」「を」 등을 특별히 내세워 말할 때 이 형을 사용.)

⇨ 中学生<u>でさえ</u>理解できる問題だ。

(중학생조차도 이해 할 수 있는 문제다.)

⇨ 水<u>でさえ</u>のどを通らない。〔教育〕

(물조차도 목구멍으로 넘어가지 않는다.)

⇨ 悪人<u>でさえ</u>許す広い心の持(も)ち主(ぬし)。〔教育〕

(나쁜 사람도 용서하는 넓은 마음의 소지자.)

⇨ ヒマラヤには夏<u>でさえ</u>雪がある。

(히말라야는 여름조차도 눈이 있다.)

12) はね上(あ)がる : 튀다, 튀어 오르다, (물가가 갑자기) 상승하다.

⇨ どろが<u>はね上がる</u>。

(흙탕물이 튀다.)

⇨ <u>はねあがっ</u>てよろこぶ。

(껑충껑충 뛰며 기뻐하다.)

⇨ 今年にはいって物価(ぶっか)が<u>はねあがっ</u>た。

(금년에 들어서 물가가 갑자기 상승했다.)

13) ~ときたら : (위에 오는 말을 받아서) 그것에 관해서는, ~라면, ~라 하면, ~의 경우에는. (= ~ときては, ~とくると)

⇨ 野球<u>ときたら</u>ご飯より好きだ。

(야구라면 밥 먹는 것보다 더 좋다.)

⇨ 魚ときたら、毎食(まいしょく)でもいい。

(생선이라면 매끼 먹어도 좋다.)

⇨ うちの亭主(ていしゅ)ときたらきのうも午前さまなのよ。〔スーパー〕

(우리 집의 주인은 말이야, 어제도 자정이 지나서 왔지 뭐야.)

⇨ うちの課長ときたら、まるっきり役(やく)たたずだね。〔スーパー〕

(우리 과장님을 말하면 전혀 도움이 안돼.)

14) 旬(しゅん)の~ : 최적기의, 제철의.

⇨ 旬の果物が安い。

(제철의 과일이 싸다.)

⇨ 旬の魚貝類(ぎょかいるい)、米、野菜の宅配(たくはい)サービス。〔yp〕

(제철에 난 어패류, 쌀, 야채의 택배서비스.)

⇨ 松葉ガニ等の旬の海鮮(かいせん)料理。〔yp〕

(마츠바 게 등 제철에 난 해물요리.)

15) なんか : ~등, 따위 (= など)

⇨ お前なんかにおれの気持ちがわかるものか。

(너 따위가 내 기분을 알어?)

⇨ 人間なんかにはできないことがコンピューターにはできることもある。

(인간으로서는 할 수 없는 일을 컴퓨터로는 할 수 있는 것도 있다.)

16) 納(おさ)める : 간수하다, 자기 것으로 하다, 끝내다.

⇨ 金(かね)を何度(なんど)も数(かぞ)えてかばんに納めた。

(돈을 몇 번이나 세어서 가방에 넣어두었다.)

⇨ 美(うつく)しく舞(ま)い納めた。

(아름답게 춤을 마쳤다.)

17) ~家(け) : ~가, 집안 (사람 이름이 앞에 올 때), 가문(家門).

⇨ 村上家。(무라카미 씨 집안)

⇨ 本家(ほんけ)。(본가)　　　分家(ぶんけ)。(분가)

⇨ 栗田家(くりたけ)では毎年正月を温泉(おんせん)で過(す)ごす。〔スーパー〕

(구리다 집안에서는 매년 정월을 온천에서 보낸다.)

18) 届(とど)く : 닿다, 이르다, 도착하다, 미치다, 바라고 있던 대로 되다.

⇨ 危(あぶな)いものは子どもの手の届く所には置かないでください。

(위험한 것은 아이들 손이 닿는 곳에 두지 마세요.)

⇨ ゆうびんで送った荷物は届いたでしょうか。

(우편으로 보낸 짐이 도착했는지요?)

⇨ そこまでは注意(ちゅうい)が届きませんでした。

(거기까지는 주의가 미치지 못했습니다.)

⇨ 私の祈(いの)りが届いて子どもの病気が治(なお)った。

(나의 기도가 이루어져서 아이의 병이 나았다.)

19) 水揚(みずあ)げ : (잡은 고기를 뭍에) 올림, 어획(량), 水揚げする (サ変, 양륙하다)

⇨ 今日の水揚げ(量)は今までの中で最高(さいこう)だった。

(오늘의 어획량은 지금까지 중에서 최고였다.)

⇨ ロシア極東(きょくとう)で水揚げされた美味しくて新鮮なカニやエビを取り扱っています。〔yp〕

(러시아 극동에서 양륙된 맛있고 신선한 게나 새우를 취급하

고 있습니다.)

⇨ 市場に水揚げされる魚の一覧(いちらん)、四季の魚料理。〔yp〕

(시장에 양륙된 생선일람, 사계절의 생선요리)

20) 卸売(おろしうり) : 도매. (= おろし)

⇨ 卸売値段(ねだん)。(도매값)

卸売業者(ぎょうしゃ)。(도매업자)

卸売市場(いちば)。(도매시장)

酒類(しゅるい)卸売業者。(주류 도매업자)

⇨ この人参屋(にんじんや)さんは、「高麗人参都売商街」という人参の卸売商が集まっている場所にある。〔yp〕

(이 인삼가게는, 「고려인삼 도매상가」라는 인삼 도매상이 모여 있는 장소에 있다.)

21) 値段(ねだん)をつける : 값을 매기다.

⇨ このつぼに値段を付けるとすれば最低(さいてい)でも2億円はする。〔スーパー〕

(이 항아리에 가격을 매기면 최저 2억엔은 된다.)

⇨ あなたは、あなたの大切にしている物にいくらの値段を付けますか。きっと値段を付けることができない物もあるでしょうね。〔yp〕

(당신은 당신이 소중하게 다루고 있는 물건에 얼마만큼 가격을 매깁니까? 반드시 가격을 매길 수 없는 물건도 있지요.)

cf) 値段が張(は)る: 값이 비싸다.

⇨ 先週(せんしゅう)、東京で買った服(ふく)は値段が張った。

(지난 주 동경에서 산 옷은 값이 비쌌다.)

22) 当(あ)てはめる：(어떤 사물에) 잘 맞도록 하다, 딱 맞도록 하다.

⇨ クロスワードに字(じ)を当てはめるのは面白(おもしろ)い。
(낱말 맞추기에 글자를 맞추어 넣는 것은 재미있다.)

⇨ 規則(きそく)に当てはめようとしてもできない場合(ばあい)がある。
(규칙에 적용시키려 해도 되지 않는 경우가 있다.)

23) 値(ね)がつく：값이 매겨지다.

⇨ この魚は市場で最高の値がついた。
(이 생선은 시장에서 최고의 가격이 매겨졌다.)

⇨ また、特別な機会にしか閲覧(えつらん)できない貴重書(きちょうしょ)も所蔵(しょぞう)されています。なかには、1冊何百万円以上の値がつく稀覯本(きこうぼん)もあるようです。〔yp〕
(또한 특별한 기회에만 열람할 수 있는 귀중본도 소장되어 있습니다. 그 가운데는 한권에 몇 백만엔 이상 가는 희귀본도 있는 것 같습니다.)

24) 築地市場(つきじいちば)：도쿄 시에 있는 '츠키지' 도매시장

〔東京都中央区築地にある公設(こうせつの)卸売(おろしうり)市場。東京都内に、11から所ある東京都中央卸売市場のひとつ。その規模きぼは日本はおろか世界最大で表的な卸売市場〕

25) 荷受人(にうけにん)：(운송계약에서 운송품이 목적지에 도착한 경우, 자기 자신의 이름을 갖고 운송품의 인도를 받아야 할 사람) 수하인.

⇨ 佐川急便(さがわきゅうびん)では、荷送人(におくりにん)から依頼された商品を荷受人に渡し、荷送人から仕事の代金

(だいきん)を回収してはじめて仕事が完了します。〔yp〕
(사가와 택배에서는 송하인으로부터 의뢰받은 상품을 수하인에 전하며 송하인으로부터 대금을 회수하고서야 비로소 일이 완료됩니다.)

26) 問屋(とんや) : 도매상 (원래「といや」)

⇨ フットウエアー(履物、はきもの)の問屋。
(신발 도매상)

⇨ 食肉の総合卸(そうごうおろし)問屋。〔yp〕
(식육 종합 도매상)

⇨ 菓子問屋としての豊富(ほうふ)な商品知識と長年(ながねん)の経験を生(い)かして、 平成元年頃よりオリジナル菓子の開発·製造(せいぞう)に取(と)り組(く)んでおります。〔yp〕
(과자 도매상으로서의 풍부한 상품지식과 오랜 경험을 살려, 헤이세 원년쯤부터 오리지널 과자의 개발、제조에 몰두하고 있습니다.)

27) 仲卸人(なかおろしにん) : 중간 도매상.

⇨ 仲卸人に手数料(てすうりょう)を払(はら)わないといけない。
(중간 도매상에게 수수료를 지불하지 않으면 안 된다.)

⇨ 袋(ふくろ)セリはフグ市場特有のものだ。セリ人が持つ袋の中に仲卸人が一人ひとり手を入れ指で値(ね)を示す。〔yp〕
(주머니 경매는 복어 시장 특유의 행사이다. 경매인이 가지고 있는 주머니 속에 중간 도매상이 한 사람 한 사람 손을 넣어 손가락으로 표시한다.)

⇨ いきいき魚市(うおいち)は、県内の漁業協同組合さん、漁師さん、産地仲卸人さんたちが、自(みずか)らセリ落とした魚を

直売(ちょくばい)しているから、新鮮さ·安さは保証つき！〔yp〕
(살아있는 생선시장은, 현 내의 어업협동조합원, 어부, 산지 중간 도매상들이 스스로 경매 낙찰된 생선을 직매하고 있기 때문에 신선함이나 가격이 싼 것은 보증함.)

28) あるなしにかかわらず : 유무에 관계없이.

⇨ 人の目があるなしにかかわらず、私は思ったまま行く。
(남의 눈에 상관없이 나는 생각한 대로 한다.)

⇨ お金(かね)のあるなしにかかわらず、こんどの旅行は必ず行く。
(돈의 유무에 관계없이 이번 여행은 반드시 간다.)

29) 手間(てま) : (일을 하는 데 드는) 품, 수고, 시간.

⇨ 手間賃(てまちん)をもらう。(품삯을 받다.)

⇨ 手間のかかる仕事。(수고가 드는 일.)

30) 短冊(たんざく) : 단가나 하이쿠를 적는 두꺼운 종이. 기다란 모양 (長方形)을 함.

⇨ だいこんをたんざくで包(つつ)む。
(무우를 기다랗게 싸다.)

⇨ だいこんをたんざくに切る。
(무우를 길쭉하게 썰다.)

⇨ たんざく形(がた)。(직사각형)

⇨ 七夕(たなばた)で笹竹(ささたけ)に短冊をつけるしきたりはいつ頃始まったのですか。
(칠월 칠석에 조릿대에 탄자쿠를 매다는 풍습은 언제쯤부터 시작되었습니까?)

31) こしら(拵)える：(물건을 사용해서 새 것을) 만들다, 장만하다, 아름답게 보이다. (사실이 아닌 것을) 사실인 양 여기게 한다.

⇨ あしたは遠足(えんそく)ですから、おべんとうを<u>こしらえ</u>てください。
(내일은 소풍가니까 도시락을 만들어 주세요.)

⇨ その事業(じぎょう)を始めるには、少なくとも1千万円<u>こしらえる</u>必要(ひつよう)があると言われました。
(그 사업을 시작하려면 적어도 1천만 엔은 장만할 필요가 있다는 말을 들었습니다.)

⇨ 身(み)なりを<u>こしらえ</u>て外出(がいしゅつ)する。
(몸치장을 하고 외출하다.)

⇨ あの人はいつも表面(ひょうめん)を<u>こしらえ</u>ているから、そのまま信用(しんよう)してはいけません。
(저 사람은 언제나 겉치레를 잘 하니까 그대로 믿어서는 안 됩니다.)

32) ~ごと(毎)に：(接尾) ~마다, 각각 따로, 무엇을 할 때마다 차츰.

⇨ 会う人<u>ごとに</u>「おはようございます」とあいさつをする。
(만나는 사람마다 「안녕하세요?」라고 인사를 한다.)

⇨ 家<u>ごとに</u>国旗(こっき)を掲(かか)げる。
(집집마다 국기를 내걸다.)

⇨ 熱(ねつ)を一時間<u>ごとに</u>計(はか)る。
(열을 한 시간마다 재다.)

⇨ 事<u>ごとに</u>失敗(しっぱい)した。
(일마다 실패했다.)

⇨ このチームは一試合<u>ごとに</u>強くなっている。
(이 팀은 시합을 한 차례 치를 때마다 강해진다.)

⇨ 一雨(ひとあめ)<u>ごとに</u>春めいてくる。

(비가 한차례 올 때마다 봄다워진다.)

33) いまや : 지금이야말로(= 今こそ), 당장, 바야흐로, 이제는(= 今では).

⇨ いまや決戦(けっせん)の時だ。

(지금이야말로 결전의 시기다.)

⇨ いまや宇宙時代(うちゅうじだい)。

(바야흐로 우주시대.)

⇨ かつての重工業(じゅうこうぎょう)に代わり、エレクトロニクス産業(さんぎょう)はいまや時代の花だ。

(예전의 중공업을 대신하여 전자산업은 바야흐로 시대의 꽃이다.)

⇨ 香港(ホンコン)はいまや世界金融(せかいきんゆう)の中心地だ。

(홍콩은 지금은 세계금융의 중심지이다.)

⇨ 大気汚染(たいきおせん)によるオゾン層(そう)の穴はいまや地球全体の上空(じょうくう)に広がっている。

(대기오염에 의한 오존층의 구멍은 이제는 지구전체의 상공에 퍼져있다.)

34) ~ばかりか : 그 뿐만 아니라, ~뿐더러.

⇨ 子どもばかりか大人(おとな)まで参加した。

(아이들 뿐 아니라 어른까지 참가했다.)

⇨ かれは漢字が書けないばかりか、ひらがなもカタカナも書けない。

(그는 한자를 쓰지 못할 뿐 아니라, 히라가나도 가타가나도 쓰지 못한다.)

⇨ 年(とし)をとって歯(は)が悪くなったばかりか、耳も不自由(ふじゆう)になった。

(나이를 먹어 이가 나빠졌을 뿐 아니라 귀도 잘 들리지 않게 되었다.)

⇨ 反省(はんせい)しないばかりか悪口(わるくち)を言い返(かえ)した。

(반성을 하지 않을 뿐더러 욕설로 대꾸했다.)

[3—2]

본문

鮮魚にめぐまれて[1]きた日本人 日本は島国で四囲を海に囲まれ、耕作できない山地が多く、二万九千キロに及ぶ[2]海岸線の地帯に国民の大多数が住んでいた。海は国民にとって[3]大切な食料の宝庫であり、魚は日本人の食生活に欠かせぬ[4]主要たんぱく源であった。 鮮魚は単に食料という意味をこえた宗教的な意味さえもつ食品であった。したがってその姿、かおり、色彩、色つやの美しさ、鮮度が尊ばれ、[5] 寿司屋のカウンターで見かけるように日本人は豊富な種類の魚を天与のごちそう[6]として賞味してきた。特に新鮮さ[7]が尊ばれたので昔はどんな漁港にも魚市場があり、水揚げされた魚を塩するもの、干すもの等々にすばやく[8]区分けしてさばいた。[9] 魚は漁師の網や舟から食膳へ、時をうつさず[10]運ばれた。 安くて豊富な労働力のおかげでこの仕組みは効率よく働き、日本人はいつも新鮮な魚に恵まれていたのである。

鮮魚はいまや高級品になった ところが、日本経済の急激な高度成長によって[11]ようすはだいぶ[12]変わってきた。第一は人件費が上がり、人手のかかる[13]流通システムが維持しきれなくなったこと。[14] 十年間に五倍以上もはね上がった賃金が魚の値段にはねかえる[15]のは当然のことだ。第二は急速な工業化によって沿岸や近海では魚がとれなくなり、とれても汚染がひどくなったことである。

東京の主婦、金山伸子さんは言う。「もう十年も前のことです。砂糖じょうゆで煮つけたヒラメがぷーんと石油くさいので、[16)]魚屋さんにきくと近海ものの新しい魚だと言うのです。 そんなことが三度に一度はあって、 私たちも日本の近海の汚染を思い知らされました。[17)] 今では近海ものの半分は石油に汚染されており、鮮魚には特別の料理法が必要になりました」。

事実、鮮魚は量も減り、築地市場でも入荷量の三割にすぎない。主要なたんぱく源どころか、[18)] 鮮魚は庶民には手のとどかぬ[19)]高級魚になりつつある。[20)] キロ当たりの小売値はウナギは三千四百円、タイは二千五百円、イセエビは六千五百円、アワビは五千円もするのである。

流通の主流は冷凍魚 沿岸や近海でとれる魚が減ったので、不足は遠洋もので補うことになる。 最近では漁船は遠くアフリカ大陸の沖合まで[21)]出かけて魚をとり、 それを冷凍して運んでくるようになった。 築地市場でも入荷の七割は汚染の少ない遠洋ものの冷凍魚や加工品である。 遠洋漁業は船足[22)]が長く操業の費用もかかるので高くなるはずだが、 不思議なことに冷凍魚は近海ものに比べて値段は安い。 やはり新鮮さを珍重する日本人の食習慣によるのだろう。

だが冷凍魚にもいろいろと問題がないわけではない。 というのは、[23)] 冷凍魚は切身や刺身として魚屋の店頭に出される前に解凍されてしまい、ちょっと見には[24]鮮魚と見分け[25]がつかないということである。ここに問題がある。ひとつは冷凍魚は解凍の直後に料理して食べるとうまいが、時間がたつとエッセンスがとけだしてしまってまずくなる[26]ということであり、もうひとつは、安いはずの冷凍魚が、客の目をごまかして[27]鮮魚なみ[28]の値段で売られるということである。その結果、消費者は昔は安かった近海ものを料理屋なみの高い値段で買わされ、本来はもっとうまいはずの冷凍魚を、まずくされるだけでなく高い値段で買わされることになる。

한자의 読み方

鮮魚(せんぎょ) : 신선한 생선
島国 (しまぐに) : 섬나라
囲(かこ)む : 둘러싸다
山地(さんち) : 산지
地帯(ちたい) : 지대
宝庫(ほうこ) : 보고
主要(しゅよう) : 주요
単(たん)に : 단지, 다만
食品(しょくひん) : 식품
鮮度(せんど) : 신선도
天与(てんよ) : 하늘에서 내려줌
漁港(ぎょこう) : 어항
塩(しお)する : 소금 치다(뿌리다)
等々(とうとう) : 등등
運(はこ)ぶ : 운반하다, 옮기다
効率(こうりつ) : 효율
急激(きゅうげき) : 급격
第一(だいいち): 제일
維持(いじ) : 유지
当然(とうぜん) : 당연
工業化(こうぎょうか) : 공업화
近海(きんかい) : 근해
砂糖(さとう) : 설탕
半分(はんぶん) : 반, 절반
事実(じじつ) : 사실
入荷量(にゅうかりょう) : 입하량
冷凍魚(れいとうぎょ) : 냉동어
遠洋(えんよう) : 원양
漁船(ぎょせん) : 어선
沖合(おきあい) : 멀리 떨어진 바다
費用(ひよう) : 비용
恵(めぐ)まれる : 혜택받다, 풍족하다
四囲(しい) : 사방, 주위
耕作(こうさく) : 경작
海岸線(かいがんせん) : 해안선
大多数(だいたすう) : 대다수
食生活(しょくせいかつ) : 식생활
蛋白源(たんぱくげん) : 단백원
宗教的(しゅうきょうてき) : 종교적
色彩(しきさい) : 색채
寿司屋(すしや) : 초밥집
賞味(しょうみ) : 음식을 칭찬하면서 맛 봄
魚市場(うおいちば) : 어시장
干(ほ)す : 말리다
網(あみ) : 그물, 망
労働力(ろうどうりょく) : 노동력
高級品(こうきゅうひん) : 고급품
高度成長(こうどせいちょう) : 고도성장
人件費(じんけんひ) : 인건비
賃金(ちんぎん) : 임금
急速(きゅうそく) : 급속
沿岸(えんがん) : 연안
汚染(おせん) : 오염
石油(せきゆ) : 석유
料理法(りょうりほう) : 요리법
減(へ)る : (5단) 줄다, 적어지다
主流(しゅりゅう) : 주류
不足(ふそく) : 부족
補(おぎな)う : 보충하다
大陸(たいりく) : 대륙
操業(そうぎょう) : 조업
不思議(ふしぎ) : 불가사의, 이상함

珍重(ちんちょう) : 진귀하고 귀중함
店頭(てんとう) : 가게 앞
直後(ちょくご) : 직후
本来(ほんらい) : 본래
食習慣(しょくしゅうかん) : 식 습관
解凍(かいとう) : 해동
消費者(しょうひしゃ) : 소비자

주해

1) **恵(めぐ)まれる : 혜택 받다, 풍족하다.(「恵む」의 수동형으로 「좋은 상태에 있다」 「운이 좋다」의 의미로 많이 사용.)**

⇨ 健康に恵まれることはお金に恵まれるよりしあわせだ。
(건강하게 타고나는 것은 돈이 많은 것 보다 행복하다.)

⇨ 日本は天然資源(てんねんしげん)に恵まれない。
(일본은 천연자원이 풍족하지 않다.)

⇨ 運動会はよい天気に恵まれてとても楽しかった。
(운동회는 좋은 날씨여서 매우 즐거웠다.)

⇨ よい友だちに恵まれて私はしあわせです。
(좋은 친구를 만나서 나는 행복합니다.)

2) **~に及(およ)ぶ : ~에 이르다, ~에 미치다.**

⇨ 首都(しゅと)の人口(じんこう)は国家(こっか)の人口の三十パーセントに及ぶ。
(수도 인구는 국가 인구의 30퍼센트에 이른다.)

⇨ 毎年、6万人におよぶ新生児(しんせいじ)がHIV/AIDSに感染(かんせん)する。〔yp〕
(매년 6만 명에 이르는 신생아가 HIV/AIDS에 감염된다.)

⇨ 30年間におよぶ本学の教育がどうであったかを点検(てんけん)するために、卒業生による電子メール座談会を行った。〔yp〕
(30년에 이르는 본 학교의 교육이 어떠했는가를 점검하기 위하여, 졸업생에 의한 전자메일 좌담회를 실시했다.)

3) ~にとって : ~에 있어서, ~의 입장에서 보아. (앞에는 주로 「사람」이 옴)

⇨ 芸術家(げいじゅつか)にとって目的意識(もくてきいしき)とは彼の創造(そうぞう)の理論(りろん)にほかならない。
(예술가에 있어서 목적의식이란 바로 그의 창조 이론이다.)

⇨ そんな失敗(しっぱい)はあなたにとっても不名誉(ふめいよ)なことだし、 研究を指導(しどう)した私にとってもうれしいことじゃありません。
(그런 실패는 당신에게 있어서도 불명예스러운 일이고 연구를 지도한 내게 있어서도 기쁜 일이 아닙니다.)

cf) ~について : ~에 대해서. (다루고 있거나 관계를 갖고 있는「대상」을 지시한다. 언어 또는 사고활동에 관계되는 술어가 뒤에 오는 경우가 많다. …… 즉, 言う, 聞く, 考える, 書く, 調べる 등)

⇨ その人物について聞きたいことがたくさんある。
(그 인물에 대해서 알고 싶은 것이 많이 있다.)

⇨ この日本歴史(れきし)について調べたくて図書館へ行った。
(이러한 일본역사에 대하여 조사하고 싶어 도서관에 갔다.)

4) 欠(か)かせぬ : 빠뜨릴 수 없다. (「かかす」의 가능V+부정의 「ぬ」)

⇨ 私は一日も日記(にっき)を書くことを欠かせぬ。
(나는 하루라도 일기를 쓰는 것을 빠뜨릴 수 없다.)

⇨ 今度の研究に欠かせぬ資料(しりょう)。
(이번 연구에 빠뜨릴 수 없는 자료.)

⇨ 京都観光にかかせぬ情報(じょうほう)。〔yp〕
(교토관광에 빠뜨릴 수 없는 정보)

⇨ 生活の知恵(ちえ)として改良(かいりょう)され育てられた豆腐の味は、古都(こと)にかかせぬ食べものです。〔yp〕
(생활의 지혜로써 개량되어 길러진 두부의 맛은, 옛 도시에 빠뜨릴 수 없는 먹거리입니다.)

cf) 欠(か)かす : (한 부분을) 빠뜨리다, (계속해야 할 것을 도중에) 게을리 하다.

⇨ 毎日欠かさず散歩する。
(매일 빠뜨리지 않고 산책한다.)

⇨ 臟器(ぞうき)や組織細胞(そしきさいぼう)の生命を維持(いじ)するためには、ナトリウムやカリウムなどのミネラルは欠かすことができないものです。〔yp〕
(장기나 조직세포의 생명을 유지하기 위해서는, 나트륨이나 칼륨 등의 미네랄은 빠뜨릴 수 없는 것입니다.)

5) 尊(とうと)ぶ : 존경하다(= 尊敬する), 존중하다(= 尊重する).

⇨ 年長者(ねんちょうしゃ)をとうとぶ。
(연장자를 존경한다.)

⇨ 少数(しょうすう)の意見もとうとばれる。
(소수의 의견도 존중된다.)

6) 御馳走(ごちそう) : 맛있는 요리, 진수성찬, 후한 대접.

⇨ どれほど栄養(えいよう)に富(と)んだ材料であっても、材料のま

までは美味(おい)しくもなければ、御馳走にもなりません。〔yp〕
(아무리 영양이 풍부한 재료라 하더라도 재료 그자체가 맛있지 않으면 맛있는 요리가 되지 않습니다.)

cf) ごちそう(を)する : 대접하다. (= 買う, おごる, buy, treat)

⇨ 夕食をごちそうするから五じごろいらっしゃい。〔LD〕
(저녁을 대접할 테니까 5시경에 오세요.)

⇨ 喫茶店(きっさてん)で友達にケーキをごちそうした。
(다방에서 친구에게 케이크를 대접했다.)

cf-1) ごちそうになる : 대접받다.

⇨ わたしは先生に昼食(ちゅうしょく)をごちそうになった。
(나는 선생님에게 점심을 대접받았다)

7) A, Av의 어간 +「さ」「み」「け」→ 전성명사 (형용사의 명사화)

⇨ これの重さは100キロです。〔실제의 무게 ……구체성〕
(이것의 무게는 100킬로입니다.)

⇨ ひろさはどのくらいでしょうか。
(넓이는 어느 정도입니까?)

⇨ 寒さきびしいこの頃でございます。
(추위가 극심한 요즈음입니다.)

⇨ 彼の行動は, いつも重みがある。〔묵직함, 중량감 …… 정취〕
(그의 행동에는 언제나 무게가 있다.)

⇨ 東の空が赤みをふやしてきました。
(동쪽 하늘이 붉은 기운을 더해 왔습니다.)

⇨ 風邪(かぜ)のせいか今朝から寒(さむ)けがする。
〔체감적인 추위 …… 감각〕
(감기 탓인지 오늘 아침부터 오한이 난다.)

⇨ 眠気(ねむけ)ざましに飲んだコーヒーがもう三杯目(さんばいめ)だ。
(졸음을 쫓기 위해서 마신 커피가 벌써 세 잔째다)

8) 素早(すばや)い : 날쌔다, 재빠르다.

⇨ 山下さんは仕事が素早いのでみんな助(たす)かっています。
(야마시타 씨는 일이 재빨라서 모두에게 도움이 되고 있습니다)

⇨ 投手(とうしゅ)は素早いモーションから第一球(いっきゅう)を投(な)げた。
(투수는 재빠른 모션으로 제 1구를 던졌다)

9) さば(捌)く : 솜씨 좋게 처리하다.

⇨ 車の流れをさばく交通整理のお巡(まわ)りさん。
(교통의 흐름을 재빠르게 처리하는 순경아저씨.)

⇨ 人件費(じんけんひ)を抑(おさ)えて短時間に荷物を捌く方法。〔yp〕
(인건비를 억제하고 단시간에 화물을 재빠르게 처리하는 방법.)

10) 時(とき)を移(うつ)さず : 때를 놓치지 않고, 곧. (= すぐさま, ただちに)

⇨ 時を移さず、彼は注目(ちゅうもく)を集め、尊敬(そんけい)される存在になった。間もなく、彼は、上院(じょういん)の指導者的地位を目指(めざ)し始めた。〔yp〕
(때를 놓치지 않고 그는 주목을 받았으며 존경받는 존재가 되었다. 이윽고 그는 상원의 지도적인 지위를 목표로 하기 시작했다.)

⇨ 時を移さず反撃(はんげき)を開始(かいし)する。
(곧 반격을 개시한다.)

11) ~によって : ~에 의하여. (= ~が原因で)

⇨ この店は昨年からの不景気(ふけいき)によってついに店を閉(し)めることとなった。

(이 가게는 작년부터의 불경기로 인해 마침내 가게를 닫게 되었다.)

⇨ 入社承諾書(にゅうしゃしょうだくしょ)提出後の辞退(じたい)によって保証人(ほしょうにん)に迷惑がかかるようなことはないか。〔yp〕

(입사승낙서 제출 후 사직을 함으로써 보증인에게 폐가 되는 일은 없는지?)

12) だいぶ : 꽤, 상당히. (= とても, かなり, very, pretty)

⇨ 彼とはだいぶ長い間会っていない。

(그와는 꽤 오랫동안 만나지 않았다.)

⇨ まだ九時までにはだいぶ時間があるからそんなに急がなくてもいい。

(아직 9시까지는 꽤 시간이 있으니까 그렇게 서두르지 않아도 괜찮다.)

13) 人手(ひとで)がかかる : 일손이 들다.

⇨ 明日資料室(しりょうしつ)の大掃除(おおそうじ)するにはけっこう人手がかかると思う。

(내일 자료실 대청소를 하려면 꽤 일손이 필요할 것 같다)

⇨ 子どもは診察や検査(けんさ)に大人よりも手間(てま)や人手がかかる。〔yp〕

(어린이는 진찰이나 검사에 어른보다도 수고나 일손이 든다.)

14) V의 用+き(切)る : 「전부 ~하다」(= 全部 ~する), 「다 ~하다」(= おわりまで ~する). 「 ~きっている」의형 : 「완전히 ~하고 있다」(=すっかり ~している), 「매우~

하고 있다」(= 非常に~している).

⇨ この本はむずかしくて、一週間かかっても読みきることができませんでした。
(이 책은 어려워서 일주일이 걸려도 다 읽지 못했습니다.)

⇨ 降りる人がみんな降りきらないうちに、乗ろうとするのはいけません。
(내릴 사람이 모두 다 내리기 전에 타려고 하면 안 됩니다.)

⇨ 金はないし病気はするし、どうしたらよいのかわからず困(こま)りきっている。
(돈은 없고, 몸은 아프고 해서 어떻게 하면 좋을지 몰라 매우 난처해하고 있다.)

⇨ あの人はあなたを頼(たよ)りきっているのですから、何とかしてあげてください。
(저 사람은 당신을 매우 의지하고 있으니까 어떻게 해주세요)

15) 跳(は)ね返(かえ)る：(5단) 되미치다, 튀어서 되돌아오다 (= rebound)

⇨ 米価(べいか)のねあげが物価(ぶっか)にはねかえった。
(쌀값의 인상이 물가에 되미쳤다.)

⇨ 練習不足(れんしゅうぶそく)が成績(せいせき)に跳ね返った。
(연습부족이 성적에 되미쳤다.)

⇨ ボールが左中間(さちゅうかん)のフェンスに当(あ)たって跳ね返った。〔スーパー〕
(공이 좌중간 담장에 맞아 튀어 나왔다.)

16) N+臭(くさ)い：~냄새가 나다.

⇨ 汗くさいのをいつまでも着ているのは体のためにもよくないですよ。
(땀 냄새 나는 것을 오래 입고 있는 것은 건강을 위해서도 좋지 않아요.)

⇨ あの先生の息(いき)はいつもたばこ臭い。〔スーパー〕

(저 선생님의 입김은 늘 담배 냄새가 난다.)

⇨ ガス臭いぞ。窓を開けろ。〔スーパー〕

(가스 냄새야. 창문을 열어라!)

17) 5단 V+す(사역)+れる(수동) → 「Vされる」(마지못하여 ~하다)

⇨ かぜぎみでくすりを飲まされました。

(감기일 것 같아 약을 먹지 않으면 안 되었습니다.)

⇨ 東京駅で一時間も待たされました。

(도쿄역에서 한 시간이나 기다려야만 했습니다.)

18) A どころか B : A는 커녕 B이다, A라니 터무니없다 (사실은 B이다).

⇨ うちの父はお酒はまったくだめで、ウィスキーどころかビールも飲めない。

(저의 아버님은 술은 전혀 못 마셔서 위스키는 커녕 맥주도 못 마신다.)

⇨ 今度の転校生(てんこうせい)、ブスどころか、とびきりの美人(びじん)だよ。

(이번에 전학 온 학생, 추녀이기는 커녕 대단한 미인이야.)

⇨ タクシーで行ったら道が込んでいて、 早く着くどころかかえって30分も遅れてしまった。

(택시로 갔더니 길이 붐벼 일찍 도착하기는 커녕 오히려 30분이나 늦었다.)

⇨ 効(こう)を奏(そう)するどころか反対にひどいことになった。

(효과를 보기는 커녕 반대로 심해졌다.)

⇨ のどが痛くて、ごはんを食べるどころか水も飲めない。

(목이 아파서 밥을 먹기는 커녕 물도 마실 수 없다.)

19) 手(て)がとどく : 손이 닿다. (자기의 힘이 미치는 범위에 있음)

⇨ わたしには手のとどかない値段(ねだん)だ。

(나로서는 살 수 없는 값이다).

⇨ 幼児(ようじ)の手がとどくところに置かないでください。

(유아의 손이 닿는 곳에 두지 마세요.)

20) V의 用+つつある : 지금 막 ~를 하고 있다. (= 今ちょうど~している, 동작진행), 「~ている」보다 문어적 표현.

⇨ この国の経済も最近は安定(あんてい)しつつあるが国民(こくみん)の生活の向上(こうじょう)にはまだまだ時間がかかりそうだ。

(이 나라의 경제도 최근에는 안정되고 있지만 국민생활의 향상에는 아직 시간이 걸릴 것 같다)

⇨ 私はホテルの窓から山の向こうに沈(しず)みつつある夕日(ゆうひ)を眺(なが)めながら一杯のコーヒーをゆっくり楽しんだ。

(나는 호텔 창문에서 산 저쪽으로 지고 있는 석양을 바라보면서 커피 한잔을 여유 있게 즐겼다.)

21) 沖合(おきあい) : 먼 바다, 난바다.

cf) 沖合漁業(おきあいぎょぎょう) : 沖合を操業(そうぎょう)海域(かいいき)とする漁業。漁船。

⇨ (ぎょせん)は10トン以上(いじょう)で航海(こうかい)は一週間以内程度をいう。〔広〕

(먼 바다를 조업해역으로 하는 어업. 어선은 10톤 이상이고, 항해는 1주일 이내 정도를 말한다.)

22) 船足(ふなあし) : 배가 나아가는 속도.

⇨ 積(つ)み過ぎが原因(げんいん)で船足が鈍(にぶ)る。〔yp〕
(적재 초과된 화물 때문에 배속도가 둔하다.)

⇨ これ以上風が強くなると、帰りの船足が遅くなって２時間じゃ済(す)まなくなる。〔yp〕
(이 이상 더 바람이 거세게 불면 돌아갈 때의 배속도가 늦어 2시간으로는 되지 않는다.)

23) ~というのは : (連語) 왜냐하면, 그 이유로는. (겸손표현은「~と申しますのは」)

⇨ 彼はあまり信用できる人ではありません。というのは、前に一度私は彼にだまされたことがあるのです。
(그는 그다지 신용할 수 있는 사람이 아닙니다. 왜냐하면, 전에 한 번 그에게 속은 적이 있어요.)

⇨ 私は近いところはなるべく乗りものには乗らずに、歩くことにしております。と申しますのは、このごろ運動不足で、どうも体の調子がよくございません。
(나는 가까운 곳은 가능한 한 타지 않고 걸어가기로 하고 있습니다. 왜냐하면, 요즈음 운동부족으로 몸 상태가 좋지 않습니다.)

24) ちょっと見(み) : 잠깐 봄, 언뜻 봄.

⇨ どんな人柄(ひとがら)かちょっとみにはわからない。
(어떤 인품인지 언뜻 보아서는 모른다.)

⇨ この果物はちょっと見には見栄(みば)えがよくないが、味はなかなかオイシイですよ。

(이 과일은 잠깐 보기에는 좋지 않지만 맛은 아주 좋아요.)

25) 見(み)分(わ)け : 분별, 구분. (見分けがつく : 구분이 가다)

⇨ 暗くて顔の見分けもつかない。

(어두워서 얼굴을 구분할 수가 없다.)

⇨ まだ小さい子供でいいことと悪いことの見分けがつかないのです。

(아직 어린아이여서 좋은 것과 나쁜 것을 구분하지 못합니다.)

26) まずい : 맛없다(= 味が悪い), 서투르다(= 下手である), 곤란하다.

⇨ 社長の退屈(たいくつ)なスピーチで食事がまずくなった。〔スーパー〕

(사장님의 지루한 연설로 밥맛이 없어졌다.)

⇨ ピアノはよかったけれども歌がまずかった。

(피아노는 좋았지만 노래가 서툴렀다.)

⇨ まずい時に帰って来たね。お父さんが怒(おこ)っているよ。〔スーパー〕

(좋지 않을 때 왔어. 아버지 화났어.)

27) ごまかす : (사람을) 속이다, 거짓을 꾸미다.

⇨ 世間(せけん)の目をごまかすことはできても自分をごまかすことはできない。

(세상의 눈을 속일 수는 있어도 자신을 속일 수는 없다.)

⇨ その店員はたびたび帳簿(ちょうぼ)をごまかしていたことが見つかってやめさせられた。

(그 점원은 자주 장부를 속이던 것이 탄로나 그만두게 되었다)

28) N+並(なみ) : (接尾) ~와 같은, ~와 같이. (= ~と同じ程度)

⇨ 昔、奴隷(どれい)たちは動物<u>なみ</u>に扱(あつか)われていた。
(옛날, 노예들은 동물처럼 취급받았었다.)

⇨ 彼女のエネルギーはすごい。家では家事(かじ)を完璧(かんぺき)に、外では男性<u>なみ</u>に仕事をするのだから。
(그녀의 에너지는 대단하다. 집에서는 집안을 완벽하게, 밖에서는 남자와 마찬가지로 일을 하니까.)

[3−3]

본문

マグロの買占め[1]が意味するもの 浦和市で浦和主婦会の会長をしている細川こうさんは言う。「冷凍魚が珍しかった[2]ころのことです。浦和の魚屋さんで当時ギンダラといって、一切れ四十円ほどの切身を売っていました。[3] ところが東京の主婦連の講習会に行って、この魚が実はメルルーサという名前の遠洋ものの冷凍魚で、冷凍のままだと一尾百円程度、切身にして一切れ十円ぐらいのものだとおそわりました。さっそく魚屋さんを、不当表示と暴利でとっちめた[4]ことは言うまでもありません」細川さんのいわゆる「ギンダラ事件」に類した[5]ことは、いまでも日本のあちこちで起こっているにちがいない。

不当表示や暴利もさることながら、[6] 冷凍魚で困ることは、冷凍設備と冷凍魚のおかげで従来の流通機構の働きがおかしくなり、魚の値段をつり上げる[7]原因になっていることだ。

もともと中央卸売市場のシステムは魚はすぐくさる[8]ものだということが前提になって成り立っている。とれた魚をすぐ市場に出さないとくさってしまうから、魚がたくさんとれれば自然に値は下がり、正確な需給関係が市場に反映されて公正な値段がきまる、というのが現在の市場制度の建て前[9]になっている。ところがマグロのように冷凍が可能になると、一日を争って[10]

市場に出さずとも相場の高いときに市場に出すことができる。つまり、供給を調節することができるようになる。供給が調節できないという前提で公正な値段がきめられることになっていたシステムの前提がくずれて[11]しまったのである。

最近問題になった総合商社によるマグロの買占めはこの意味で非常に象徴的である。 マグロはつねに[12]不足気味で供給が追いつかないから、[13] ストックをかかえて[14]いても損をするおそれはない。マグロ船のほうでも出漁には費用がかかっているので、なるべく[15]高く売らなければ採算が合わない。 卸売市場でセリに[16]かけて処理するのを待っていては、 荷揚げに時間がかかり滞船料がかさむ。[17] 市場に出すことをやめ、 商社に一船単位で買ってもらったほうが有利だという結論になる。 商社は商社で相場の動きを見ながら少しずつ市場に出せば十分にマージンはとれる。そして結局、消費者はいつも高いマグロを買わされるはめ[18]になるのである。

大衆魚はなぜ消費者の手に届かないか 供給の調節という点については、いまの中央卸売市場のルールにも問題がある。それは荷受人のマージンが固定手数料であるということだ。

荷受人は生産地の生産者から委託されて魚を市場に出し、セリできまった値段から五・五パーセントの手数料をもらうことになっている。だから、たとえば一本百万円のマグロ(三百五十キロ)を扱えば荷受人のマージンは五万五千円になるが、同じ三百五十キロの重さのアジ(かご九杯分)の場合だと値段は一万八千円、マージンは五百九十円にしかならない。人手不足の折りでもあり、荷受人がアジに比べ九十五倍も高い手数料のはいるマグロを扱いたがるのは当然だ。

荷受人は生産地にむかって値の高い魚だけを送る[19]よう働きかけるようになる。たとえば青森県の八戸港で大量のサバが水揚げされると、地元[20]ではわざわざ[21]これをLMS(大中小)の三階級によりわけ、[22] 大型のLだけを東京に送り、あとは加工用や飼料用にまわすということが起こる。その結果、カレイ、サンマ、アジのような大衆魚はますます消費者の手に届きにくくなってしまうのだ。

한자의 読み方

浦和市(うらわし) : 우라와 시
当時(とうじ) : 당시
一尾(いちび、いちお) : 한 마리
不当表示(ふとうひょうじ) : 부당 표시
事件(じけん) : 사건
中央(ちゅうおう) : 중앙
前提(ぜんてい) : 전제
正確(せいかく): 정확
反映(はんえい) : 반영
市場制度(いちばせいど) : 시장제도
調節(ちょうせつ) : 조절
象徴的(しょうちょうてき) : 상징적
損(そん)をする : 손해보다
費用(ひよう) : 비용
処理(しょり) : 처리
滞船料(たいせんりょう) : 체선료
単位(たんい) : 단위
十分(じゅうぶん) : 충분
大衆魚(たいしゅうぎょ) : 대중어
固定(こてい) : 고정
生産者(せいさんしゃ) : 생산자
一本(いっぽん) : (큰 고기) 한 마리
かご九杯分(きゅうはいぶん) : 아홉 바구니 분
八戸港(はちのへこう) : 하치노헤 항구
階級(かいきゅう) : 계급
主婦会(しゅふかい) : 주부회
講習会(こうしゅうかい) : 강습회
程度(ていど) : 정도
暴利(ぼうり) : 폭리
従来(じゅうらい) : 종래
卸売(おろしうり) : 도매
成(な)り立(た)つ : 구성되다
需給関係(じゅきゅうかんけい) : 수급관계
現在(げんざい) : 현재
相場(そうば) : 시세
総合商社(そうごうしょうしゃ) : 종합 상사
不足気味(ふそくぎみ) : 부족한 듯한 느낌
出漁(しゅつぎょ) : 출어
採算(さいさん) : 채산
荷揚(にあ)げ : 양륙
一船(いっせん, ひとふね) : 한 척
有利(ゆうり) : 유리
結局(けっきょく) : 결국
届(とど)く : 닿다, 도달하다
生産地(せいさんち) : 생산지
委託(いたく) : 위탁
扱(あつか)う : 취급하다
青森県(あおもりけん) : 아오모리 현
大量(たいりょう) : 많은 양
飼料用(しりょうよう) : 사료용

주해

1) 買占(かいし)め : 매점, 사둠.

⇨ 生必品(せいひつひん)の買占めをしてはいけない。

(생필품을 매점해서는 안 된다.)

⇨ ドメイン買い占めを規制(きせい)する法案(ほうあん)が上院(じょういん)を通過(つうか)。

(도메인 독점을 규제하는 법안이 상원을 통과.)

2) 珍(めずら)しい : 드물다, 진귀하다, 신기하다.

⇨ 彼から珍しいお土産(みやげ)をいただいた。

(그 이로부터 진귀한 선물을 받았다.)

⇨ 見るもの聞くもの皆珍しい。

(보는 것 듣는 것이 모두 신기하다.)

3) 教(おそ)わる : (他) 배우다, 가르침을 받다. (= 教えてもらう, 教えられる)

⇨ わたしは週一回山野先生にピアノを教わった。〔スーパー〕

(나는 주1회 야마노 선생님으로부터 피아노를 배웠다.)

⇨ 家庭教師に英語を教わっている。

(가정교사한테서 영어를 배우고 있다.)

cf) 学(まな)ぶ : (他) (학문, 기술 따위를) 익히다, 경험해서 알다.

⇨ 友達からコンピューターを学ぶ。

(친구에게 컴퓨터를 배운다.)

⇨ 社会に出ると学ぶところが多い。

(사회에 나가면 배우는 것이 많다.)

4) 取(と)っちめる : 혼내다. (「とってし(締)める」의 約)

⇨ あいつ生意気(なまいき)だから<u>取っちめ</u>てやろう。

(저 녀석 건방지니까 혼내주자.)

⇨ あのような事件を起こすに至ったのは、合法的(ごうほうてき)に信金(しんきん)を<u>取っちめ</u>る事が出来なかったからだと思います。〔yp〕

(그와 같은 사건을 일으키기에 이른 것은, 합법적으로 신용금고를 혼내줄 수 없었기 때문으로 생각합니다.)

5) 類(るい)する : 닮다, 비슷하다, 비견하다.

⇨ これに<u>類する</u>品物(しなもの)。

(이것과 비슷한 물건.)

⇨ 私のばあいに<u>類する</u>。

(나의 경우와 비슷하다.)

⇨ かれに<u>類する</u>人はない。

(그와 비견할 사람은 없다.)

⇨ これに<u>類する</u>作品(さくひん)はない。

(이것에 비견할 만한 작품은 없다.)

6) ~さることながら : ~은 물론이거니와 또, 그렇긴 하나 (= そうだが).

⇨ 明快(めいかい)なストーリーの面白(おもしろ)さも<u>さることながら</u>土(つち)くさい親しみを漂(ただよ)わせるのがこのドラマの取(と)り柄(え)だ。

(명쾌한 스토리의 재미도 물론이거니와 흙내 나는 친근함을 감돌게 하는 것이 이 드라마의 장점이다.)

⇨ この香水(こうすい)は色と香(かお)りもさることながら値(ね)も気にいる。
(이 향수는 색상과 향기도 그렇지만 가격도 마음에 든다.)

7) 吊(つ)り上(あ)げる：(시세 등을) 끌어올리다, 치켜 올리다.

⇨ 電力(でんりょく)の値上(ねあ)げは物価(ぶっか)をつりあげるもとだ。
(전력요금의 인상은 물가를 끌어올리는 근원이다.)

⇨ このベルトは、主に一般住宅の建築現場で屋根材(やねざい)、柱などを吊り上げる際(さい)に利用されている。〔yp〕
(이 벨트는, 주로 일반 주택 건축 현장에서 지붕재료, 기둥 등을 끌어올릴 때 사용되고 있다.)

⇨ その監督(かんとく)はおやゆびをつりあげた。
(그 감독은 엄지손가락을 치켜 올렸다.)

8) 腐(くさ)る：썩다, 풀이 죽다, 낙심하다.

⇨ 卵のくさったにおいがする。
(달걀 썩는 냄새가 난다.)

⇨ 心の底(そこ)までくさった人間(にんげん)。
(마음 속속들이 썩어빠진 인간.)

⇨ たび重(かさ)なる失敗(しっぱい)にくさってしまう。
(거듭되는 실패에 기운을 잃어버리다.)

⇨ そんなにくさるなよ。大学だけが人生じゃない。
(그렇게 낙심하지 마. 대학만이 인생이 아니잖아.)

9) 建(た)て前(まえ)：(표면상의) 방침, 원칙, 겉으로 내세우는 말

⇨ 交換(こうかん)しないのを建て前としております。

(교환하지 않는 것을 원칙으로 하고 있습니다.)

⇨ <u>建て前</u>と本音(ほんね)は一致(いっち)しないことが多い。

(겉으로 내세우는 말과 본심이 일치하지 않는 일이 많다.)

10) 争(あらそ)う : 싸우다, 논쟁하다, 경쟁하다, 자기 것으로 하려고 하다.

⇨ あのふたりはいつもつまらないことで<u>あらそっ</u>てばかりいます。

(저 두 사람은 언제나 하찮은 일로 다투고만 있습니다.)

⇨ 金君と李君はクラスの首席(しゅせき)を<u>あらそっ</u>ています。

(김 군과 이 군은 학급에서 수석을 다투고 있습니다.)

⇨ 兄弟(きょうだい)が父の遺産(いさん)を<u>あらそっ</u>ています。

(형제가 아버지의 유산을 다투고 있습니다.)

11) 崩(くず)れる : 허물어지다, 붕괴하다, 짓무르다, (고액지폐 등을) 잔돈으로 바꿀 수 있다.

⇨ がけ<u>くずれ</u>。(벼랑 붕괴)、　山<u>くずれ</u>。(산사태)

⇨ 雨が毎日降りつづいたので、山道(やまみち)が<u>くずれ</u>てしまった。

(비가 매일 계속해서 내렸기 때문에 산길이 무너져 버렸다.)

⇨ しもやけで指(ゆび)が<u>くずれる</u>。

(동상으로 손가락이 짓무르다.)

⇨ 一万円札(まんえんさつ)が<u>くずれ</u>ますか。

(일만 엔짜리 지폐를 잔돈으로 바꿀 수 있습니까?)

12) 常(つね) : 흔히, 늘, 평소, 일과. (= いつも、どんなときでも、always, at all times)

⇨ 人の<u>つね</u>として、こわい物を見たがる。

(사람은 흔히 무서운 것을 보고 싶어 한다.)

⇨ <u>つね</u>に元気(げんき)な人。

(늘 원기 있는 사람.)

⇨ つね日ごろの努力(どりょく)。

(평소의 노력)

⇨ 朝散歩するのをつねとする。

(아침 산책하는 것을 일과로 삼다.)

13) 追(お)いつく : 따라 잡다, 달하다.

⇨ 一足(ひとあし)おくれて出発したがすぐ追いついた。

(한 걸음 늦게 출발했으나 곧 뒤 따라 붙었다.)

⇨ 成積(せいせき)が追いつかなくて行けなかった。

(성적이 수준에 달하지 못하여 갈 수 없었다.)

⇨ 外国の水準(すいじゅん)に追いつくことになった。

(외국의 수준에 미치게 되었다.)

14) 抱(かか)える : 팔에 안다, 끼다, 떠맡다, 고용하다.

⇨ 大きな荷物(にもつ)を抱える。

(큰짐을 껴안다.)

⇨ 書物(しょもつ)を数冊小脇(こわき)に抱えている。

(책 몇 권을 겨드랑이에 끼고 있다.)

⇨ その国は人口過剰(じんこうかじょう)という問題を抱えている。

(그 나라는 인구과잉이라는 문제를 떠맡고 있다.)

⇨ 運転すると疲れるので、運転手(うんてんしゅ)をかかえた。

(운전하면 피곤하므로 운전수를 고용했다.)

15) なるべく : 될 수 있는 대로, 될 수 있는 한.

⇨ なるべく人に迷惑(めいわく)をかけないようにせよ。

(될 수 있는 한 남에게 폐를 끼치지 않도록 해라.)

⇨ なるべくならあしたよりあさって来てくださるほうが私には都合(つごう)がいいのですが。

(되도록이면 내일보다 모레 와 주시는 편이 나에게는 편리 합니다만.)

16) 競(せ)り : 경매 (「競る」의 명사형)

⇨ セリに出(だ)す。

(경매에 부치다.)

⇨ セリ値(ね)をつけあげる。

(경매 값을 끌어올리다.)

⇨ 彼はセリでピカソの絵を買った。

(그는 경매에서 피카소의 그림을 샀다.)

17) 嵩(かさ)む : 부피가 커지다, (지출 등이 예상보다) 많아지다.

⇨ 仕事がかさんでいるから、この一週間は残業続(ざんぎょうつづ)きになるだろう。

(일이 많아지므로 이번 일주일은 잔업이 계속될 것이다.)

⇨ 出費(しゅっぴ)がかさんで家計(かけい)は赤字(あかじ)だ。

(지출이 많아져 가계는 적자다.)

18) 羽目(はめ) : 판자를 가지런히 붙인 벽(= いたばり), (곤란한) 처지, 궁지, 난처한 형편 〔=成(な)り行(ゆ)きから生じた困った状況(じょうきょう)〕

⇨ 風呂場(ふろば)の羽目にもたれて座っている。〔スーパー〕

(목욕탕의 판자벽에 기대고서 앉아있다.)

⇨ ひどい羽目に陥(おちい)って辞任(じにん)せざるを得(え)なかった。
(심한 궁지에 빠져 사임하지 않을 수 없었다.)

19) 働(はたら)きかける : (상대방이 응하도록 적극적으로) 작용하다.

⇨ 林さんは我々(われわれ)に反核(はんかく)運動に参加するよう働きかけた。
(하야시 씨는 우리들에게 반핵운동에 참가하도록 했다.)

⇨ 監督(かんとく)は上田君をキャプテンに選ぶよう部員(ぶいん)に働きかけた。〔スーパー〕
(감독은 우에다 군을 주장으로 선발되도록 부원에게 힘을 썼다.)

20) 地元(じもと) : 그 지방, 그 고장, 자기가 살고 있는 지역.

⇨ 地元の新聞。
(그 고장의 신문.)

⇨ 地元の警察署(けいさつしょ)。
(그 고장의 경찰서.)

⇨ 自分の地元から立候補(りっこうほ)する。
(자기의 기반이 되는 지역에서 입후보하다.)

21) わざわざ : 특별히(= 特別), 일부러(= ことさらに), 고의로(= わざと).

⇨ ラボフ教授はわざわざわたしのために原稿(げんこう)を書いてくれた。〔スーパー〕
(라보흐 교수는 특별히 저를 위하여 원고를 써주었다.)

⇨ わざわざおいで下(くだ)さってありがとう。
(일부러 와주셔서 고맙습니다.)

⇨ わざわざいたずら書(が)きをする。

(고의로 낙서를 하다.)

22) 選(よ)り分(わ)ける : 골라내다, 가려내다.(= えりわける)

⇨ いたんでいるりんごをよりわける。

(상한 사과를 골라내다.)

⇨ 真珠(しんじゅ)を三つのグループによりわける仕事をしている。

(진주를 세 가지 그룹으로 가려내는 작업을 하고 있다.)

[3—4]

한자의 読み方

ひろがる産直システム　高くなる一方[1]の魚をなんとか[2]安く食べられるようにするためには、何をしなければならないか。まず現行の流通機構を改革することが必要だ。 とくに魚の供給を調節するという機能をきびしく監視しなければならない。 マグロの一船買いに対しては独禁法を適用して取り締まる[3]ことも考えなければなるまい。[4]　固定手数料を改めて値の安い大衆魚を扱ったほうが有利になるシステムを採用することや、 手数料を金額だけでなく取り扱い[5]重量によってきめる方法も一案であろう。昭和四十六年、 卸売市場法の改正によって大口需要者であるスーパーや生協が市場の取引きに参加できるようになり、 セリでなく、 一対一の相対取引きで値段をきめることができるようになったのは前進である。

いま一つは、 いろいろ問題の多い卸売市場を通さずに産地から直接仕入れ[6]をする、いわゆる「産地直売システム」を活用することである。すでに各地で自治体が世話役となり、スーパーや消費者団体、小売店の間で産直方式による仕入れがふえつつある。

前述の細川こうさんの浦和主婦会もその一つだ。 ここでは数年前からニュージーランドの冷凍コンテナ船と契約して国際的な産地直送を実現させている。 船が晴海埠頭につくのが毎月十五日、魚はアジとタイだが、この仕入れのおかげで細川さんは、町では一尾六百五十円するアジ(約一・五キロ)を二百五十円で会員に配ることができた。

冷凍魚を食べよう 昭和四十二年、浦和市の市会議員に当選した細川さんは、消費者運動の経験を生かして[7]画期的なことをやった。県から予算を出してもらって浦和市内の三十軒の魚屋さんに無償で冷凍庫を貸しつけたのである。ただし、冷凍魚を解凍して鮮魚のようにみせかけて売るのでなく冷凍魚のままで売ること、設備を無料で貸すかわり、[8] よそより一五パーセント安く売ることの二つが条件だった。

細川さんはその経験から、消費者にもっと安い冷凍魚を食べるべきだとすすめる。「終戦後の配給時代にまずい冷凍のスケソウダラを食べさせられたわたしたちは、冷凍というと[9]頭からまずいものときめてかかっています。冷凍魚には冷凍魚むき[10]の売り方、買い方がありますが、解凍の仕方や料理の方法さえまちがわなければ、冷凍魚も鮮魚にまけずおいしく食べられるんですよ」

日本一の生協といわれる灘神戸生協の薬師神部長もその意見に賛成だ。「家庭の奥さんがたがご自分で包丁をにぎって料理をしようという意気ごみ[11]があれば、問題はかなり解決するのですが」と言う。つまり、冷凍魚を冷凍のまま買ってうちで解凍して料理をすれば、味もよく値段も安く魚が食べられるということである。灘神戸生協では四十六年秋から青森県八戸港の問屋と提携して産地直送を実現しており、当時、市販で一尾七十円のサバを三尾百円で会員に売った。ただし尾頭つきの冷凍魚だから、消費者は自分で料理をしなければならなかった。

積極的な大阪の主婦たち 大阪市婦人団体協議会の事務局長、佐香千草さんは自分をふくめて大阪の主婦たちの魚の買い方をこう言っている。「大阪ではスーパーマーケット式のプリパッケージはあまり歓迎されませんね。目とえらが除かれ、鮮度がたしかめられないからです。いずれにしても、[12] 消費者として大切なことは鮮魚と冷凍魚をつかいわけること ― 私の場合、エビはいつも冷凍庫にしまっておいて必要なときに出してつかい、メルルーサのようなものは揚げもの[13]や油いため[14]にし、たまにうす味[15]の煮付け[16]や焼きものを食べたいときは、少し値段がはっても[17]近海ものを買うようにしています。大阪でも若い人はだめですが、中年になると家計のことを考えて包丁をもつようになります。インフレの激しい昨今ですから、主婦も必死ですよ」

現在のような魚の流通システムのなかで消費者が自分の生活を守ろうとすれば、鮮魚と冷凍魚をつかいわけて包丁をにぎらなければならない[18]ことははっきりしている。食事は人間生活のいちばん大きな楽しみの一つである。生活を守り生活を楽しむために、日本中の主婦が大阪の主婦をみならって、[19] 自ら包丁をにぎってくれることを期待しよう。

한자의 読み方

産直(さんちょく) : 産地直売(さんちちょくばい)의 준말
現行(げんこう) : 현행
機能(きのう) : 기능
独禁法(どっきんほう) : 독점금지법
改(あらた)める : 고치다
金額(きんがく) : 금액
方法(ほうほう) : 방법
改正(かいせい) : 개정
生協(せいきょう) : 생활협동조합
前進(ぜんしん) : 전진
自治体(じちたい) : 자치체
団体(だんたい) : 단체
前述(ぜんじゅつ) : 앞서 말한 것
コンテナ船(せん) : 콘테너 선
直送(ちょくそう) : 직송
改革(かいかく) : 개혁
監視(かんし) : 감시
適用(てきよう) : 적용
採用(さいよう) : 채용
重量(じゅうりょう) : 중량
一案(いちあん) : 한 가지 방법
大口(おおぐち) : 거액(의 거래)
相対(そうたい, あいたい) : 상대
直接仕入(ちょくせつしい)れ : 직접매입
世話役(せわやく) : 중개자, 운영자
方式(ほうしき) : 방식
数年前(すうねんまえ) : 수년 전
契約(けいやく) : 계약
実現(じつげん) : 실현
晴海(はるみ) : 하루미 (동경의 바다현관문)
埠頭(ふとう) : 부두 (= はとば、ふなつきば)
町(まち) : 시, 구를 구성하는 작은 구획 (한국의 洞정도)
会員(かいいん) : 회원
配(くば)る : 나누어주다, 배급하다
昭和(しょうわ) : 124대 천황(1926~1989년)의 연호
市会議員(しかいぎいん) : 시의회 의원
経験(けいけん) : 경험
予算(よさん) : 예산
無償(むしょう) : 무상 (= ただ)
貸(か)し付(つ)ける : 빌려주다
条件(じょうけん) : 조건
当選(とうせん) : 당선
画期的(かっきてき) : 획기적
軒(けん) : 채(집을 세는 조수사)
冷凍庫(れいとうこ) : 냉동 창고
他所(よそ) : 딴 곳
勧(すす)める : 권유, 권장하다
終戦後(しゅうせんご) : 종전후(1945년 이후)
配給(はいきゅう) : 배급
仕方(しかた) : 하는 방법
賛成(さんせい) : 찬성
不味い(まず)い : 맛이 없다
灘神戸(なだこうべ) : 나다 고오베 (지명)
提携(ていけい) : 제휴
市販(しはん) : 시판
尾頭(おかしら)つき : 머리와 꼬리가 붙어있음
積極的(せっきょくてき) : 적극적

協議会(きょうぎかい) : 협의회
歓迎(かんげい) : 환영
使(つか)い分(わ)ける : 구별하여 쓰다
煮付(につ)け : 조린 요리
家計(かけい) : 가계
昨今(さっこん) : 작금, 요즈음
守(まも)る : 지키다
楽(たの)しみ : 즐거움
自(みずか)ら : 스스로
事務局長(じむきょくちょう) : 사무국장
除(のぞ)く : 제외하다
揚(あ)げる : 튀기다
焼(や)きもの : 구이요리
激(はげ)しい : 격심하다
必死(ひっし) : 필사
握(にぎ)る : (5단) 쥐다, 잡다
見習(みなら)う : 본받다
期待(きたい) : 기대

주해

1) 一方(いっぽう) : 한 방면, 한쪽, 오로지 그 경향뿐임.

⇨ みちの<u>一方</u>は川で、もう<u>一方</u>は山だった。
(길 한 쪽은 강이고 다른 한 쪽은 산이었다.)

⇨ <u>一方</u>にかたよった考え方や意見をもってはいけません。
(한쪽으로 치우친 사고방식이나 의견을 가져서는 안 됩니다.)

⇨ 自動車の数(かず)はふえる<u>一方</u>です。
(자동차의 수는 늘어나기만 합니다.)

⇨ しばらく学校へ行けなかったので漢字をわすれる<u>一方</u>です。
(한동안 학교에 못 갔기 때문에 한자를 잊어버리기만 합니다.)

2) なんとか : 그럭저럭, 어떻게 하든지.(= とにかく なにか)

⇨ 日本語ではまだ難しいことは話せませんが、やさしいことなら<u>なんとか</u>話せます。
(일본어로는 아직도 어려운 말은 하지 못하지만, 쉬운 말이라면 그럭저럭 할 수 있습니다.)

⇨ 無理なことはよくわかりますが、なんとかお願いします。
(무리한 일인지는 잘 압니다만 어떻게든지 부탁드려요.)

cf)「なんとかかんとか」: 여러 가지, 이러쿵저러쿵
⇨ あの人たちはなんとかかんとか文句(もんく)ばかり言って仕事をしない。
(저 사람들은 이러쿵저러쿵 트집만 잡고 일을 하지 않는다.)

3) 取(と)り締(し)まる : (행동이나 일을) 감독하거나 주의하다.
⇨ 駐車違反(ちゅうしゃいはん)をもっときびしく取り締ってほしいものだ。〔スーパー〕
(주차위반을 더욱 엄하게 단속해 주었으면 한다.)
⇨ わたしの仕事は、工事(こうじ)がまちがいなくできるように働く人を取り締まることです。
(내 일은 공사가 문제없이 잘 되도록 일하는 사람을 감시하는 것입니다.)

4) ~まい : (助v) ~지 않겠다 (부정의 의지), ~지 않을 것이다 (부정의 추량= ないだろう)
⇨ 私はもう、あなたには何も言いますまい。
(나는 이젠, 당신에게는 아무 말도 하지 않으렵니다.)
⇨ 見まいと思っても、つい見てしまう。
(보지 않으려고 마음먹어도 그만 봐 버린다.)
⇨ あんなばかなことは、もう二度(にど)としまい。
(그런 바보 같은 짓은 두 번 다시 하지 않겠다.)
⇨ 君にはこの問題はわかるまい。
(자네에게는 이 문제는 알 수 없겠지.)

cf)「～う(よう)が～まいが」「～うと～うと」: ～하든지 말든지 그것과는 관계없이

⇨ 使おうが使うまいが、用意だけはしておいたほうがいい。
(사용하든 말든 준비만은 해 두는 것이 좋겠다.)

⇨ 子供が二人あろうと、年をとっていようと、そんな事なんかどうだってかまいません。〔森本薫、『女の一生』〕
(아이가 둘이 있던 나이를 먹었던 그런 일은 어떻든 개의치 않습니다.)

5) 取(と)り扱(あつか)う : 취급하다.

⇨ 危険(きけん)なものですから、乱暴(らんぼう)に取り扱っては困ります。じゅうぶん気をつけて取り扱ってください。
(위험한 물건이므로 난폭하게 취급하면 곤란합니다. 조심조심해서 취급해 주십시오.)

6) 仕(し)入(い)れる : 매입하다. (= 買い込む, stock, buy)

⇨ あれはあまり売れないので、もう仕入れるのをやめた。
(저것은 잘 팔리지 않기 때문에 더 이상 매입하는 것을 그만두었다.)

⇨ めずらしい切手だね。どこで仕入れて来たの。
(진귀한 우표구나. 어디서 사왔어?)

7) 生(い)かす : (죽이지 않고 계속) 살게 하다, (사물의 성질이나 기능을 충분히) 나타나게 하다.

⇨ とった魚を水の中に入れて生かしておきましょう。
(잡은 물고기를 물 속에 넣어 살려둡시다.)

⇨ 失敗(しっぱい)の経験を生かせばきっと成功する。
(실패한 경험을 살리면 반드시 성공한다.)

8) ~代(か)わり(に) ：~는 대신에(= in exchange for).

⇨ 彼の仕事は大失敗(だいしっぱい)もない<u>かわり</u>大成功(だいせいこう)もない。〔スーパー〕

(그의 일은 대실패도 없는 대신에 대성공도 없다.)

cf) 代(か)わる : 대신하다.

⇨ このごろでは機械を動(うご)かすのに電力(でんりょく)に<u>代わる</u>原子力(げんしりょく)が用いられるようになった。

(요즈음 기계를 움직이는데 전력을 대신하는 원자력이 이용되게 되었다.)

9) ~というと : ~라고 말하면, ~ㄴ가 하면.

⇨ 登山(とざん)<u>というと</u>大(おお)げさですが、山が好きで近くの山によく登ります。

(등산이라고 말하면 거창합니다만, 산이 좋아서 가까운 산에 자주 올라 갑니다.)

⇨ 1時間<u>というと</u>短いようだが、人を待っているときの1時間は、ほんとうに長く感じられるものだ。

(한 시간이라고 하면 짧은 것 같지만, 사람을 기다릴 때 한 시간은 정말 길게 느껴지는 법이다.)

10) 向(む)き : 적합함, 딱 좋음, ~용. (= 合っていること)

⇨ 初心者(しょしんしゃ)<u>向き</u>のスキー場です。

(초보자에게 적합한 용인 스키장입니다.)

⇨ この辺(あた)りに外国人<u>向き</u>の家はありませんか。

(이 근방에 외국인에게 적당한 집은 없습니까?)

⇨ 子ども<u>向き</u>のアニメ映画。

(어린이에게 딱 맞는 만화영화.)

⇨ この車のデザインは若者(わかもの)向きだ。

(이 차의 디자인은 젊은이용이다.)

11) 意気(いき)ごみ : (어떤 일을 하려고) 분발함, 열의, 패기.

⇨ 始めから意気ごみがちがう。

(처음부터 해보겠다는 마음가짐이 다르다.)

⇨ 企業体質改善(きぎょうたいしつかいぜん)にかける意気ごみ。

(기업 체질 개선에 쏟는 열의.)

12) いずれにしても : 어쨌든, 어느 쪽이든.

⇨ いずれにしても、もう一度会ってよく話してみます。

(어쨌든 한 번 더 만나서 잘 이야기해 보겠습니다.)

⇨ 行くか、行かないか、いずれにしてもお知らせします。

(가든 안가든 어느 쪽이든 알리겠습니다.)

13) 揚(あ)げ : (기름에) 튀긴 것, 튀김 〔= てんぷら, 油揚(あぶらあ)げ)〕

⇨ この食堂は油揚げ専門店です。

(이 식당은 유부 전문점입니다.)

⇨ 精進(しょうじん)揚げ。〔広〕

(야채 튀김, 野菜·植物性(しょくぶつせい)食品(しょくひん)だけの揚げ物。)

14) 炒(い)ため : 볶은 음식.

⇨ わたしはいためご飯が好きだ。

(나는 볶음밥을 좋아한다.)

⇨ 中華(ちゅうか)料理には、野菜や肉を油でいためた料理が多い。〔現代〕
(중화요리에는 채소나 고기를 기름으로 볶은 요리가 많다.)

15) 薄味(うすあじ) : 담백한 맛.(= あっさりした淡い味)

⇨ 日本の料理にはたいていうす味なものが多い。
(일본요리에는 대체로 담백한 것이 많다.)

⇨ 控(ひか)えめ·健康的な薄味！ 野菜そのものの味が楽しめるように薄味の料理を心掛けております。(レストランのPRより) 〔yp〕
(염분 제거한 건강만점의 담백한 맛! 야채 그 자체의 맛을 즐길수 있게끔 담백한 요리를 준비하고 있습니다.)

16) 煮付(につ)け : 조린 요리.

⇨ もしあれはいものにつけですか。
(혹시 저것 감자조림입니까?)

⇨ まあ、さかなの煮付けがとてもおいしいね。
(어머, 생선조림이 정말 맛있네요.)

⇨ 「糖尿病食(とうにょうびょうしょく)白身魚(しろみざかな)の煮付けセット」は、 糖尿病の特別用途(ようと)食品として厚生省(こうせいしょう)に認可(にんか)されている食品です。〔yp〕
(「당뇨병식 흰살 생선의 조림 세트」는, 당뇨병의 특별용 식품으로써 후생성으로부터 허가받은 식품입니다.)

17) 値段(ねだん)が張(は)る : 돈이 들다 (= 値が張る), 값이 비싸다.

⇨ 少し値段が張っても、その絵とつぼを買いたい。
(조금 돈이 들더라도 그 그림과 항아리를 사고 싶다.)

⇨ それは品物(しなもの)はよいが、値が張り過ぎて買えない。
(그것은 물건은 좋지만 가격이 너무 비싸 살 수 없다.)

18) 包丁(ほうちょう)を握(にぎ)る : 요리하다.

⇨ 包丁を握る黒川氏は26歳まで日立(ひたち)で重機(じゅうき)のセールスマンをしていたが、父親が魚商(ぎょしょう)であった影響を受けた。〔yp〕

(요리하는 쿠로가와 씨는, 26살까지 히타치에서 중기판매상을 하고 있었는데 아버지가 어물상인이었던 영향을 받았다.)

cf) 握(にぎ)る : (5단) 쥐다, 잡다.

⇨ 手にあせを握って野球の試合を応援(おうえん)する。

(손에 땀을 쥐고 야구시합을 응원한다.)

⇨ おたがいに手を握って別れた。

(서로 악수하고 헤어졌다.)

19) 見習(みなら)う : 본받다, 보고 익히다.(= follow the example of)

⇨ おとうさんの仕事を見習って、むすこも大工(だいく)になった。

(아버지를 본받아서 아들도 목수가 되었다.)

⇨ 両親を見習って、その子どもも人に親切です。

(부모를 본받아 그 아이도 사람들에게 친절합니다.)

연습문제

＊上の本文の内容をよく読んで次の問いに日本語で簡単に答えなさい。

(問1) 鈴木君枝さん·吉田英子さん·福井ゆみさん、 この三人が考えている、魚についての値段、魚屋に寄る回数など、意見はどうだったか。

(問2) 魚がこんなに高くなった理由の第一は、日本独特の長くて複雑な流通経路にあると思われる。例を挙げて詳しく説明しなさい。

(問3) 取引きが進むごとに手数料が加わり、値段が変わり、魚が高くなってゆく経路は、 わかるだろう。しかし、 同じ流通機構が昔からあったのに、昔はそれが高値の原因にならず、今になってイワシ、ヒラメ、マグロや刺身になる各種の魚が信じられないほど高くなったのは、なぜであろうか。

(問4) 日本は地理的にどのような位置に置かれているか。それから、日本人は魚に対してどう考えているか。

(問5) 鮮魚はどうして高級魚になったのかその理由を述べなさい。

(問6) 冷凍魚の問題には何があるのか述べなさい。

(問7) 最近問題になった総合商社によるマグロの買占めは、どのような意味をもっているか述べなさい。

(問8) 大衆魚は、なぜ消費者の手に届かないのか例を挙げて述べなさい。

(問9) 高くなる魚をなんとか安く食べられるようにするためには、何をしなければならないか。

(問10) 昭和四十二年、浦和市の市会議員に当選した細川さんは、消費者運動の経験を生かして画期的なことを行った。 それは何か述べなさい。

제4장

ヘボン博士と「和英語林集成」

和英語林集成 (ロンドン版初版、和文扉)

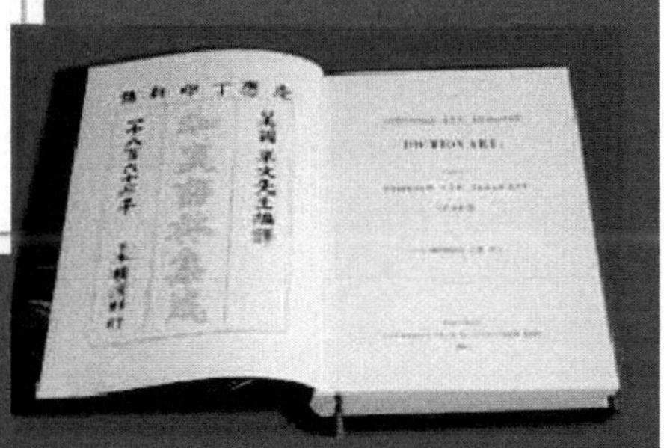

復刻版、和英語林集成(2012年)
美国平文編訳、解題 木村一

ヘボン博士(James Curtis Hepburn)

《第4章》

ヘボン博士と「和英語林集成」

[4—1]

본문

ゲーリック号が静かに岸壁を離れた。見送りの人々の姿が次第[1)]に小さくなると、甲板に立つ老[2)]博士の目に、横浜の町を包む秋の気配[3)]が一段と[4)]鮮明になって映った。在留三十三年。今、第二のふるさとともいうべきハマの秋をあとに、 博士夫妻を乗せた汽船は二万キロの海をサンフランシスコへ向けて出帆したのである。万感の思い[5)]が胸に迫る。[6)] 船の揺れるにまかせて、[7)] しばし[8)]博士はその場に立ち尽くしていた。[9)] 太平洋上で、たとえ[10)]嵐に襲われようとも、[11)] 命の限り[12)]を尽くして静かに戦った七十七年の歳月を振り返れば、はや[13)]思い残すことは何もなかったのではあるまいか。明治二十五年十月。日本の近代化は着実にその地歩を固めていた。ヘボン博士は開港してまもない[14)]横浜にやって来て施療所を開き、近代医学による医療活動を開始し、学塾を開いて英学の志に燃える日本の若い子弟の教育に当たる一方で、日本で最初の本格的な和英辞典を編さんし、聖書の翻訳·出版を行なうなどして日本の文明開化に計り知れない[15)]貢献をしたアメリカ人宣教医である。

一般にヘボン式ローマ字の生みの親[16)]として知られているが、それは八年の歳月をかけて維新の前年 — 慶応三年(一八六七年)に完成した「和英語林集成」の見出し語[17)]の日本語に用いられたのがローマ字であるためで、後にこれがヘボン式ローマ字として普及したのである。いわば和英辞典の副産物である。二万語を収録したこの和英辞典は英語を学ぶ日本人に多大の便宜を与え、ひいては[18)]われわれ日本人が新しい欧米の思想に触れる手がかり[19)]となったばかりか、日本語を学ぶ外国人にも大いに役立ったのである。ペリーとハリスが日本の開国の功労者なら、ヘボンはさしづめ[20)]近代日本の開眼に尽くした恩人と言えよう。ヘボンは辞典を作ることによって、 日本と西洋とが相互に理解し合う出発点を築く[21)]ことになるのだと確信していたのである。

少年の志 ヘボン博士(ジェームズ·カーチス·ヘップバーン)は一八一五年三月、 アメリカのペンシルベニア州ミルトンに生まれた。 父はミルトンの町の判事から弁護士になった人。 母は牧師の娘で、 教会では婦人会長をつとめ、 特に外国伝道に深い理解と関心を示していた。 この母親から少年ヘボンは少なからぬ[22)]感化を受けたのであろう。この時代、アメリカ全土の教会と大学では宗教的なリバイバル運動が盛んであったから、 内に外に[23)]

ヘボンを取巻く環境は外国伝道の気運に満ちていたと思われる。

十六歳でプリンストン大学の三年に編入されたヘボンは、 ここで化学をはじめ、ラテン語、ギリシャ語、ヘブライ語を学んでいるが、こういった古典の素養が、後年、日本に来て辞書の編さんをしたり聖書の飜訳をしたりするうえで大いに役立ったであろうことは容易に推察される。父親は息子を法律家にしたいと思い、 母親は牧師になるものと思っていたが、 彼は医学で身を立てよう[24)]と考えた。ペンシルベニア大学で医学を修め、一八三六年、二十一歳で医学博士の学位を得た。

<그림 1> ヘボン博士とクララ夫人

一八三八年にペンシルベニア州ノリスタウンに医院を開き、この地で生涯の伴侶クララ·メリー・リート嬢と出会う。医師としての職業の道を選びながらも、 宣教の使命が自分の厳粛な義務とまで次第に感じられるようになっていたヘボンだが、父親の強い反対にあって、宣教医として外国に出る決意がつき[25)]かねていた。[26)] クララ·リート嬢との出会いは、こうしたヘボンの悩みを一掃した。 クララは青年ヘボンにとって唯一の、 そして強力な共鳴者であった。 二人は一八四十年の秋に結婚し、 この後六十年の間、 クララ夫人はシンガポールにおいて、中国において、それから日本において、迫害と異郷の生活に耐えて、[27)] 博士の事業を助けることになるのである。

한자의 読み方

博士(はくし, はかせ) : 박사

和英語林集成(わえいごりんしゅうせい) : '헤본'의 일영사전

~号(ごう) : ~호(차, 배, 비행기 등)

離(はな)れる : 떠나다, 벗어나다

甲板(かんぱん) : 갑판

鮮明(せんめい) : 선명

在留(ざいりゅう) : 재류

汽船(きせん) : 기선

揺(ゆ)れる : 흔들리다

嵐(あらし) : 폭풍우

戦(たたか)う : 싸우다

振(ふ)り返(かえ)る : 뒤돌아보다

着実(ちゃくじつ) : 착실

固(かた)める : 다지다, 굳히다

施療所(せりょうじょ) : 진료소

医療(いりょう) : 의료

開始(かいし) : 개시

英学(えいがく) : 영학

燃(も)える : 불타다, 타오르다

本格的(ほんかくてき) : 본격적인

聖書(せいしょ) : 성서

出版(しゅっぱん) : 출판

開化(かいか) : 개화

宣教医(せんきょうい) : 선교의사

前年(ぜんねん) : 전년

完成(かんせい) : 완성

普及(ふきゅう) : 보급

収録(しゅうろく) : 수록

便宜(べんぎ) : 편의

欧米(おうべい) : 구미

触(ふ)れる : 접촉하다, 닿다

岸壁(がんぺき) : 안벽

見送(みおく)り : 전송

老(ろう)~ : 노~

映(うつ)る : 비치다

夫妻(ふさい) : 부부

出帆(しゅっぱん) : 출범

太平洋上(たいへいようじょう) : 태평양상

尽(つ)くす : 진력하다, 애쓰다

歳月(さいげつ) : 세월

近代化(きんだいか) : 근대화

地歩(ちほ) : 지반

開港(かいこう) : 개항

開(ひら)く : 열다.

活動(かつどう) : 활동

学塾(がくじゅく) : 학숙

志(こころざし) : 뜻, 의지

子弟(してい) : 자제

編纂(へんさん) : 편찬

翻訳(ほんやく) : 번역

文明(ぶんめい) : 문명

貢献(こうけん) : 공헌

維新(いしん) : 유신

慶応(けいおう) : 연호(1865~1868)

後(のち)に : 후에, 나중에

副産物(ふくさんぶつ) : 부산물

学(まな)ぶ : 배우다

与(あた)える : 주다

思想(しそう) : 사상

強力(きょうりょく) : 강력

開国(かいこく)：개국
開眼(かいがん)：개안
相互(そうご)に：서로
判事(はんじ)：판사
牧師(ぼくし)：목사
伝道(でんどう)：전도
感化(かんか)：감화
宗教(しゅうきょう)：종교
取巻(とりま)く：둘러싸다
気運(きうん)：기운
編入(へんにゅう)：편입
素養(そよう)：소양
容易(ようい)：용이
法律家(ほうりつか)：법률가
学位(がくい)：학위
医院(いいん)：의원
生涯(しょうがい)：생애
~嬢(じょう)：~양
職業(しょくぎょう)：직업
使命(しめい)：사명
義務(ぎむ)：의무
一掃(いっそう)：일소, 모조리쓸어버림
共鳴者(きょうめいしゃ)：공명자, 뜻을 같이 하는 사람
迫害(はくがい)：박해
事業(じぎょう)：사업
功労者(こうろうしゃ)：공로자
恩人(おんじん)：은인
出発点(しゅっぱつてん)：출발점
弁護士(べんごし)：변호사
婦人会長(ふじんかいちょう)：부인회장
少年(しょうねん)：소년
全土(ぜんど)：전국
盛(さか)んだ：번성하다, 한창이다
環境(かんきょう)：환경
満(み)ちる：넘치다
古典(こてん)：고전
後年(こうねん)：후년
推察(すいさつ)：미루어 생각함
修(おさ)める：닦다, 수양하다
得(え)る：얻다
地(ち)：땅
伴侶(はんりょ)：반려
医師(いし)：의사
宣教(せんきょう)：선교
厳粛(げんしゅく)だ：엄숙하다
悩(なや)み：고민
唯一(ゆいいつ)：유일
異郷(いきょう)：타향

주해

1) **次第(しだい)に : 차츰, 점차로(= だんだんに), 차례로(= 順次に).**

⇨ 午後から次第に風雨(ふうう)が強くなるでしょう。
(오후부터 차츰 비바람이 강해질 거예요.)

⇨ 日本語読本(とくほん)の巻一(まきいち)、巻二(まきに)と進(すす)むにしたがって次第にむずかしくなってきた。
(일본어 독본 제1권, 제2권으로 나아감에 따라 점차 어려워져 갔다.)

⇨ どんなことでも最初(さいしょ)は面白(おもしろ)くないが、次第に興味(きょうみ)が出てくるものです。
(어떤 일이라도 처음에는 재미가 없지만 점차 흥미가 생기는 법입니다.)

2) **老(ろう)～ : 노～.**

⇨ 老年(ろうねん) : 노년　　老母(ろうぼ) : 노모
老少(ろうしょう) : 노소　　老人(ろうじん) : 노인
老人病(ろうじんびょう) : 노인병　　老婆(ろうば) : 노파

3) **気配(けはい) : 기색, 기미, 느낌.(= 感じ, feeling)**

⇨ 悲しんでいる気配はないのに、私が見るとなんだか悲しい感じがします。
(슬픈 기색은 없는데도 제가 보면 어쩐지 슬픈 느낌이 듭니다.)

⇨ 人(ひと)が来る気配をかんじる。
(사람이 오는 느낌이 난다.)

⇨ 11月も中旬(ちゅうじゅん)となり、どことなく冬の気配が感じられます。〔スーパー〕
(11월도 중순이 되어, 어딘지 모르게 겨울 느낌이 납니다.)

4) 一段(いちだん)と : 훨씬, 한층.

⇨ 彼女は近頃(ちかごろ)一段と美(うつく)しく見える。

(그녀는 요즘 훨씬 아름답게 보인다.)

⇨ このカメラはこれまでわたしが使ったものよりも一段とよくできている。〔スーパー〕

(이 카메라는 여태까지 내가 사용한 것보다 훨씬 잘 찍힌다.)

⇨ 秋の山は一段と美しい。

(가을 산은 한층 더 아름답다.)

5) 万感(ばんかん)の思(おも)い: 만감, 벅찬느낌, 온갖 생각.

⇨ 彼女に対する万感の思いが頭に浮(うか)ぶ。

(그녀에 대한 벅찬느낌이 머리에 떠오른다.)

⇨ このたびの私のG８各国訪問の際(さい)、各国首脳(しゅのう)から、小渕前総理の国際平和や九州·沖縄サミット開催(かいさい)に対する深い思いに高い評価(ひょうか)を頂きました。九州·沖縄サミットは、未来を志向(しこう)し、万感の思いを込(こ)めて開催を決断(けつだん)されたのであります。(연설문) 〔yp〕

(이번 저의 G８각국 방문 때 각국 수뇌로부터 오자와 전 총리의 국제평화와 큐슈·오키나와 정상회담개최에 대한 깊은 생각에 높은 평가를 받았습니다. 큐슈·오키나와 정상회담은, 미래를 지향하고 벅찬느낌으로 갖고 개최를 결단하셨습니다.)

6) 胸(むね)に迫(せま)る : 가슴에 북받치다, 가슴에 울리다.

⇨ 万感の思いが胸に迫る。

(온갖 생각이 가슴에 북받친다.)

⇨ 彼の演説(えんぜつ)はきく人の胸に迫るものがあった。

(그의 연설은 듣는 이의 가슴을 울리는 무엇이 있었다.)

cf) 迫(せま)る : (自) 다가오다, 갑자기 접근하다, (他) 강하게 요구하다.

⇨ 試験日(しけんび)が迫って、学生たちは懸命(けんめい)に勉強をし始めた。

(시험 날짜가 다가와서 학생들은 열심히 공부하기 시작했다.)

⇨ 飛行機のエンジンは全部(ぜんぶ)とまった。いよいよ最後(さいご)のときが迫ったのだ。

(비행기의 엔진은 전부 멎었다. 드디어 최후의 시간이 다가온 것이다.)

⇨ 議員(ぎいん)たちは、総理大臣(そうりだいじん)に辞職(じしょく)を迫った。

(의원들은 총리대신에게 사직을 강요했다.)

7) 任(まか)せる : 맡기다, ~하는 대로 ~하다.

⇨ 人に任せないで自分でしましょう。

(남에게 맡기지 말고 자신이 합시다.)

⇨ 金(かね)に任せてぜいたくする。

(돈이 있는 대로 사치하다.)

⇨ 足(あし)に任せて歩(ある)く。

(발길 닿는 대로 걷는다.)

8) しばし : 잠깐, 잠시. (= しばらく)

⇨ しばしの別(わか)れを惜(お)しむ。

(잠깐의 이별을 애석해 하다.)

⇨ 拍手(はくしゅ)はしばし続(つづ)いた。

(박수는 잠시 계속되었다.)

9) V의 用+尽(つ)くす : 완전히 ~해 버리다, 끝까지 ~하다.

⇨ あの人は苦労(くろう)をし尽くした人なので、なかなかものわかりがいい。

(그 사람은 고생을 지나치게 한 사람이라 매우 이해를 잘 해준다.)

⇨ もう20年もすれば、世界じゅうの鯨(くじら)はとり尽くされてしまうだろう。

(이제 20년 지나면, 이 세상 고래는 다 잡히고 말 것이다.)

⇨ 満員電車(まんいんでんしゃ)で降(お)りるまで立ち尽くした。

(만원 전철에서 내릴 때까지 서 있었다.)

10) たとえ : 설사, 비록, 만일, 가령. (「たとえ~ても」의 형)

⇨ たとえどんな事があっても、かんがえを変(か)えません。

(설사 어떤 일이 있어도 생각을 바꾸지 않겠습니다.)

⇨ たとえ冗談(じょうだん)でも、そんなことを言ってはいけません。

(비록 농담이라도 그런 말을 해서는 안 됩니다.)

⇨ たとえ太陽(たいよう)が西(にし)から昇(のぼ)っても決心(けっしん)を変えるつもりはない。

(설령 태양이 서쪽에서 뜬다 해도 결심을 바꿀 생각은 없다.)

11) 襲(おそ)う : 습격하다, 덮치다.

⇨ 大あらしが町(まち)を襲った。

(큰 폭풍우가 마을을 덮쳤다.)

⇨ ねこがねずみを襲おうとして、ねらっている。

(고양이가 쥐를 덮치려고 노리고 있다.)

cf) 「~に襲われて」형 : (도둑, 질병 등 좋지 않은 일을 겪는다는 뜻)

~를 맞아, ~를 겪어.

⇨ 山田さんはきのう泥棒(どろぼう)に襲われてお金をすっかり取られてしまった。

(야마다 씨는 어제 도둑을 맞아 돈을 몽땅 잃어 버렸다.)

⇨ 忙しさにかまけて、自分の虫歯(むしば)を放置(ほうち)してしまった為に、大変な歯痛(はいた)におそわれていたのです。〔yp〕

(너무나 바빠 자기의 충치를 그대로 방치하였기 때문에 치통을 심하게 겪게 되었습니다.)

12) 命(いのち)の限(かぎ)り : 목숨이 있는 한, 목숨을 다해.

⇨ 命の限りを尽(つ)くして彼女を助(たす)けます。

(목숨을 다해 그녀를 돕겠습니다.)

⇨ 船が岩にぶつかって沈(しず)んだので、命の限り泳(およ)ぎました。

(배가 바위에 부딪혀 가라앉아 목숨을 다해 헤엄쳤습니다.)

⇨ 命の限り戦(たたか)ったが、ついに負(ま)けてしまった。

(목숨을 다해 싸웠으나 마침내 지고 말았다.)

cf) ~に尽(つ)きる : ~밖에 없다, 제일이다, 그만이다

[~に限(かぎ)る、「~が尽(つ)きる」의 형도 가끔 사용됨]

⇨ うれしいの一言(ひとこと)に尽きる。

(기쁘다는 한 마디밖에 없다.)

⇨ 男冥利(おとこみょうり)に尽きる。(=その立場にいる者として、これ以上の幸せはないと思う)

(남자로 태어나서 더없는 복이다.)

⇨ 命(いのち)に尽きる : 생명을 다하다 (=命以外のものはない、すべてが命である)

⇨ 命が尽きた後も、ずっとずっと愛し続けよう。〔yp, 소설〕

(생명이 다한 후에도 계속 사랑할 거야)

13) もはや : 벌써(= もう), 이미(= すでに), 이젠(= 今となっては).

⇨ もはや十年の歳月(さいげつ)が過ぎた。

(벌써 십 년의 세월이 지났다.)

⇨ 私が学校に着いたときには、もはや授業は始まっていた。

(내가 학교에 도착했을 때는 이미 수업이 시작되고 있었다.)

⇨ このことは、あなたももはやご承知(しょうち)だと思いますが。

(이 일은 당신도 이젠 알고 계시리라 생각합니다만.)

14) 間(ま)もない : 얼마 되지 않다.

⇨ 生(う)まれて間もない赤ちゃんは、まだ目が見えません。〔スーパー〕

(태어나서 얼마 되지 않는 갓난아이는 아직 눈이 보이지 않습니다.)

cf) 間(ま)もなく : 얼마 안 되어, 즉시, 곧. 이윽고.

⇨ 間もなく春がやってくる。

(얼마 안 있어 봄이 온다.)

⇨ 携帯(けいたい)電話台数(だいすう)、まもなく固定(こてい)電話を超(こ)える見込み。〔yp〕

(휴대전화 대수, 얼마 있지 않아 고정전화를 넘을 예상.)

⇨ 世界の携帯電話ユーザ数、まもなく10億人突破(とっぱ)。〔yp〕

(세계의 휴대전화 사용자수, 곧 10억 명 돌파.)

⇨ 間もなく電車がきます。

(곧 전차가 들어옵니다)

15) 計(はか)り知(し)れない : 헤아릴 수 없는.

⇨ 彼は科学に計り知れない貢献(こうけん)をした。

(그는 과학에 헤아릴 수 없는 공헌을 했다.)

⇨ 立派な人かどうかをその人の職業(しょくぎょう)で計り知れないことだ。

(훌륭한 사람인지 어떤지를 그 사람의 직업으로 알 수 없다.)

⇨ 計り知れない仕事(しごと)を彼は一人でもとんとんとうまくいって拍子(ひょうし)に出世(しゅっせ)する。
(헤아릴 수 없는 많은 일을 그는 혼자서도 척척 잘해나가 순탄하게 출세한다.)

16) **生(う)みの親(おや) : 모태, 친부모.**

⇨ 故郷(ふるさと)は第二の生みの親だという。
(고향은 제2의 모태라 한다.)

⇨ 生みの親より育(そだ)ての親の恩恵(おんけい)がいっそうありがとうございます。
(낳아준 부모보다 길러준 양부모의 은혜가 더욱더 고맙습니다.)

17) **見出(みだ)し : 표제(= headline), 표제어, 색인.**

⇨ 新聞の見出し。
(신문의 표제.)

⇨ 人の目を引くような見出し。
(사람의 눈을 끄는 표제어.)

⇨ 見出しまで無料で閲覧(えつらん)可能。〔yp〕
(표제어까지 무료로 열람가능 .)

⇨ 見出しを付ける。
(색인을 붙이다.)

18) **ひいては : (한층 더) 나아가서는. 〔=ある事だけにとどまらず、さらに進んで。 それが原因となって､その結果〕**

⇨ 自分のため、ひいては国のためにもなる。
(자신을 위하고 나아가서는 국가를 위하는 것도 된다.)

⇨ スポーツをすると体をきたえるだけでなく、 ひいては明(あか)るく正(ただ)しい心を養(やしな)う。

(스포츠를 하면 몸을 단련할 뿐만 아니라, 나아가서는 밝고 올바른 마음을 기르게 된다.)

19) 手がかり : 실마리, 단서, 손으로 잡은 물건.

⇨ 事件(じけん)のなぞをとく手がかりが見つかった。

(사건의 수수께끼를 푸는 실마리가 발견되었다.)

⇨ 警察(けいさつ)は手がかりをたどりながら調(しら)べている。

(경찰은 단서를 더듬으며 조사하고 있다.)

⇨ 高いへいには手がかりになるものがなにもなかった。

(높은 담에는 손잡이가 될 만한 것이 아무 것도 없었다.)

20) さしづめ : 당장(いまのところ), 결국, 필경, 우선. (= さしずめ)

⇨ さしづめ生活には困らない。

(당장 생활에는 곤란하지 않다.)

⇨ 適任者(てきにんしゃ)としてはさしづめ彼ぐらいしかいないのではないか。

(적임자로서는 결국 그 사람 정도밖에 없지 않은가?)

⇨ 独特の匂(にお)いのある大豆(だいず)のしぼり汁(じる)に苦汁(にがり)を加え出来上がる豆腐(とうふ)、さしづめ理科の実験のようだ。〔yp〕

(독특한 냄새가 나는 대두즙에 간수를 가미하여 완성되는 두부, 필경 이과 과목에서 하는 실험 같다.)

21) 築(きず)く : 쌓다, 구축하다.

⇨ 学問の基礎(きそ)を築く。

(학문의 기초를 쌓는다.)

⇨ 山田さんは自分ひとりの力で、あれだけの財産(ざいさん)を築いた。

(야마다 씨는 자기 혼자 힘으로 그만한 재산을 모았다.)

⇨ 結婚した二人は、これから新しい生活を築いて行こうとしている。

(결혼한 두 사람은 이제부터 새로운 생활을 쌓아가려 하고 있다.)

⇨ 新時代を築く教育機関。〔yp〕

(신시대를 구축하는 교육기관.)

⇨ 子どもが健(すこ)やかに育つ社会を築く。〔yp〕

(어린이가 건강하게 자라는 사회를 구축한다.)

22) 少(すく)なからぬ：(連体) 적지 않은.

⇨ 少なからぬお世話(せわ)になりました。

(적지 않은 신세를 졌습니다.)

⇨ 新空港建設に少なからぬ金が費(つい)やされた。

(신 공항 건설에 적지 않은 돈이 쓰였다.)

⇨ 畳(たたみ)には少なからぬダニなどの虫が生息(せいそく)している。

(다다미에는 적지 않은 진드기 등의 벌레가 생식하고 있다.)

cf) 少(すく)なからず：(副) 매우, 몹시, 적잖이, 많이.(たくさん, はなはだ)

⇨ その知(し)らせに私たちは少なからず驚(おどろ)いた。

(그 소식에 우리들은 매우 놀랐다.)

⇨ 世(よ)の中には「よく分からない」と評(ひょう)される映画が少なからずある。

(세상에는「잘 이해가 되지 않는다」고 평가되는 영화가 많이 있다.)

23) 内(うち)に外(そと)に : 안팎으로.

⇨ 内に外に混乱(こんらん)な情勢(じょうせい)が続いている。
(안팎으로 혼란한 정세가 계속되고 있다.)

⇨ 上田市長が率(ひき)いる新しい札幌市政(さっぽろしせい)が始動(しどう)した。民間出身という手腕(しゅわん)に期待が集まるが、内に外に課題は山積(さんせき)している。
(우에다 시장이 거느리는 새로운 삿포로 시정이 시작되었다. 민간출신이라는 수완으로 기대가 모아지지만 내외적으로 과제는 산적하고 있다.)

24) 身(み)を立(た)てる : 입신출세하다. 〔ひとかどの者になる、立身出世(りっしんしゅっせ)する〕

⇨ 学問で身を立てるのはむずかしい。
(학문으로 입신출세하는 것은 어렵다.)

⇨ 上役(うわやく)に付(つ)け入(い)って身を立てる。
(상사에게 잘 붙어서 출세하다.)

25) 決意(けつい)がつく : 결심이 서다.

⇨ 日本の大学に進学(しんがく)する決意がついた。
(일본의 대학에 진학할 결심이 섰다.)

⇨ 禁煙(きんえん)をしたり、酒を断(ことわ)ったり、それまでなかなかやめられなかった生活習慣を改(あらた)める決意がつく人が多いようです。〔yp〕
(금연, 금주하여 좀처럼 끊을 수 없었던 생활습관을 고치려는 결심을 세우는 사람이 많은 것 같습니다.)

26) 兼(か)ねる : 겸하다, ~기 어렵다 (「V의 用+かねる」).

⇨ 首相(しゅしょう)が外相(がいしょう)を兼ねる。

(수상이 외상을 겸하다.)

⇨ 台所(だいどころ)は食堂(しょくどう)を兼ねている。

(부엌은 식당을 겸하고 있다.)

⇨ 毎晩寝(ね)るのがおそいので、朝六時にはちょっと起きかねます。

(매일 밤 자는 것이 늦어 아침 6시에는 좀 일어나기 어렵습니다.)

⇨ 今度の旅行に行こうか行くまいかと決めかねている。

(이번 여행에 갈까 말까 하고 결정하지 못하고 있다.)

27) 耐(た)える : 참다, 견디다, ~할 수 있다, ~할 만하다.

〔= 我慢(がまん)する, もちこたえる, ~に値(あたい)する〕

⇨ あの人は困難(こんなん)に耐えてついに研究を完成させた。

(저 사람은 어려움을 참고 마침내 연구를 완성시켰다.)

⇨ 手術(しゅじゅつ)の後は耐えられないほどの苦しさが三日も続いた。

(수술한 후에는 참을 수 없을 만큼의 통증이 3일이나 계속되었다.)

⇨ この建物はどんなに大きい地震(じしん)にも耐えることができる。

(이 건물은 아무리 큰 지진에도 견딜 수 있다.)

⇨ 機械(きかい)はみんな古くなったもので、使用に耐えるものは少ししかない。

(기계는 모두 낡아빠진 것으로, 사용할 수 있는 것은 조금밖에 없다.)

⇨ これは全くつまらない。読むに耐えない本です。

(이것은 정말 시시하다. 읽을 가치가 없는 책이다.)

[4—2]

본문

旅立ち 雪の降り積むボストンで一冬を過ごしたヘボン夫妻は、一八四一年三月、小さな帆船ポトマック号上の人となり、初[1]の東洋医療伝道の旅に出た。この船旅で早くも第一、第二の試練に出会う。クララが男子を早産、しかも死産だった。赤道付近で水葬に付している。[2] シンガポール滞在二年の間には、生まれたばかりの長男を失っている。次いで、[3] アメリカと開港条約を締結してまもない中国に赴き、[4] 夫妻は厦門[5]で施療所を営みながら[6]中国語の研究を続け、次男サミュエルの誕生を迎えた。ようやく安定を得たかに見えたが、このころ流行していたマラリア熱に冒され、[7] 夫人の健康はすぐれず[8]ついに[9]志なかば[10]にして夫妻は帰国せざるをえなかった。[11] ボストンの港を出てから五年。博士は三十歳を迎えていた。

ニューヨークに戻ったヘボン博士は市内四十二番街に医院を開業した。当初は小さな診療所にすぎなかったが、たちまち名医の評判が立って、ニューヨークでも一、二を争う大病院に発展した。収入もそれに応じて増したから一家の生活はたちまちのうちに[12]豪勢なそれへとのし上がった。[13] 市内に広大な邸宅を、郊外には三つの別荘を持つようになったのである。

繁栄するニューヨークの、その中にあって、富と名声と地位を確立しながらも、博士はそうした世俗的な幸福だけでは満たされなかったのであろう、[14] 若い日に定めた生涯の“仕事”も忘れてはいなかった。

一八五九年、駐日初代総領事ハリスの報告によって、日本が開国したと聞くと、 ヘボン博士はすぐに日本で宣教活動をしようと決意している。十三年間、繁盛をきわめた[15]病院を売却し、邸宅も別荘も売ってしまった。この金はやがて上海の銀行に預金されて、日本における[16]博士の事業につぎ込まれることになる。[17]

日本に居を定めて ヘボン夫妻が神奈川に上陸したのは安政六年(一八五九年)十月、神奈川が開港されて三か月後のことである。神奈川の成仏寺[18]の本堂を借りて住みなしたが、なにぶんにも[19]パンがない。バターも牛乳も牛肉もない生活であったろうから、神の僕とはいい条、[20] ニューヨークの豪勢な世俗的幸福をときには思い起こすこともあったのではないだろうか。 もっとも[21]長年にわたってヘボン博士の研究を続けている高谷道男氏によれば、 ヘボンは成仏寺の広い庭を菜園にしてレタスやサラダ菜を作っていたというし、ヘボンの書簡にも、「船長や領事から牛肉や羊肉や子牛の肉が届けられ、 殻をとった良質のカキを市場から買入れることができます」 とある。ヘボン式和洋折衷の生活が着々と進んでいたようである。

やや遅れて来日したS·R·ブラウン、 ジェームズ·バラ夫妻、 さらにはゴーブル一家もこの成仏寺の境内に住んで宣教の準備にかかった。 ヘボンとブラウンとはすでにシンガポール時代からの友人であり、ともに中国語には堪能であったから、[23] 日本語の進歩はめざましかった。[24] ただ、この宣教師館ともいうべき成仏寺には刺客やスパイがたえず忍んでいたので、[25] 日本語の教師を見つけることは容易ではなかった。それでも英語を学んで西洋の知識を得たいという蘭医[26]が役人を刺激しないように変装して寺を訪れ、雇人として住み込んだりするので、こういった学識ある日本人を教師にして、ヘボンは日本語の研鑽につとめた。

辞書の編さんは急務であった。日本語の辞書を調べ、単語や熟語を収集し、分類定義する。同時に日本の書物を読んで新しい知識に基づいて[27]訂正や補足をする。 この仕事は施療事業のかたわら、[28] たゆまず[29]続けられた。

朝五時に起きてランプをともし、七時まで辞書の仕事。一時間ばかり運動して、八時に朝食。午前中は堀割を隔てた[30]崖下の宗興寺に行って診療と投薬にあたる。 午後はまた二時ごろから辞書の仕事をはじめて五時前後に筆をおく。 暑いときも寒いときも、博士の日課は変わらなかった。神奈川・横浜の近在[31]はもとより[32]江戸からも患者がやって来て、毎日、二、三十人、多い日は七、八十人にのぼる。開国後も幕府はキリスト教の伝道を許していなかったから、 ヘボンはこの無料診療所によって伝道以前の地道な[33]基礎づくりを心がけたのである。[33] 階層を問わず、上は御老中やアメリカの公使ハリスさまから、下は港の漁民、果ては[34]行きずり[35]の貧者にまで差別なく、卓越した医術を施す博士の慈愛に満ちた姿に接した人々は、 その信仰に深い関心を寄せる[36]ことになったのである。この活動はほかならぬ[37]“医療伝道”であった。

한자의 読み方

旅立(たびだ)ち : 여행을 떠남
一冬(ひとふゆ) : 그해의 겨울
船旅(ふなたび) : 선박여행
早産(そうざん) : 조산
赤道(せきどう) : 적도
水葬(すいそう) : 수장
長男(ちょうなん) : 장남
条約(じょうやく) : 조약
迎(むか)える : 맞다, 맞이하다
健康(けんこう) : 건강
番街(ばんがい) : 번가
当初(とうしょ) : 당초
評判(ひょうばん) : 평판
大病院(だいびょういん) : 큰 병원
増(ま)す : 많아지다
豪勢(ごうせい) : 호화판
邸宅(ていたく) : 저택
別荘(べっそう) : 별장
富(とみ) : 재산, 재화
確立(かくりつ) : 확립
幸福(こうふく) : 행복
駐日(ちゅうにち) : 주일
総領事(そうりょうじ) : 총영사
繁盛(はんじょう) : 번성
預金(よきん) : 예금
上陸(じょうりく) : 상륙
本堂(ほんどう) : 본당
僕(しもべ) : 남자 종, 하인
長年(ながねん) : 오랜 세월
菜園(さいえん) : 채소밭
書簡(しょかん) : 편지

積(つ)む : 쌓다
帆船(はんせん) : 범선, 돛단배
試練(しれん) : 시련
死産(しざん) : 사산
付近(ふきん) : 부근
滞在(たいざい) : 체재, 체류
失(うしな)う : 잃다
締結(ていけつ) : 체결
流行(りゅうこう) : 유행
帰国(きこく) : 귀국
開業(かいぎょう) : 개업
名医(めいい) : 명의
争(あらそ)う : 다투다
収入(しゅうにゅう) : 수입
一家(いっか) : 일가
広大(こうだい)だ : 광대하다
郊外(こうがい) : 교외
繁栄(はんえい) : 번영
名声(めいせい) : 명성
世俗的(せぞくてき) : 세속적
定(さだ)める : 결정하다
初代(しょだい) : 초대, 제1대
報告(ほうこく) : 보고
売却(ばいきゃく) : 매각
居(きょ) : 사는 집
安政(あんせい) : 연호(1854~1860)
牛肉(ぎゅうにく) : 쇠고기
思(おも)い起(お)こす : 생각해 내다
研究(けんきゅう) : 연구
サラダ菜(な) : 사라다에 쓰이는 야채
船長(せんちょう) : 선장

羊肉(ようにく)：양고기
殻(から)：껍질
買入(かいい)れる ：매입하다
着々(ちゃくちゃく)と ：착착, 척척
境内(けいだい)：경내
進歩(しんぽ)：진보
刺客(しかく)：자객
刺激(しげき)：자극
訪(おとず)れる ：방문하다
学識(がくしき)：학식
急務(きゅうむ)：급무
調(しら)べる ：조사하다
収集(しゅうしゅう)：수집
定義(ていぎ)：정의
知識(ちしき)：지식
補足(ほそく)：보충
掘割(ほりわり)：수로(땅을 파서 만든)
投薬(とうやく)：투약
日課(にっか)：일과
階層(かいそう)：계층
以前(いぜん)：이전
御老中(ごろうじゅう)：정무총괄
公使(こうし)：공사
漁民(ぎょみん)：어민
差別(さべつ)：차별
医術(いじゅつ)：의술
慈愛(じあい)：자애
寄(よ)せる ：마음을 두다

子牛(こうし)：송아지
良質(りょうしつ)：양질
折衷(せっちゅう)：절충
来日(らいにち)：일본에 옴
雇人(やといにん)：고용인
宣教師館(せんきょうしかん)：선교사관
役人(やくにん)：관리, 공무원
変装(へんそう)：변장
住(す)み込(こ)む ：먹고 자며 일하다
研鑽(けんさん)：연찬
辞書(じしょ)：사전
熟語(じゅくご)：숙어
分類(ぶんるい)：분류
書物(しょもつ)：서적
訂正(ていせい)：개정
朝食(ちょうしょく)：아침밥
崖下(がけした)：절벽
筆(ふで)：붓
患者(かんじゃ)：환자
幕府(ばくふ)：막부
基礎(きそ)：기초
(에도시대의 직명)
港(みなと)：항구
貧者(ひんじゃ)：빈자, 가난한 사람
卓越(たくえつ)：탁월
施(ほどこ)す ：베풀다
信仰(しんこう)：신앙

주해

1) 初(はつ) : 처음, 최초, 정월, 신춘.

⇨ お初にお目にかかる。(처음 뵙다)

⇨ 初の記者会見。(최초의 기자회견)

⇨ 新首相(しんしゅしょう)の初の演説(えんせつ)。
(신임수상의 최초 연설)

⇨ 初公判(はつこうはん)。(첫 공판)

⇨ 初雪(はつゆき)。(첫눈)

⇨ 初恋(はつこい)。(첫사랑)

⇨ 初日(はつひ)の出(で)。(새해 첫 해돋이)

⇨ 初姿(はつすがた)。(설빔차림)

⇨ 初場所(はつばしょ)。(매년 정월의 씨름대회)

2) 付(ふ)する : (「~に」 형으로) 그렇게 처리하다, 붙이다, 회부하다

⇨ 今日の会議に付した事件。
(오늘 회의에 부쳐진 사건.)

⇨ 誰も責任をとらず、 不問(ふもん)に付されるというのは絶対におかしい。
(누구도 책임지지 않고 불문에 부쳐진다고 하는 것은, 너무 이상하다.)

⇨ 分科委員会(ぶんかいいんかい)に付する。
(분과위원회에 회부하다.)

3) 次(つ)いで : 연이어, 잇따라서, 계속하여(= つづいて).

⇨ 東京の地下鉄の中で毒(どく)ガスの事件が次いで起こった。
(동경의 지하철 안에서 독가스 사건이 연이어 일어났다.)

⇨ 校長のあいさつがあり、次いで来賓(らいひん)の祝辞(しゅくじ)があった。
(교장의 인사가 있고 다음에 내빈의 축사가 있었다.)

4) 赴(おもむ)く ：(피할 수 없는 일 등으로 어딘 가로) 향하여 가다, 부임하다, (어떠한 상태로) 향하다.
〔=ある場所 ・ 目標 ・ 状態に向かって行く〕

⇨ 私たちが好きだった先生がふたたび赴いてきたのでみんなうれしかった。
(우리들이 좋아했던 선생님이 다시 부임해 왔기 때문에 모두들 기뻐했다.)

⇨ 病気(びょうき)も快方(かいほう)に赴く。
(병도 차차 나아진다.)

5) 廈門(アモイ)

자료해설

アモイは福建省(ふっけんしょう)の東南部(とうなんぶ)に位置する港湾(こうわん)都市。国内でも有名な海港風景(かいこうふうけい)都市として知られている。総面積(そうめんせき)は1.565KM²、人口は126.6万人が生活している。アモイは天然(てんねん)の良港(りょうこう)である。アモイ港(こう)とともに発展(はってん)してきた。港(みなと)の周りにある島が自然に防波堤(ぼうはてい)となり、水深(すいしん)12M以上あるため中国南部最高(さいこう)の貿易港(ぼうえきこう)となった。気候(きこう)は亜熱帯性(あねったいせい)気候に属(ぞく)し、年間平均気温(へいきんきおん)は20.9と1年を通(つう)じて過ごしやすい。1984年にはアモイ全島(ぜんとう)が経済特区(とっく)となり、華僑資本(かきょうしほん)を中心とした外資(がいし)が多数(たすう)進出(しんしゅつ)し、 日本企業(きぎょう)も多い。アモイは交通が便利である。アモイに国際線で往復(おうふく)する場合、アモイ空港で5日間(いつかかん)有効(ゆうこう)の一次観光(いちじかんこう)ビザを取得(しゅとく)することができる。そして、アモイからの列車(れっしゃ)はすべて始発(しはつ)となるので切符は購入(こうにゅう)しやすい。 それに、長距離(ちょうきょり)バスもあるし、香港(ほんこん)ーアモイ間(かん)の船もある。〔yp〕

⇨ 아모이 는, 중국복건성 동남부에 위치하는 항만도시. 국내에서도 유명한 바다 항구 풍경 도시로 알려져 있다. 총면적은 1.565㎢, 인구는 126.6만 명이 살고 있다. 아모이는 천연적으로 좋은 항구이다. 아모이 항구와 같이 발전해 왔다. 항구주위에 있는 섬이 자연적으로 방파제로 되어있고, 수심이 12m 이상

되기 때문에 중국 남부 최고의 무역항이 되었다. 기후는 아열대성기후에 속하고 연평균 온도는 20.9도로 1년을 통틀어 지내기 쉽다. 1984년에는 아모이 전체 섬이 경제특구가 되었으며, 화교자본을 중심으로 한 외자가 많이 진출하고 있으며 일본기업도 많다. 아모이 는 교통이 편리하다. 아모이로 국제선으로 왕복하는 경우, 아모이공항에서 5일간 유효한 1차 관광 비자를 취득할 수 있다. 그리고 아모이에서 출발하는 열차는 모두 출발역이기 때문에 차표는 구하기 쉽다. 게다가 장거리 버스도 있으며 홍콩—아모이간의 배도 있다.

6) 営(いとな)む : 경영하다, 영위하다, 집을 짓고 살다.

⇨ 料理店(りょうりてん)を営む。
(요리점을 경영하다.)
⇨ 家業(かぎょう)を営む。
(가업을 영위하다.)
⇨ 大きな事業(じぎょう)を営むためには資金(しきん)が要(い)る。
(큰 사업을 운영하기 위해서는 자금이 필요하다.)
⇨ 大邸宅(たいていたく)を営む。
(큰 저택을 짓고 살다.)

7) 冒(おか)す : (위험을 무릅쓰고 과감히 목적한 일을) 하려고 하다, 무릅쓰다. 해를 끼치다, 병에 걸리게 하다. (종교·도덕을) 더럽히다, 모독하다.

⇨ あらしを冒して進(すす)む。
(폭풍우를 무릅쓰고 나아가다.)
⇨ 彼は胃(い)に癌(がん)に冒されていた。
(그는 위암에 걸렸다.)
⇨ 神聖(しんせい)を冒して他人(たにん)の名前を詐称(さしょう)する。
(신성을 모독하고 남의 이름을 사칭하다.)

8) 優(すぐ)れる : 훌륭하다, 뛰어나다, 기분이 좋다, 몸의 상태가 좋다.

⇨ 優れた인물。(훌륭한 인물)

⇨ チンペンジーは他の動物より知能(ちのう)が優れている。

(침팬지는 다른 동물보다 지능이 뛰어난다.)

⇨ きのうは熱があって、一日じゅう気分が優れなかった。

(어제는 열이 나서 하루 종일 기분이 좋지 않았다.)

⇨ 顔色が優れませんが、どこか悪いのですか。

(얼굴빛이 좋지 않은데 어딘가 좋지 않습니까?)

⇨ 健康(けんこう)が優れない。

(건강이 좋지 못하다.)

9) 遂(つい)に : 결국, 드디어, 끝내 ~않았다 (부정형 동반).

⇨ 長い夏休もついに終わってしまった。

(긴 여름방학도 결국 끝나고 말았다.)

⇨ 何度も失敗したが、ついに成功した。

(몇 번이고 실패했으나 드디어 성공했다.)

⇨ あんなに丈夫(じょうぶ)だった彼も病気にはついに勝(か)てなかった。

(그렇게 튼튼했던 그도 병에는 끝내 이기지 못하였다.)

⇨ あの人は一生(いっしょう)ついに結婚しなかった。

(저 사람은 평생 동안 끝내 결혼하지 않았다.)

10) 半(なか)ば : 절반, 반(정도), 복판, 중앙, 중간, 중도.

⇨ 集まった人の半ばは子供だった。

(모인 사람의 절반은 어린이였다.)

⇨ 橋の半ばにたっている。

(다리 복판에 서있다.)

⇨ 十月の半ば帰ってくるでしょう。

(10월 중순쯤에 돌아올 거예요.)

⇨ 彼は父親が急死(きゅうし)したため、学業(がくぎょう)半ばで高校をやめて働(はたら)かざるをえなくなった。〔現代〕
(그는 아버지가 갑자기 돌아가셨기 때문에 학업도중에 고교를 그만두고 일하지 않을 수 없게 되었다.)

⇨ お話の半ばで席を立ったりして失礼しました。
(얘기하는 도중에 자리를 뜨고 해서 실례했습니다.)

11) ~ざるをえない : ~지 않을 수 없다. (= ~ないわけにはいかない)

⇨ 私としてはその場合(ばあい)そうせざるをえなかったのです。
(나로서는 그런 경우 그렇게 하지 않을 수 없었어요.)

12) たちまち : (대단히 짧은 시간 내에) 금세, 순식간에.
(「~に」「~のうちに」의 형으로도 사용)

⇨ 音楽会の切符はたちまち売り切れてしまった。
(음악회 입장권은 금세 매진되어 버렸다.)

⇨ 長い間かかって作った料理を子どもたちはたちまちに食べてしまった。
(오래 걸려 만든 요리를 아이들은 순식간에 먹어 버렸다.)

⇨ いっしょうけんめいに勉強をするとたちまちのうちにたくさん時間がたちました。
(열심히 공부를 하자 순식간에 많은 시간이 지났습니다.)

13) 伸(の)し上(あ)がる : 뻗어 오르다, 두드러지게 (지위 등이) 높아지다, (남의 약점을 잡아) 제멋대로 굴다.

⇨ 彼は会長の権力(けんりょく)をバックにして会社の重役(じゅうやく)にのしあがった。
(그는 회장권력을 배경으로 회사의 중역으로 올라섰다.)

⇨ 彼はこのごろのしあがってきて実に生意気(なまいき)だ。
(그 친구 요즘 거들먹거리는 폼이 참으로 건방지다.)

14) 満(み)たす : 채우다, 만족시키다.(= いっぱいにする, まんぞくさせる)

⇨ 杯(はい)に酒を満たす。〔広〕
(술잔에 술을 채우다.)
⇨ 欲望(よくぼう)を満たす。
(욕망을 채우다.)
⇨ 条件(じょうけん)を満たす。
(조건을 충족시키다.)

15) 極(きわ)める : 끝까지 가다, 한도에 이르다, 몹시 ~하다.

⇨ 山頂(さんちょう)を極める。
(산꼭대기에 다다르다.)
⇨ ぜいたくを極める。
(사치를 심하게 하다.)
⇨ 困難を極めた捜索(そうさく)。
(가장 곤란했던 수색.)
⇨ 惨状(さんじょう)を極める。
(더 없는 참상을 보이다.)
⇨ 口を極めてほめる。
(입에 침이 마르도록 칭찬하다.)

16) ~に於(おけ)る : ~에 있어서의, ~에서의, ~에 대한 관계.

⇨ 韓国における四季の変化は、他の国々には見られないものである。
(한국에 있어서 사계절의 변화는 다른 나라들에서는 볼 수 없는 것이다.)
⇨ 日本語における彼の才能(さいのう)は、実に素晴(すばら)しいものだ。
(일본어에 있어서 그의 재능은 정말로 뛰어난다.)

⇨ 読書(どくしょ)の精神(せいしん)<u>における</u>は、食物の身体(しんたい)<u>における</u>が如(ごと)し。
(독서의 정신에 대한 관계는 음식물의 신체에 대한 관계와도 같다.)

17) 注(つ)ぎ込(こ)む : 부어넣다, 주입하다, (비용을) 들이다, 쏟아 넣다, (정신이나 정력을) 쏟다.

⇨ ごみばこにしょうゆとしおをつづけて<u>つぎこん</u>でいた。
(휴지통에 간장과 소금을 계속 부어넣고 있었다.)

⇨ 全財産(ぜんざいさん)を社会事業(しゃかいじぎょう)に<u>つぎこん</u>だ。
(전 재산을 사회사업에 쏟아 넣었다.)

⇨ 仕事に全精力(ぜんせいりょく)を<u>つぎこん</u>だ。
(일에 모든 정력을 쏟았다.)

18) 成仏寺(じょうぶつじ)

자료해설1

鎌倉時代(かまくらじだい)の創建(そうけん)。慶運寺(けいうんじ)から京浜急行(けいひんきゅうこう)をはさんで反対側(はんたいがわ)京浜急行から線路沿(せんろぞ)いに見える。もと神奈川本陣(ほんじん)近くにあったが、三代将軍(さんだいしょうぐん)徳川家光(とくがわいえみつ)が上洛(じょうらく)する際(さい)の宿泊所(しゅくはくじょ)を建(た)てるため現在地(げんざいち)に移動(いどう)した。 横浜開港当時(かいこうとうじ)、アメリカ人宣教師(せんきょうし)の宿舎(しゅくしゃ)。プロテスタント宣教の始めヘボン博士は本堂(ほんどう)に住んだ。〔yp〕

⇨ 가마쿠라시대 창건. 게이운지 에서 게이힌 급행을 사이에 두고 반대 측 게이힌 급행에서 보면 선로 가에 보인다. 원래 가나가와 본진 가까이에 있었지만 3대 장군 도쿠가와 이에미츠 가 上京할 때 숙소를 짓기 위해 현재지로 이동했다. 요코하마 개항 당시 미국선교사의 숙소. 프로테스탄트 선교 초기 헤본 박사는 본당에 살았다.

자료해설2

この寺は、 開港(かいこう)の三カ月後に来日(らいにち)したアメリカ人宣教師(せんきょうし)で医師でもあったヘボンと、 聖書(せいしょ)や讃美歌(さんびか)の翻訳(ほんやく)に尽(つ)くしたブラウンが来日中(ちゅう)居住(いしゅう)した寺院(じいん)である。ヘボンは本堂に住み、ブラウンは庫裡(くり)に住んだといわれている。ヘボンが友人に宛(あ)てた手紙には、広い本堂(ほんどう)をふすまで仕切(しき)って部屋をつくり、 大変住みやすくなったことと、 本堂の前に広がる美しい庭が大変気に入っていることなどが書かれていたそうである。庭には、浦島太郎(うらしまたろう)が腰掛(こしか)けて泣いたという涙石(るいせき)がある。 門前(もんぜん)には「史跡(しせき)外国宣教師宿舎跡(せき)」と記(しる)された石柱(せきちゅう)が建てられている。〔yp〕

⇨ 이 절은, 개항 3개월 후에 일본에 온 미국인 선교사이며 의사이기도 했던 헤본과, 성서와 찬미가의 번역에 진력한 브라운이 일본에 있는 동안 거주했던 사원이다. 헤본은 본당에 머물렀고, 브라운은 거실에 살았다 한다. 헤본이 친구에게 보낸 편지에는, 넓은 본당을 이불로 가로질러 방을 마련하였는데 대단히 살기 편했다고 하는데, 본당 앞으로 쭉 뻗어있는 아름다운 정원이 매우 마음에 들었다고 쓰여 있다고 한다. 정원에는 우라시마타로 가 앉아서 울었다는 눈물의 돌이 있다. 대문 앞에는 「史跡外國宣教師宿舍跡」로 표시된 돌기둥이 세워져 있다.

19) 何分(なにぶん) : 얼마간, 다소, 부디, 아무래도.

⇨ 何分のきふをいたします。

(약간의 기부를 하렵니다.)

⇨ 何分の御援助(ごえんじょ)をおねがいします。

(얼마간의 원조를 부탁드립니다.)

⇨ 何分よろしくおねがいいたします。

(부디 잘 부탁드립니다.)

⇨ 何分若いので失敗も多い。

(아무래도 젊으니까 실패도 많다.)

20) ~とはいい条(じょう) : ~이라고 하지만.

⇨ 冬とはいい条まだ暖いです。

(겨울이라고 하지만 아직 따뜻합니다.)

⇨ 私の旧宅(きゅうたく)は今私の住んでいる所から、四、五丁(ちょう)奥の馬場下(ばばした)という町にあった。町とはいい条、その実(じつ)小さな宿場(しゅくば)としか思われない位であった。〔yp〕

(나의 옛날 집은 지금 살고 있는 곳에서 4, 5정거장 안쪽의 바바시타라는 마을에 있었다. 마을이라 하지만 실은 조그만 주막 정도밖에 되지 않는 집이었다.)

21) もっとも : ㊕ 그렇지만(= そうはいうものの), 하긴, 다만(= ただし).

⇨ 毎日5時まで会社に勤めています。もっとも土曜日は午前だけです。

(매일 5시까지 회사에서 근무하고 있습니다. 그렇지만 토요일은 오전뿐입니다.)

⇨ もっとも例外(れいがい)が無いわけではない。

(하긴 예외가 없는 것은 아니다.)

⇨ 僕は先に帰る。もっとも君が映画をおごってくれれば話は別(べつ)だが。

(나는 먼저 가겠다. 단, 너가 영화를 구경시켜 준다면 얘기는 다르지만,)

22) 堪能(たんのう)だ : (학예, 기술 등이) 뛰어나다, 능숙하다.

(= 上手だ, 「かんのうだ」의 관용음)

⇨ 私の友だちはおさない時から蹴球(しゅうきゅう))が他人より堪能で後で選手になった。

(내 친구는 어릴 때부터 축구가 남들보다 뛰어나서 후에 선수가 되었다.)

⇨ アメリカに8年間留学していたため、英語も堪能だ。〔yp〕

(미국에 8년간 유학했기 때문에 영어도 뛰어나다.)

⇨ 婦人は以前、教師をしていたらしく、海外生活も豊富(ほうふ)で、社長より英語も<u>堪能だ</u>ということだ。〔yp〕
(부인께서는 이전에 교사를 한 것 같고 해외생활도 풍부해서 사장님보다 영어도 잘한다고 한다.)

cf) 堪能する : 즐기다. (= 心ゆくまで樂しむ, enjoy), 충분히 만족하다.

⇨ 私たちは本場のフランス料理を<u>たんのうし</u>た。
(우리들은 본고장의 프랑스 요리를 즐겼다.)

⇨ ゆうべのローエングリンは歌手(かしゅ)、オーケストラ、美術すべてがすばらしく、十分に<u>たんのうし</u>た。
(엊저녁의 로엔그린 은 가수, 오케스트라, 미술 모든 것이 훌륭하여 아주 좋았다.)

23) 目覚(めざま)しい : 눈부시다, 놀랍다.

⇨ <u>めざましい</u>はたらきとともにめざましい事をした。
(눈부신 활약과 함께 놀라운 일을 했다.)

⇨ <u>めざましい</u>進歩(しんぽ)をとげた。
(놀라운 진보를 이루었다.)

24) 忍(しの)ぶ : 남의 눈에 띄지 않게 행동하다(= 人目をさける), 숨다(= かくす), 견디다, 참다(= がまんする).

⇨ どろぼうは庭の植(う)え込(こ)みに<u>忍んで</u>家人(かじん)が出かけるのを待っていた。〔スーパー〕
(도둑은 정원 숲 속에 숨어 집주인이 외출하는 것을 기다리고 있었다.)

⇨ 恥(はじ)を<u>忍ん</u>でご相談(そうだん)します。〔スーパー〕
(부끄러움을 참고 상담하겠습니다.)

⇨ どんなことも苦痛(くつう)をしのべばいい結果がきっとたずねる。
(어떠한 일도 고통을 참으면 좋은 결과가 꼭 찾아온다.)

25) 蘭医(らんい) : 江戸시대에 네덜란드 의학을 공부한 의사. (〈본문4—4〉 주해20의 「蘭学」을 참고 바람)

26) 基(もと)づく : 기초를 두다, 의거하다, 기인하다.

⇨ 成功(せいこう)は努力(どりょく)に基づく。
(성공은 노력에 의한다.)

⇨ 試験に基づいてはんだんする。
(시험에 의거해서 판단한다.)

⇨ 誤解(ごかい)に基づくけんか。
(오해 때문에 생긴 싸움.)

27) 傍(かたわら) : (N) 곁, 옆(= すぐそば), (副) ~함과 동시에, ~하는 한편 (= 何かをしながら, その一方).

⇨ 道のかたわらに花がたくさんさいている。
(길가에 꽃이 많이 피어있다.)

⇨ 母のかたわらで子供が遊んでいる。
(엄마 옆에서 아이가 놀고 있다.)

⇨ 親がかせぐかたわら子供が使ってしまう。
(부모가 버는 동시에 한편 자식이 써 버리다.)

⇨ 勉強するかたわらアルバイトをする。
(공부를 하는 한편 아르바이트를 한다.)

28) 弛(たゆ)む : 긴장이 풀어지다, 해이하다, 게으르다.

⇨ うまず<u>たゆま</u>ず勉強する。

(싫증내거나 게으름 부리지 않고 공부하다.)

⇨ 優勝(ゆうしょう)できたのは、一年間の<u>たゆま</u>ぬ練習の結果(けっか)だ。〔スーパー〕

(우승할 수 있었던 것은, 1년 동안 긴장을 놓지 않고 한 연습의 결과이다.)

29) 隔(へだ)てる : 사이를 두다, 가로막다, 멀리하다, 싫어하다.

⇨ 一軒(いっけん)<u>隔て</u>て道路を<u>隔て</u>てある。

(한 집 건너서 도로를 사이에 두고 있다.)

⇨ へいに<u>隔て</u>られて見えないでちょっと不便だ。

(담에 가로막혀 보이지 않아 조금 불편하다.)

⇨ 気にいらぬ人を<u>へだてる</u>。

(마음에 들지 않는 사람을 멀리하다.)

30) 近在(きんざい) : 도회지 가까이 있는 마을, 동네 (= 近くの村, 町)

⇨ <u>近在</u>から、野菜をうりに来る。

(가까운 마을에서 야채를 팔러온다.)

⇨ <u>近在</u>に起こった事件や近況(きんきょう)をお知らせします。ご意見等はメール送ってください。〔yp〕

(가까운 동네에서 일어난 사건이나 소식을 알립니다. 고견등을 메일 보내주세요.)

31) もとより : 처음부터(= 初めから), 원래(= ほんらい), 물론 (= もちろん), 말할 것도 없이(= いうまでもなく).

⇨ しかれることはもとより覚悟(かくご)していました。

(야단을 맞을 것은 처음부터 각오하고 있었습니다.)

⇨ これはもとよりわたしの望(のぞ)んでいたことでございます。

(이것은 원래 내가 바라고 있던 것입니다.)

⇨ わたしはもとより反対する気持ちはありません。

(나는 물론 반대할 생각은 없습니다.)

⇨ もとよりこれは極端(きょくたん)な例(れい)だ。

(물론 이것은 극단적인 예다.)

⇨ 学生はもとより勉学(べんがく)を第一に考えなければならない。

(학생은 말할 필요도 없이 면학을 제일로 생각하지 않으면 안 된다.)

32) 地道(じみち)だ : 착실하다(= まじめだ), 충실하다, 견실하다.

⇨ あの人はやっと小学校を卒業したが地道に暮(くら)している。

(저 사람은 겨우 초등학교를 졸업했지만 착실하게 살고 있다.)

⇨ 多くの偉大(いだい)な発見は、 単なる幸運(こううん)や偶然(ぐうぜん)ではなく、地道な研究の積(つ)み重(かさ)ねの結果なのです。〔現代〕

(많은 위대한 발견은, 단순한 행운이나 우연이 아니고 충실한 연구를 거듭한 결과입니다.)

33) 心掛(こころが)ける : 항상 주의하다, 명심하다.

⇨ 失礼のないよう心掛ける。

(실례되지 않도록 항상 주의하다.)

⇨ 手紙をもらったらすぐに返事(へんじ)を出すように心がけなさい。〔スーパー〕

(편지를 받으면 즉시 답장을 하도록 명심하세요.)

⇨ いつも正(ただ)しい姿勢(しせい)を保(たも)つように心がけるべきだ。
(항상 바른 자세를 유지하도록 명심해야 한다.)

34) 果(は)ては : 심지어.

⇨ 損害(そんがい)をかけたのみならず果ては中傷(ちゅうしょう)までした。
(손해를 끼친 것뿐만 아니라 심지어는 중상모략까지 했다.)

cf) 果(は)て : 끝, 종말, 영락한 상태, 말로(末路).

⇨ はてのない話。(끝없는 이야기)
⇨ 口論(こうろん)のはて、つかみあいとなった。
(언쟁 끝에 싸움이 되고 말았다.)
⇨ はての月(섣달), はての日(그믐날)
⇨ 宇宙(うちゅう)は果てがないように思える。
(우주는 끝없는 것 같이 생각된다.)
⇨ 私はヨーロッパを果てから果てまで旅行した。
(나는 유럽을 끝에서 끝가지 여행했다.)
⇨ 金持(かねもち)の成(な)れのはて。
(영락한 부호의 말로.)

35) 行(ゆ)きずり : (길을 가다가) 스침, 일시적.

⇨ 困(こま)っていたところを行きずりの人が親切にしてくれた。
〔スーパー〕
(어려움을 겪고 있는데 우연히 스쳐가는 사람이 친절하게 해 주었다.)
⇨ 彼女は行きずりの男に恋(こい)をした。〔スーパー〕
(그녀는 우연히 만난 남자와 사랑에 빠졌다.)

36) 寄(よ)せる : (마음을) 두다, 바싹 옆으로 대다, 보내다.

⇨ 彼は級友(きゅうゆう)の一人に思いを寄せている。

〔= 恋(こい)している〕

(그는 반 친구 중 한 명을 마음 두고 있다.)

⇨ 私たちは哀(あわ)れな難民(なんみん)に深い同情(どうじょう)を<u>寄せ</u>た。

(우리들은 불쌍한 난민에게 깊은 동정을 느꼈다.)

⇨ 私は車を道路の端(はし)に<u>寄せ</u>た。

(나는 차를 도로 옆으로 댔다.)

⇨ この番組(ばんぐみ)に対する皆さまのご感想(かんそう)をお<u>寄せ</u>ください。

(이 프로에 대한 여러분들의 감상을 보내주세요.)

37) ほかならぬ : 다름 아닌, 바로 ~이다, ~임에 틀림없다.

⇨ <u>ほかならぬ</u>きみのたのみだから、引き受けないわけにはいかない。

(다름 아닌 너(자네) 부탁이니 마다할 수는 없다.)

⇨ 全国大会の優勝(ゆうしょう)は努力の結果に<u>ほかならぬ</u>。

(전국대회의 우승은 노력의 결과임에 틀림없다.)

[4—3]

본문

博士はその辞書の中に日常の会話から多くの語彙を集めて収録したと言われるが、こうした医療の仕事を通じて、[1] あらゆる階層の日本人および[2]日本人の言葉に接することができたのである。

ヘボン博士が「和英語林集成」を出版するに当たって[3]助手をつとめることになった岸田吟香も、[4] 眼病の治療にはるばる[5]江戸からやって来た患者の一人である。吟香は博士の医術に感心もしたが、[6] その風格に[7]打たれた。ヘボンもまた、吟香が知識人であるのを感じとっていた。漢籍をはじめ、日・蘭・英人たちの書いた「日本文法書」や各種辞書で埋まった[8]書斎に吟香を招じ入れて、[9] 言語について語ることが多くなった。吟香の漢字と国文の知識、それに天与の文才はやがて「和英語林集成」の完成を助けることになる。

当時ヘボンは施療所を成仏寺[10]に近い宗興寺に設けていたが、文久二年(一八六二年)の生麦事件[11]を機に、幕府は街道筋の神奈川に外国人を居住させておくのは国防上問題があるとして横浜村への移転を通告してきた。横浜居留地三十九番にヘボンは住居を新築して施療所を移すことになる。

“絶対に必要な著作”が完成 慶応元年(一八六五年)、遂に二万語を収録する和英辞典を脱稿した。 このとき博士は長老ミッションの本部にこう書き送っている。「この辞書はわたし自身の労苦の結晶です。 わたしは日本人の土地から鉱脈を掘りあて、一生懸命にそれを掘り出したのです。その労苦がどれほどであったか、 十分に理解してくれる人があるかどうか疑問に思っています。 ほとんど七年間孜々として[12]編集していったのです。五回も日本語の教師を変えなければならなかったのです。 ですから不完全なのはやむをえません。[13] しかしそれにもかかわらず、わたしがなしえた[14]最上の宣教事業となることでありましょう。 絶対に必要な著作であって、 これなくしては聖書の飜訳は達成できません」『ヘボンの手紙』の編訳に当たった前述の高谷道男氏は、「これほど烈々たる[15]意気と真率な叫びを発したヘボンの文章を読んだことがない」と述べている。

当時、これほど本格的な辞書を印刷できる活版技術が日本にはなかったので、ヘボンは吟香を伴って上海に渡ることにした。出版にかかわる費用についてアメリカのミッション本部は、この事業は伝道に直接関係がないとして資金援助をことわっている。[16] ヘボンにはこの辞書が東西相互の文化の理解に資する[17]だけでなく、後々、[18] 日本語版の聖書の出版事業に役立てようとの意図があったのは、さきの手紙に明らかである。[19] しかし南北戦争の勃発以来、ミッションは経済的安定を失い、宣教師のなかには本国からの送金もままならぬ[20]状況におかれていた者もいたから、無理からぬ[21]ことであったのかもしれない。結局、横浜在住のアメリカ人商人、 ウォルシ·ホールが費用を全面的に援助した。七年間の労作はこうしてようやく日の目を見ることになる。[22)]

十月、ヘボン夫妻と吟香は上海に渡り、美華書館[23)]で印刷にかかった。校正その他印刷上の用務に吟香は惜しみなく[24)]力を注ぐが、[25)] この間のようすは吟香の「呉淞日記」[26)]に「日本の仮名、万葉仮名、カタカナ、ひらがな、いろは仮名、五体の版下を書く……」などとある。

上海滞在は約一年にわたるが、この間に当初, 和英辞典の計画だったのを英和の索引を巻末に付することにした。これは再版[27)]から第二部「英和の部」となって独立し、名実ともに和英·英和辞典の双方を兼ねることになるのである。ともかく、[28)] 慶応三年(一八六七年)五月に、「和英語林集成」は完成した。タイトルは岸田吟香の考案である。

初版一千部を携えて、[29)] ヘボンと吟香は横浜に帰って来た。一冊十五ドル、当時最高の辞書としてわが国の英学研究者にとってまさに"絶対に必要な著作"となったのである。明治五年(一八七二年)には奥野昌綱の助力を得て再版を、明治十九年(一八八六年)には高橋五郎が助手となり第三版を重ね、そのつど[30)]語彙をふやし、ローマ字を標準式に統一するなどして明治四十三年(一九一十年)までに九版を重ねたのである。初版はロンドンでも出版されているし、再版を親版にしてニューヨーク版が明治六年(一八七三年)に出ている。明治期を通じて和英辞典の王座を独占し、他の追随を許さなかった。[31)]

한자의 読み方

語彙(ごい) : 어휘
言葉(ことば) : 말
助手(じょしゅ) : 조수
治療(ちりょう) : 치료
打(う)たれる : 자극 받다
感(かん)じ取(と)る : 알아차리다
蘭(らん) : 和蘭 (オランダ), 네덜란드의 준말
英人(えいじん) : 영국인
各種(かくしゅ) : 각종
言語(げんご) : 언어
国文(こくぶん) : 국문
文才(ぶんさい) : 문재
当時(とうじ) : 당시
文久(ぶんきゅう) : 연호(1861~1864년)
街道筋(かいどうすじ) : 가도연변
居住(きょじゅう) : 거주
移転(いてん) : 이전
居留地(きょりゅうち) : 거류지
移(うつ)す : 옮기다, 이사하다
著作(ちょさく) : 저작, 저술
逐(つい)に: 드디어, 마침내
長老(ちょうろう) : 장로
労苦(ろうく) : 노고
土地(とち) : 토지, 땅, 지방, 고장
掘(ほ)り当(あ)てる: 파서 찾아내다
編集(へんしゅう) : 편집, 편찬
不完全(ふかんぜん) : 불완전
達成(たっせい) : 달성
意気(いき) : 의기, 성품, 천성
叫(さけ)ぶ: 외치다

通(つう)じる : 통하다
接(せっ)する : 접하다.
眼病(がんびょう) : 눈병, 안질
感心(かんしん) : 감탄
漢籍(かんせき) : 한문서적, 한서
文法書(ぶんぽうしょ) : 문법서
書斎(しょさい) : 서재
語(かた)る : 말하다
天与(てんよ) : 천부, 타고남
完成(かんせい) : 완성
設(もう)ける : 마련하다, 만들다
機(き)に : 기회로, 시기로
神奈川(かながわ) : 관동지방 서남부의 현
国防上(こくぼうしょう) : 국방상
通告(つうこく) : 통고, 통지
新築(しんちく) : 신축
絶対(ぜったい) : 절대
元年(がんねん) : 원년
脱稿(だっこう) : 탈고
本部(ほんぶ) : 본부
結晶(けっしょう) : 결정
鉱脈(こうみゃく) : 광맥
疑問(ぎもん) : 의문
変(か)える : 바꾸다, 옮기다
最上(さいじょう) : 최상
編訳(へんやく) : 편집번역
真率(しんそつ)だ : 진솔하다
発(はっ)する : 발하다, 나타나다

本格的 (ほんかくてき) : 본격적　　印刷(いんさつ) : 인쇄
活版技術 (かっぱんぎじゅつ): 활판기술　　直接関係 (ちょくせつかんけい) : 직접관계
資金援助 (しきんえんじょ) : 자금원조　　東西相互(とうざいそうご) : 동서상호
後々(のちのち) : 장래　　意図(いと) : 의도
南北戦争(なんぼくせんそう) : 남북전쟁　　勃発(ぼっぱつ) : 발발
安定(あんてい) : 안정　　本国(ほんごく) : 본국
送金(そうきん) : 송금　　状況(じょうきょう) : 상황
横浜在住(ヨコハマざいじゅう) : 요코하마 거주
商人(しょうにん) : 상인　　全面的(ぜんめんてき) : 전면적
労作(ろうさく) : 애써 만든 작품(=力作、りきさく)
書館(しょかん) : 서관, 서제보관　　校正(こうせい) : 교정
用務(ようむ) : 용무
万葉仮名(まんようがな) : 한자의 音訓을 빌어 일본어의 음을 적은 문자
五体(ごたい) : 다섯 가지　　滞在(たいざい) : 체재
計画(けいかく) : 계획　　当初(とうしょ) : 당초
索引 (さくいん) : 색인(= インデックス)　　巻末(かんまつ) : 권말
再版(さいはん) : 재판　　独立(どくりつ) : 독립
双方(そうほう) : 쌍방, 양쪽　　兼(か)ねる : 겸하다
考案(こうあん) : 고안　　助力(じょりょく) : 힘을 보탬
明治(めいじ) : 연호(1868~1912)　　重(かさ)ねる : 포개다, 거듭하다
標準式(ひょうじゅんしき) : 표준식　　統一(とういつ) : 통일
王座(おうざ) : 왕좌　　独占(どくせん) : 독점
追随(ついずい) : 추종

주해

1) 通(つう)じる : 통하다, 정통하다, 내통하다.

⇨ 町(まち)から村(むら)まで、バスが通じている。
(도시에서 시골까지 버스가 다니고 있다.)

⇨ 私はこの町に来たばかりなので、まだこの辺(へん)の地理(ちり)には通じていない。
(나는 이 도시에 막 왔기 때문에 아직 이 근방의 지리는 정통하지 않다.)

⇨ あの男は敵(てき)と通じていたスパイだった。
(저 남자는 적과 내통하고 있던 스파이였다.)

2) 及(およ)び : 및(= ならびに), 또(= また).

⇨ 国語, 社会および体育(たいいく)は必修(ひっしゅう)科目である。
(국어·사회 및 체육은 필수과목이다.)

⇨ 父としておよびひとりの男として。
(아버지로서 또한 한사람의 남자로서.)

3) ~に当(あ)たって : ~에 즈음하여, ~에 있어서.

⇨ 今度の事業を成功させるに当たっては多くの人々の協力(きょうりょく)が必要である。
(이번 사업을 성공시키는데 있어서 많은 사람들의 협력이 필요하다.)

4) 岸田 吟香(きしだ ぎんこう)(1833～1905)

자료해설

江戸から明治にかけての新聞人(じん)、実業家(じつぎょうか)。民間(みんかん)で発行(はっこう)された日本最初の邦字(ほうじ)新聞「海外新聞」を創刊(そうかん)。 また「横浜新報(しんぽう)·もしほ草(ぐさ)」を発行し、 原稿(げんこう)の執筆(しっぴつ)、 編集(へんしゅう)を行(おこな)った。その後(ご)、東京日日(にちにち)新聞社に入社(にゅうしゃ)し、記者、編集長として活躍(かつやく)。台湾事変(たいわんじへん)の際(さい)には、 日本最初の従軍(じゅうぐん)記者として現地(げんち)から報道(ほうどう)する一方、 海運会社(かいうんがいしゃ)や薬品販売会社(やくひんはんばいがいしゃ)「楽善堂(らくぜんどう)」を経営(けいえい)し、 中国大陸へ支店(してん)を設(もう)けるなど、 実業家としても活躍(かつやく)した。 楽善堂の目薬(めぐすり)「精綺水(せいきすい)」は有名であった。旭川(あさひかわ)ダムのほとりに記念碑が建てられている。画家、岸田劉生(りゅうせい)は吟香の四男。

⇨ 에도 부터 명치에 걸친 신문인, 실업가, 민간에서 발행되었던 일본 최초의 일본신문인「해외신문」을 창간, 또 「요코하마 신보 모시호구사」를 발행하고, 원고의 집필, 편집을 행했다. 그 후, 동경 일일신문사에 입사하고, 가자, 편집장으로 활약, 대만 사변 때에는 일본최초의 종군기자로 현지에서 보도하는 한편, 해운회사와 약품판매회사 「약선당」을 경영하고, 중국 대륙에 지점을 설치하는 등, 실업가로서도 활약했다. 약선당의 안약 「세이키 스이」는 유명했다. 아사히 카와 댐 근처에 기념비가 세워져있다. 화가, 키시다 류우세이 는 긴코 의 4남.

5) はるばる(と) : (멀리 떨어져 있는 모양) 아득히, 멀리.

⇨ 窓から<u>はるばると</u>山を見渡(みわた)すことができる。
(창문에서 아득히 산들을 내다볼 수가 있다.)

⇨ <u>はるばる</u>外国(がいこく)から訪(たず)ねて来ました。
(멀리 외국에서 찾아왔습니다.)

⇨ 勉強のために<u>はるばると</u>田舎(いなか)から上京(じょうきょう)した。
(공부하기 위해 멀리 시골에서 상경했다.)

6) 感心(かんしん)する : 감탄하다, 깜짝 놀랄 정도이다.

⇨ あの人ののんきなのには感心させられる。

(저 사람의 낙천적인 데에는 기가 막힌다.)

⇨ 怒(いか)るところでは正しく怒り、感心するところでは素直(すなお)に感心する。〔yp〕

(화를 내는 데에는 바르게 화내고, 감탄하는 데에는 솔직하게 감탄한다.)

7) 風格(ふうかく) : 풍채와 품격, 인품, 멋, 풍치(= あじわい、おもむき), 위엄.

⇨ 風格のりっぱな人。

(인품이 훌륭한 사람)

⇨ 風格のある字。

(멋이 있는 글자, 풍치있는 글자)

⇨ 風格ある歴史と文化の輝(かがや)くまちづくり。〔yp〕

(품격 있는 역사와 문화가 빛나는 도시 만들기.)

⇨ ライオンに王者(おうしゃ)の風格がある。〔スーパー〕

(사자에게는 왕자의 위엄이 있다.)

⇨ 貴乃花(たかのはな)は大横綱(おおよこづな)の風格が出てきた。〔スーパー〕

(다카노하나는 씨름판의 챔피언 위엄을 보여주기 시작했다.)

8) 埋(う)まる : (自)묻히다, 메워지다.

⇨ 大水(おおみず)のため、 線路(せんろ)が尼(どろ)に埋まってしまった。

(홍수 때문에 선로가 진흙에 묻혀 버렸다.)

⇨ 夏になると、この浜(はま)は人で埋まってしまう。

(여름이 되면 이 바닷가는 사람으로 가득 메워진다.)

9) 招(しょう)じる : 청하다, 초대하다. 〔= 請(しょう)じる、請ずる、招(まね)く)〕

⇨ 客(きゃく)を応接間(おうせつま)に招じる。

(손님을 응접실에 맞아들이다.)

⇨ 携帯電話の機種(きしゅ)によって不具合(ふぐあい)が請じる場合がございますので、予(あらかじ)め御了承(ごりょうしょう)下さい。〔yp〕

(휴대전화의 기종에 따라 결함이 요구되는 경우가 있음으로 사전 양지해 주십시오.)

⇨ 客を招じて宴(えん)を開(ひら)く。

(손님을 초대하여 연회를 베풀다.)

10) 宗興寺(そうこうじ)

<그림 2> 宗興寺之圖

자료해설

横浜開港当時、ヘボン博士が診療所(しんりょうじょ)を置いたところ。博士は当初(とうしょ)、 この近くの成仏寺(じょうぶつじ)に居(きょ)を構(かま)えた寺の東側(ひがしがわ)に「神奈川の大井戸(おおいど)」がある。 徳川将軍(とくがわしょうぐん)や明治天皇のご通行(つうこう)の際(さい)に、これを飲(の)み水(みず)として使われたと云(い)われている。 この宗興寺は幸が谷(さちがたに)公園から坂道(さかみち)を小学校の脇(わき)へ下(くだ)ったところにある。 この寺は当時の「神奈川駅中図会(ちゅうずかい)」では、 権現山(ごんげんざん)の麓(ふもと)に描(えが)かれている。開港(かいこう)当時、アメリカ人宣教師で、医者であったヘボン博士がここに施療所(せりょうじょ)を開(ひら)いていた。これを記念する石碑(せきひ)が境内(けいだい)に建てられている。 ヘボン博士は、「ヘボン式ローマ字」で良く知られているが、 日本で初めての「和英辞典」を完成し、また聖書の日本語訳なども手(て)がけた。 後(のち)にミッション・スクールの「明治学院(めいじがくいん)」を創設(そうせつ)するなど、日本の教育に大きく貢献(こうけん)した。〔yp〕

⇨ 요코하마 개항 당시, 헤본 박사가 진료소를 설치한 곳. 박사가 당초 이곳에서 가까운 죠부츠지(成仏寺)에 살림을 차렸으며 이 절의 동쪽에「가나가와 의 큰 우물」이 있다. 도쿠가와 장군 또는 메이지 천황이 지나갔을 때 음료수로 사용했다고 전하고 있다. 이 절은, 사치가다니 공원에서 비탈길을 초등학교 옆쪽으로 내려오는 곳에 있다. 이 절은 그 당시 「가나가와에키 츄즈카이」에는 곤겐산 의 기슭에 그려져 있다. 개항 당시 미국인 선교사며 의사였던 헤본 박사가 여기에 진료소를 열었다. 이것을 기념하는 돌비석이 경내에 서 있다. 헤본 박사는 「헤본식 로마자」로 잘 알려져 있는데, 일본에서 처음인 「일영사전」을 완성하였으며 성서의 일본어 번역 등도 시도하였다. 후에 미션학교인「메이지 학원」을 창설하는 등 일본 교육에 큰 공헌을 했다.

11) 生麦 事件(なまむぎ じけん)

자료해설1

島津久光(しまずひさみつ)が、 文久(ぶんきゅう)二年(1862)江戸での幕末改革(ばくまつかいかく)を終えての帰途(きと)、東海道生麦村(とうかいどうなまむぎむら)(横浜市鶴見区(つるみく))を通行中、婦人一人を含む外国人４名が騎乗(きじょう)のまま行列(ぎょうれつ)の中に入(はい)り込(こ)んだ。この行為(こうい)は、行列を乱(みだ)すものとして、薩摩藩士(さつまはんし)の激しい怒(いか)りをかい、イギリス人３名(さんめい)が殺傷(さっしょう)されるという生麦事件が起(お)こった。イギリスは、幕府(ばくふ)に対しては正式(せいしき)の謝罪(しゃざい)と賠償金(ばいしょうきん)10万ポンド、薩摩藩に対しては犯人(はんにん)の処刑(しょけい)と賠償金２万５千ポンドをそれぞれ要求(ようきゅう)した。幕府は、このイギリスの要求に応(お)じたが、薩摩藩はこの要求を拒否(きょひ)し、解決(かいけつ)は薩英戦争後(さつえいせんそうご)に持(も)ち越(こ)された。〔yp〕

⇨ 시마즈 히사마츠 가 1862년 에도막부말기 개혁을 끝내고 돌아가는 길에, 도우카이도 나마무기 마을(요코하마 시 츠르미 구)을 지나가는 중, 부인 한사람이 포함된 외국인 4명이 말을 탄 채로 행렬 속으로 끼어들었다. 이러한 행위는 행렬을 더럽히는 일이어써 무사 사츠마 를 화나게 하여 영국인 3명이 살해되는 사건이 일어났다. 영국은 막부에 대해서 정식으로 사죄와 배상금 10만 파운드 요구하였으며, 무사 사츠마 에 대해서는 범인을 처형하고 배상금 2만 5천 파운드를 각각 요구하였다. 막부는 이러한 영국의 요구를 들어 주었지만, 무사 사츠마는 이 요구를 거부하였으며 문제의 해결은 사츠에이 전쟁이후로 미루게 되었다.

자료해설2

生麦事件の碑(いしぶみ)：文久二年(1862年)の島津久光の上京(じょうきょう)は、様々(さまざま)な事件を巻(ま)き起こした。往路(おうろ)においては寺田屋事件(てらだやじけん)、夏路(ふくろ)においては生麦事件がその双璧(そうへき)であろう。生麦事件は、その後薩英戦争へと発展(はってん)し、薩英戦争は薩摩(さつま)とイギリスが接近(せっきん)する契機(けいき)となった。

事件は8月21日、久光一行(いっこう)がこの地を通りかかった時、イギリス人リチャードソン、クラーク、マーシャル、ボロデール夫人マーガレット(いずれも英商人)が乗馬(じょうば)のまま行列(きょうれつ)を横切(よこぎ)った。制止(せいし)したが指示(しじ)に従わなかったため、奈良原喜左衛門(よしわらきざえもん)(一説(いっせつ)に喜左衛門の弟・喜八郎後(きはちろうのち)の繁(はん)とも言われる)が斬(き)りつけた。クラーク以下の３人は傷を受けながらも逃げたが､リチャードソンは､乗馬で逃げようとして途中(とちゅう)で臓物(ぞうもつ)がこぼれたというから相当(そうとう)深い傷(きず)を負(お)ったらしい。

現在、石碑のある地点(ちてん)に至(いた)ったところで、海江田武次(かいえだたけつぐ)らが気息(きそく)奄々(えんえん)としているリチャードソンに止(とど)めを刺(さ)した。

⇨ **나마무기사건의 비석 :** 분큐2년(1862년)의 시마즈 히사미 의 상경은 여러 가지 사건을 일으켰다. 가는 길에서는 테라다야 사건 오는 길에선 나마무기 사건이 쌍벽을 이룬다. 나마무기 사건은 그후 사츠에이 전쟁으로 발전하고, 사츠에이 전쟁은 사츠마 와 영국이 접하는 계기가 되었다.

사건은 8월 21일 히사미츠 일행이 이 지역을 통과할 때, 영국인 리차드슨, 크라크, 마샬, 보로델 부인 마가렛(모두 영국 상인)이 말을 탄 그대로 행렬을 가로질렀다. 제지했지만 지시에 따르지 않았기 때문에 요시와라 기자에몬(일설에 기자에몬 의 동생, 기하치로 노치 의 짓이라고도 말함)이 칼로 베었다. 크라크 이하 3인은 부상을 입은채 도망갔지만, 리차드슨은 말을 타고 도망가려고 하는 도중에 내장이 흘러나왔다고 하니 상당히 깊은 상처를 입었던 것 같다.

현재, 비석이 있는 지점에 도달할 쯤에서 가이에다 다케츠그 가 숨이 넘어가고 있는 리차드슨 의 숨통을 찔렀다.

<그림 3> 生麥事件の現場

<그림 4> 生麥事件の碑

12) **孜々(しし)と : 부지런히. (= せっせ, こつこつ)**

⇨ ししとしていそしむ。

(부지런히 노력하다.)

⇨ 彼は自分の学問の至(いた)らざるを自覚(じかく)し、孜々と勉学(べんがく)に打(う)ち込(こ)みました。〔yp〕

(그는 자기 자신이 학문에 이르지 못한 것을 자각하고, 열심히 공부에 몰두했습니다.)

13) **やむをえない : 할 수 없다, 부득이하다.**

⇨ 休んでは困(こま)りますが、病気(びょうき)ならやむをえません。

(쉬어서는 곤란하지만 몸이 아프면 할 수 없습니다.)

cf) やむなく : 부득이 (= しかたなく).

⇨ やむなく中止(ちゅうし)した。(부득이 중지했다.)

⇨ さゆりは妊娠(にんしん)したのでやむなく一郎と結婚した。〔スーパー〕

(사유리 는 임신했기 때문에 부득이 이치로와 결혼했다.)

cf—1) やむをえず : 할 수 없이, 어쩔 수 없이.

⇨ だれもやらないので私がやむをえず引き受けることにした。

(아무도 하지 않기 때문에 내가 할 수 없이 떠맡기로 했습니다.)

⇨ 父親が亡(な)くなって彼はやむをえず家業(かぎょう)を継(つ)いだ。〔スーパー〕

(아버지가 돌아가셔서 그는 어쩔 수 없이 가업을 계승했다.)

14) 成(な)し得(え)る : 이룰 수 있다, 성취할 수 있다.

⇨ 人権(じんけん)とは人が生来(せいらい)持っているあることを成し得る資格(しかく)といいます。

(인권이란 사람이 나면서부터 갖고 있는 어떤 일을 이룰 수 있는 자격을 말한다.)

⇨ 我々の研究室では、ソフトウェアのためにハードウェアは何を成し得るか、ハードウェアのためにソフトウェアは何を成し得るかを考え続けている。

(우리들의 연구실에서는, 소프트웨어를 위하여 하드웨어는 무엇을 이룰 수 있는지, 하드웨어를 위하여 소프트웨어는 무엇을 이룰 수 있는지를 끊임없이 생각하고 있다.)

⇨ 人間はコンピューターによって何を成し得るか。

(인간은 컴퓨터에 의하여 무엇을 성취할 수 있을지?)

15) 烈々(れつれつ)たる : 열렬한.

⇨ 烈々たる闘志(とうし)。(열렬한 투지)

⇨ 烈々たる愛国心(あいこくしん)。(열렬한 애국심)

⇨ 不況(ふきょう)を発展に変える原動力(げんどうりょく)は烈々たる気迫(きはく)である。〔yp〕

(불황을 발전으로 바꾸는 원동력은, 강렬한 기백정신이다.)

cf) たる : (助動) ~인, ~된 (문어조동사 「たり」의 연체형).

⇨ 教師(きょうし)たる者の心得(こころえ)が書いてある。
(교사인 자가 알아두어야 할 지침이 쓰여 있다.)

⇨ 日本に冠(かん)たる富士山。
(일본에서 으뜸가는 후지산.)

16) 断(ことわ)る : 사전에 알리다, 사양하다, 거절하다.

⇨ 欠席(けっせき)を前もってことわっておく。
(결석할 것을 사전에 알려 놓다.)

⇨ 親切(しんせつ)はありがたいがことわる。
(친절은 고맙지만 사양한다.)

⇨ せっかくですが、おことわりします。
(모처럼의 일입니다만 사양하겠습니다.)

⇨ 彼は私たちの頼みをきっぱりとことわった。
(그는 우리들의 부탁을 단호히 거절했다.)

17) 資(し)する : 이바지하다, 도움이 되다.

⇨ 産業(さんぎょう)の発展(はってん)に資する。
(산업 발전에 이바지하다.)

⇨ 教育(きょういく)に資する所(ところ)は少なくない。
(교육에 이바지하는 바가 적지 않다.)

18) 後々(のちのち) : 금후, 장래.

⇨ 後々の事(こと)もあるから慎重(しんちょう)にやってください。
(이후 일도 있으니까 신중히 해 주십시오.)

⇨ 仮(かり)にこの期間にサインをしたとしても、後々、不都合(ふつごう)なことができてきて、また、もう一度、契約のやり直しということがよくあります。

(설령 이 기간에 사인을 한다 해도 금후 사정이 좋지 않는 일이 생겨 다시 계약을 수정하는 일이 자주 있습니다.)

19) 明(あき)らかだ : 뚜렷하다, 분명하다, 밝다, 환하다.

⇨ 彼の病気(びょうき)がだんだん悪くなって目にも明らかだった。
(그의 병이 점점 나빠져 겉으로도 뚜렷하게 보였다.)

⇨ 火事(かじ)の原因(げんいん)は明らかでない。
(화재의 원인은 분명치 않다.)

⇨ 月(つき)は明らかに星(ほし)まれに。
(달은 환하고 별은 드문드문.)

20) ままならぬ : (連語) 뜻대로 안 되는.

⇨ 世(よ)の中はままならぬものだ。
(세상은 뜻대로 안 되는 법이다.)

⇨ 英語はまるでシロウト、聞き取りもままならぬ状態から「猛勉強」して上手になりたい。〔yp〕
(영어는 아직 초보이고, 청취력도 아직 안되는 상태에서 열심히 공부하여 능숙해지고 싶다.)

21) 無理(むり)からぬ : (連体)무리가 아닌, 일리 있는.

⇨ それは無理からぬ話だ。
(그것은 일리 있는 이야기다.)

⇨ チャーチルが葉巻(はまき)をすいながら、そう叫んだのは、むりからぬ対応(たいおう)で あった。〔yp〕
(처칠이 잎담배를 피우면서 그렇게 외친 것은 일리 있는 대응이었다.)

22) 日(ひ)の目(め)を見る : 빛을 보다, 세상에 알려지다, 널리 알려지다.

⇨ 多年の研究がやっと日の目を見ることになった。
(다년간의 연구가 겨우 빛을 보게 되었다.)

⇨ 彼が企画し、そして情熱を注(そそ)ぎながらも日の目を見ることのなかったその企画作品。〔yp〕
(그가 기획하고 그리고 정열을 기울였지만 세상에 알려지지 않았던 그 기획 작품.)

23) 上海(シャンハイ)の美華書館(びかしょかん)

자료해설

キリスト教の各宗派(かくしゅうは)は、 中国布教(ふきょう)の足がかりとして各地(かくち)に印刷出版所(しゅっぱんしょ)を開設(かいせつ)した。美華書館の前身(ぜんしん)はアメリカ長老派教会によって1844年にマカオに設置され、60年に上海に移って美華書館となった。上は1895年ころの施設、下は20世紀初頭(しょとう)に新築(しんちく)された印刷工場。それぞれ『THE MISSION PR—ESS IN CHINA』(1895)、『THE AWAKENING OF CHINA』(1907)より。美華書館は1930年代まで活動(かつどう)をつづけた。

⇨ 기독교 각 종파는 중국포교의 지반으로써 각지에 인쇄출판소를 개설했다. 비카 서관의 전신은, 미국 장로파 교회에 의해 1844년에 마카오에 설치되어 1860년에 상해로 건너가 비카 서관이 됐다. 위의 사진은 1895년경의 시설, 아래 사진은 20세기 초에 신축된 인쇄공장. 각각 『THE MISSION PRESS IN CHINA』 (1895), 『THE AWAKENING OF CHINA』 (1907)에서 채록함. 이 서관은 1930년대까지 활동을 계속했다.

<그림 5> 위는 1895년경의 시설이며, 아래는 20세기 초에 신축된 인쇄공장.

24) 惜(お)しむ : 아끼다, 애석히 여기다.

⇨ 時間(じかん)を<u>惜しむ</u>。

(시간을 아끼다.)

⇨ 商人(しょうにん)が一銭(いっせん)を<u>惜しむ</u>心は切実(せつじつ)なのである。〔yp〕

(상인이 한 푼을 아까워하는 마음은 절실한 것이다.)

⇨ 友(とも)の死(し)を<u>惜しむ</u>。

(친구의 죽음을 애석히 여기다.)

cf) 惜(お)しみなく : 아낌없이.

⇨ 惜しみなく金を使う。
(아낌없이 돈을 쓰다.)

⇨ 骨身(ほねみ)惜しみなく働く。
(몸을 아끼지 않고 일한다.)

25) 注(そそ)ぐ : (自) 흘러 들어가다, 쏟아지다. (他) (물등을) 쏟다, 대다, 주다, 붓다.

⇨ 川(かわ)の水が海(うみ)に注ぐ。
(강물이 바다로 흘러 들어가다.)

⇨ 雨が降り注ぐ。(비가 쏟아지다.)

⇨ 涙(なみだ)をそそぐ。(눈물을 흘리다.)

⇨ 全力(ぜんりょく)をそそぐ。(전력을 다하다.)

⇨ 田(た)に水をそそぐ。(논에 물을 대다.)

⇨ 仏像(ぶつぞう)に香水(こうすい)をそそぐ。
(불상에 향수를 뿌리다.)

⇨ 火(ひ)に油(あぶら)をそそぐ。(불에 기름을 붓다.)

26) 呉淞 日記(ウースン にっき) : 기시다 긴코(岸田 吟香)가 쓴 그 당시의 일기.

자료해설

きょう、 和英辞書(わえいじしょ)のうちにいれるために、 日本の仮名(かな)、万葉仮字(まんようかじ)、カタカナ、ひらかな、いろは、の仮字五体(ごたい)の板下(はんした)をかく。ななつすぎから、ふらりとうらの方へ出て、はたけの中を、あそびあるくに、いくつも穴があるから、なんのあなだろうかとおもうて、見ていると、かにがいる。あかがになり。ひきがえるもいる。こないだから、 おいらのともだちにしているこぞうが、羊(ひつじ)を二疋(にひき)ひいて、かえってきたから、一疋(いっぴき)おいらが、ひいてやる。(呉淞日記」より)

⇨ 오늘, 일영사전에 포함시키기 위해서 일본의 가나, 만요 가나, 가타가나,

히라가나, 이로하 의 가나 다섯 체의 판본을 쓴다. 7시가 지나고서, 훌쩍 뒤쪽으로 가서 밭 중간을 즐겁게 걷다가, 몇 개의 구멍이 있어 무슨 구멍일까? 하고 생각하면서 보고 있으니까 게가 있다. 빨간 게이다. 두꺼비도 있다. 몇일 전부터 우리와 친구가 된 동자승이 양을 두 마리 끌고 왔기에, 한 마리를 우리가 끌어 준다. (「우―슨 일기」에서)

27) ~版 : ~판.

・「はん」: 初版(しょはん)、再版(さいはん)、版権(はんけん)、九版 (きゅうはん)、旧版(きゅうはん)

・「ばん」: ニューヨーク版(ばん)、自家版(じかばん)、限定版(げんていばん)、改訂版(かいていばん)、親版(おやばん)

・「ぱん」: 三版(さんぱん)、新版(しんぱん)、出版(しゅっぱん)

28) ともかく : 어쨌든, 하여튼.

⇨ ほかの人はともかく君(きみ)にだけはぼくの気持ちをわかってもらいたい。

(다른 사람은 어쨌든 자네만은 내 마음을 알아주었으면 한다.)

⇨ なんの用事(ようじ)かわからないが、来(こ)いというのだからともかくいってみよう。

(무슨 용무인지 알 수 없지만, 오라고 하니까 하여튼 가 보자.)

29) 携(たずさ)える : 휴대하다, 제휴하다, 함께 손을 잡다.

⇨ 手みやげを携える。

(간단한 선물을 손에 들다.)

⇨ 貴会社と携えて技術協約(きじゅつきょうやく)する。

(귀회사와 제휴하여 기술 협약하다.)

⇨ 妻子(さいし)を携えて上京(じょうきょう)する。

(처자를 데리고 상경하다.)

⇨ 互(たが)いに手を携えて行く。

(서로 손을 잡고 가다.)

30) そのつど(都度) : 그 때마다 (= そのたびごと, 毎回).

⇨ そのつど長い手紙をくれた。

(그 때마다 긴 편지를 보내 왔다.)

⇨ そのつどけんかをする。

(그 때마다 싸움을 하다.)

⇨ わたしは京都へ年に２、３回行くが、その都度その和食(わしょく)の店に寄(よ)る。〔スーパー〕

(나는 교토에 1년에 두세번 가지만 그 때마다 그 일식집에 들린다.)

31) 他(た)の追随(ついずい)を許(ゆる)さない : 타의 추종을 불허하다.

⇨ 彼の演技(えんぎ)は他の追随を許さない。

(그의 연기는 타의 추종을 불허한다.)

⇨ わが高校は東大合格者(とうだいごうかくしゃ)の数(かず)では他の追随を許さない。〔スーパー〕

(우리 고등학교는 도쿄대학 합격자수에서 타의 추종을 불허한다.)

[4—4]

본문

名医 "平文先生" 一方、施療事業のほうは、博士が六十四歳になって健康上の理由で施療所を閉じるまで十八年間にわたって[1)]続けられ、一万人に近い患者を診察している。施療ひとすじであり、[2)] その費用は当初ヘボンの私財に負うところが大きかった。夫妻の生活費はミッションの俸給でまかなわれており、[3)] 医療事業にも財政援助はあったが、 この事業が大変な評判をとっていたので、 在日外国人や外国商館からの援助や寄付がふえて、次第にミッションにたよらずともやっていけるようになった。

博士の専門は必ずしも眼科だけではなかった。 ペンシルベニア大学に提出した学位論文は脳卒中の研究であるから、 内科も手がけたし、[4)] 外科手術もした。日本で麻酔を用いたのはヘボン博士が初めてであり、義足を使用したのも初めてのことだった。

名優とうたわれた[5)]沢村田之助[6)]の足の脱疽を治療するため股を切断する大手術を手がけ、義足をはめて[7)]舞台に立てるようにしてやった一件で、医者としての "ヘボン先生" の名は日本中に広がった。 田之助は横浜関内の下田座で、[8)] その御礼興行を行なっている。明治元年のことである。当時の新聞『もしほ草』[9)]には 「江戸の俳優沢村田之助、 脱疽を患んで[10)]美国の名医平文(ヘボン)先生に治療を乞ひしに右の脚を股の処より切りとりてあとに薬をつけたり。平文の国許へ脚を注文せしが二、三日前にあつらへのあし一本あめりかより来れり。 近きうちにあしつぎに田之助、よこはまへ来たるべし…」とある。 演技と美貌でならした[11]当代随一の女形[12]のことでもある。日本中の話題となったのも不思議ではない。

この『もしほ草』を発行し、 右の一文を執筆しているのはだれあろう[13]岸田吟香である。この『横浜新聞もしほ草』は日本初の新聞であり、 したがって吟香は日本新聞界の創始者ということになる。ヘボン博士によって見出された[14]文才はこうしてわが国ジャーナリスト第一号となって結実した。

なおヘボンは吟香に、辞書出版のおりの労を謝して[15]点眼水の処方を伝授し、発売権を与えている。吟香はこの目薬を "平文先生処方"「精錡水」と名づけ、日本国内はもとより販路を中国大陸にまで広げた。博士の名は薬のラベルにも載って広まっていったのである。

命がけ[16]の英学者たちを迎えて さて、当初ヘボンの行動に目を光らせていた[17]役人たちも、陰ながら[18]“ヤソの君子”と博士をたたえる[19]ようになっていたし、成仏寺時代のヘボンのもとに幕府はすでに委託生九名の教育を依頼してきている。蘭学[20]から英学へ、時勢の変化に適応するため、一方で、命がけの英学者たちが続々と[21]誕生していたのである。往復五十キロの道を騎馬で二年間江戸から通ってきた大村益次郎もその一人である。日本人の旺盛な知識欲に接して、ヘボンはキリストの福音を説く日も遠くない、と確信した。かつて[22]長崎が切支丹と蘭学の中心であったように、いま横浜は英学とプロテスタントの中枢となろうとしていた。

한자의 読み方

名医(めいい) : 명의
健康上(けんこうじょう) : 건강상
診察(しんさつ) : 진찰
生活費(せいかつひ) : 생활비
財政援助 (ざいせいえんじょ) : 재정원조
在日(ざいにち) : 재일
寄付(きふ) : 기부
提出(ていしゅつ) : 제출
脳卒中(のうそっちゅう) : 뇌졸중
外科手術 (げかしゅじゅつ) : 외과수술
義足(ぎそく) : 의족
脱疽(だっそ) : 탈저 (몸의 조직 일부가 활력을 잃고 썩는 병)
股(もも) : 허벅다리, 대퇴
大手術(だいしゅじゅつ) : 대수술
一件(いっけん) : 한 사건
下田座(しもだざ) : 시모다 극장
御礼興行(おれいこうぎょう) : 답례로 하는 흥행
元年(がんねん) : 원년
美国(びごく) : 메이지 시대의 미국명
乞(こ)ひ : 청하다, 바라다(「乞ふ」의 文語)
脚(あし) : 다리
国許(くにもと) : 출생지
美貌(びぼう) : 미모
随一(ずいいち) : 제일, 첫째
発行(はっこう) : 발행
執筆(しっぴつ) : 집필
新聞界(しんぶんかい) : 신문계
第一号(だいいちごう) : 제일호
労(ろう) : 수고, 노력
伝授(でんじゅ) : 전수
処方(しょほう) : 처방
精錡水(せいきすい) : 정기수

一方(いっぽう) : 한편
閉(と)じる : 닫다
私財(しざい) : 사유재산
俸給(ほうきゅう) : 봉급
評判(ひょうばん) : 소문, 평판
外国商館(がいこくしょうかん) : 외국 상관
眼科(がんか) : 안과
学位論文(がくいろんぶん) : 학위논문
内科(ないか) : 내과
麻酔(ますい) : 마취
名優(めいゆう) : 뛰어난 배우
切断(せつだん) : 절단
舞台(ぶたい) : 무대
関内(かんない) : 관내
俳優(はいゆう) : 배우
処(ところ) : 장소, 곳
演技(えんぎ) : 연기
当代(とうだい) : 당대
話題(わだい) : 화제
一文(いちもん) : 한 문장
日本初(にほんはつ) : 일본 최초
創始者(そうししゃ) : 창시자
結実(けつじつ) : 결실
点眼水(てんがんすい) : 안약
発売権(はつばいけん) : 발매권
目薬(めぐすり) : 안약
販路(はんろ) : 판로

広(ひろ)げる : 넓히다.
広(ひろ)まる : 널리 퍼지다
役人(やくにん) : 공무원
依頼(いらい) : 의뢰
蘭学(らんがく) : 난학
適応(てきおう) : 적응
騎馬(きば) : 기마
福音(ふくいん) : 복음
確信(かくしん) : 확신
載(の)る : 실리다
行動(こうどう) : 행동
君子(くんし) : 군자
時勢(じせい) : 시세
往復(おうふく) : 왕복
旺盛(おうせい)だ : 왕성하다
説(と)く : 설교하다
長崎(ながさき) : 나가사키(지명)
切支丹(きりしたん) : 天文 시대(1532~1555)에 들어온 가톨릭교의 일파
中枢(ちゅうすう) : 중추

주해

1) ~にわたる : ~동안 계속되다, ~에 걸치다. (주로 「~にわたって」의 형으로)

⇨ 10年間<u>にわたる</u>研究(けんきゅう)が成功した。
(10년간에 걸친 연구가 성공했다.)

⇨ その会議は五日間<u>にわたっ</u>て行われた。
(그 회의는 5일간에 걸쳐서 행해졌다.)

2) ひとすじ(一筋) : 일념, 일편단심.

⇨ 私たちは学問に<u>ひとすじ</u>でなければならない。
(우리는 학문에 전념하지 않으면 안 된다.)

⇨ 私の父の生涯(しょうがい)は米作(こめつく)り<u>ひとすじ</u>だった。
(나의 아버지는 평생 벼농사에 전념했다.)

3) 賄(まかな)う : (일을) 처리하다, (식사를) 준비하다, 조달하다.

⇨ 国の財政(ざいせい)をまかなう。

(나라의 재정을 맡아 처리하다.)

⇨ 多人数(たにんずう)の食事をまかなうのは骨(ほね)のおれる仕事だ。

(많은 사람의 식사를 준비하는 일은 매우 힘이 든다.)

⇨ 大概(たいがい)の物は近所(きんじょ)でまかなう。

(대부분의 물건은 근처에서 조달한다.)

4) 手(て)がける : 손수(직접) 다루다, 돌보다.

⇨ この数年手がけて来た仕事です。

(최근 몇 해째 손수 다루어 온 일입니다.)

⇨ 長年うちに手がけた弟子(でし)です。

(오랫동안 직접 돌보아 오던 제자입니다.)

5) 謳(うた)う : 구가하다, 칭송하다, 강조해서 말하다.

⇨ 天子(てんし)の徳(とく)をうたう詩。

(임금의 덕을 구가한 시.)

⇨ 才女(さいじょ)とうたわれる。

(여자 재원이라고 칭찬이 자자하다.)

⇨ この規則(きそく)は憲法(けんぽう)にうたってある。

(이 규칙은 헌법에 강조되어 있다.)

⇨ 薬の広告(こうこく)でうたっていることは、あまり信用(しんよう)できない。

(약 광고에서 강조하고 있는 것은 그다지 신용할 수 없다.)

6) 沢村 田之助(さわむら たのすけ)(1845~1878)

자료해설1

五代目沢村宗十郎(そうじゅうろう)の次男(じなん)。九歳の時に父と死別(しべつ)し、その庇護(ひご)を失(うしな)ったが、十六歳にして立女形(なておやま)にのぼった人で、早熟(そうじゅく)の天才(てんさい)であった。性格(せいかく)は勝(か)ち気(き)で喧嘩(けんか)っ早(ぱや)いところがあったが、美貌(びぼう)と才気(さいき)に富(と)み、髪形(かみがた)やファッションにおいて時代の先端(せんたん)を行き、 たくさんの流行(りゅうこう)を作った。当時の美人画(が)の顔は、田之助に似せたという。 慶応元年3月守田座(もりたざ)歌舞伎出演中(しゅつえんちゅう)に足を痛め、それが原因(げんいん)で、慶応3年には片足(かたあし)を切断(せつだん)。結局四肢(よんし)を失うことになったが、舞台(ぶたい)を勤(つと)め続(つづ)け、 明治5年には一世一代(いっせいちだい)を勤めた。一時、芝居(しばい)茶屋(ちゃや)を営(いとな)んでいたが、 その後も沢村座(ざ)を興(おこ)すなど、 積極的(せっきょくてき)な性格は変わらず、 上方(かみがた)の舞台にも出勤(しゅっきん)している。明治11年、三十四歳という若さで発狂(はっきょう)して没(ぼっ)した。

⇨ 5대 사와무라 소우쥬로의 차남. 9살에 아버지와 사별, 보호해 줄 사람이 없었지만, 16살에 타테 오야마 에 오른 사람으로 조숙한 천재였다. 성격은 지기 싫어하는 기질로 걸핏하면 싸우는 데가 있었지만, 미모와 재능을 겸비, 머리모양과 패션에서 시대의 첨단을 나아가, 많은 유행을 낳았다. 당시의 미인화의 얼굴은 타노스케 와 닮았다고 한다. 게이오 원년(1865년) 3월 모리타 극장에서 가부키를 출연하던 중에 다리를 다쳐, 그것이 원인으로 게이오 3년(1867년)에는 한쪽 다리를 절단했다. 사지를 잃게 되었지만 무대 활동을 계속하였으며, 메이지 5년(1871년)에는 일생일대 명연기를 했다. 한 때, 연극 찻집을 경영했고, 그 후에도 사와무라 극장을 일으키는 등 적극적인 성격은 변하지 않았으며, 교토와 오오사카의 무대에도 출연했다. 메이지 11년(1878년), 34살의 젊은 나이로 정신이상으로 죽었다.

자료해설2

沢村田之助の義足(ぎそく)：幕末(ばくまつ)から明治初期(しょき)に立女形(たておやま)として活躍(かつやく)した三世(さんせい)沢村田之助(1845~1878)は退廃的(たいはいてき)な芸風(げいふう)と伝奇的(でんきてき)な生涯(しょうがい)で知られている。19歳の頃脱疽(だっそ)にかかり色々治療(ちりょう)したが　慶応３年(1867)９月、当時横浜に住んでいたアメリカ人医師ヘップバーン(ヘボン式ローマ字を作った人)に左下腿切断(ももせつだん)をうけた。はじめ江戸の活(かつ)人形師松本喜三郎(まつもときさぶろう)が作った義足を用(もち)いたが、うまくゆかず活人形師は恥(は)じ入(い)り代金をうけとらなかったという。翌年(よくねん)アメリカ・セルフォ社製(しゃせい)の義足が届(とど)き、それをつけてまた舞台に出ることができた。　代金(だいきん)は200両(りょう)であったという。記録の上で田之助は義足をつけた初めての日本人ということになる。

⇨ 에도말기부터 메이지 초기에 다테 오야마 로서 활약했던 삼세 사와무라 타노스케(1845~1878)는 퇴폐적인 예풍과 전기적인 생애로 알려져 있다. 19세 즈음에 탈저에 걸려 여러가지 치료를 받았지만, 케이오 3년(1867) 9월, 당시 요코하마에 살고 있던 미국인 의사 헤본 (헤본식 로마자를 만든 사람)에게 왼쪽 허벅지 절단을 받았다. 처음에는 에도의 천재 인형 조종사 마츠모토 키사브로 가 만든 의족을 사용했지만, 잘 되지 않아 그 인형 조종사는 너무 창피하여 돈을 받지 않았다고 한다. 다음해 미국 셀퍼社 제작의 의족이 도착해 그것을 끼고 다시 무대에 오를 수 있게 되었다. 대금은 200냥이었다고 한다. 기록으로는 타스노케 가 의족을 낀 최초의 일본인이 된 셈이다.

<그림 6>

자료해설3

<그림6>の写真は、三代目沢村田之助(撮影年代・役名不詳)、数奇(すうき)な運命に操(あやつ)られた悲劇(ひげき)の名女形である。16歳で守田座(もりたざ)の立女形(たておやま)の座に着くほどの才能(さいのう)と、容貌(ようぼう)・美声(びせい)に恵まれた天才女形だった。しかし、人気絶頂期(ぜっちょうき)に脱疽のために手足(てあし)を失(うしな)い、明治11年に34歳で亡くなった。手足を失っても舞台に立ったその執念(しゅうねん)の物語(ものがたり)は「女形の歯」という芝居(しばい)にもなっている。

⇨ <그림 6>의 사진은 三代目澤村田之助 (촬영연대·역할명 미상), 기구한 운명에 처하게 된 비극의 명 온나가타이다. 16세로 모리타 극장의 주연 온나가타 의 자리에 오를 정도로 재능과 용모, 아름다운 목소리를 가진 천재 온나가타 이었다. 그러나, 인기절정기에 탈저로 손발을 잃고, 메이지 11(1878년)년에 34세로 사망했다. 손발을 잃고도 무대에 올랐던 그 집념의 이야기는 「가부키의 온나가타 연극의 극치」가 일컬어지고 있다. (무섭고 이상한 인물사진으로 보이지만, 그 당시는 대단한 미모의 여장 가부키 배우로 칭송 받았다고 한다.)

7) はめる：(반지, 장갑 등을) 끼다, 속이다.

⇨ 手ぶくろをはめる。(장갑을 끼다.) ゆびわをはめる。(반지를 끼다.)

⇨ まどにガラスをはめる。

(창문에 유리를 끼운다.)

⇨ 風が吹いて戸(と)が外(はず)れたからはめておいてください。

(바람이 불어서 문이 떨어 졌으니 끼워 놔주세요.)

⇨ 子どもを教育(きょういく)するにはあまり型(かた)にはめてはいけません。

(아이를 교육하는 데는 너무 틀에 맞추어서는 안 됩니다.)

⇨ 説明をごまかして悪い計略(けいりゃく)にはめようとしているから気をつけなさい。〔yp〕

(설명을 속여 못된 계략에 빠뜨리려고 하고 있으니 조심해요.)

8) 下田座(しもだざ)：시모다 극장

cf) ~座(ざ)：극장, 영화관, 별자리 등의 이름에 붙이는 말.

⇨ 歌舞伎座(かぶきざ)。(가부키극장), オペラ座。(오페라극장), 星座。(별자리), オリオン座。(오리온 좌), 大熊座(おおぐまざ)。(큰곰자리)

자료해설

ヘボン邸跡(ていせき)の碑(ひ) : 横浜市中区山下町(なかくやましたちょう)39[根岸線(ねぎしせん)石川町駅(いしかわちょうえき)下車(げしゃ)10分] 石川町駅を降り、堀川(ほりかわ)を海岸(かいがん)方向に歩き谷戸橋前(たにとばしまえ)の横浜地方合同庁舎(ごうどうちょうしゃ)前(まえ)にヘボン来日90周年を記念して設立された「**ヘボン邸跡の碑**」がある。 ヘボンは1815年3月にアメリカで生まれ、 大学で医学を学び ニューヨークなどで開業(かいぎょう)していたが、アメリカプロテスタント長老(ちょうろう)教会の日本伝道(でんとう)に応募(おうぼ)し、1859(安政 あんせい６)年10月に来日した。来日後、一時神奈川(かながわ)の成仏寺(じょうぶつじ)に住み、 そこで近代兵制樹立(きんだいへいせいじゅりつ)に尽力(じんりょく)した大村益次郎(おおむらますじろう)らに英語を教えた。 1861(文久元年)春には宗興寺(そうこうじ)に診療所(しんりょうじょ)を開(ひら)き、 翌年(よくとし)11月、神奈川から記念碑(ひ)のある横浜居留地(いりゅうち)39番地に移(うつ)り、本格(ほんかく)的に施療事業(せりょうじぎょう)を行なった。 ヘボンは歌舞伎の立女形(たておやま)として名声(めいせい)を博(はく)していた３代目沢村田之助の脱疽(だっそ)を治療(ちりょう)し、アメリカから取(と)り寄(よ)せた義足(ぎそく)を付けた。田之助は関内の「下田座」でお礼(れい)興行(こうぎょう)を行い、 ヘボンの名をいっそう高めた。1863年10月、 ヘボン夫人(ふじん)クララは日本最初の男女共学(だんじょきょうがく)の英学塾(えいがくじゅく)を開(ひら)き、後(のち)に首相(しゅしょう)となった高橋是清(たかはしこれきよ)とか外相(がいしょう)となった林董(ただす)や星亨(とおる)もここで学んだ。この学校は後に明治学院となった。この間、 ヘボンは新聞事業(じぎょう)の先駆者(せんくしゃ)の岸田吟香(ぎんこう)と協力(きょうりょく)し、日本最初の和英辞典である『和英語林集成』を1866年に完成させた。 この辞典のローマ字綴(づつ)りがヘボン式ローマ字の基礎(きそ)となっている。 1875年、ヘボンは山手(やまのて)245番地に移り、ブラウンんやくせいしょ)』の翻訳事業(ほんやくじぎょう)に参加(さんか)し、1879年に完成(かんせい)させた。この作業(さぎょう)は山手211番地のブラウン宅で行われ、そこは現在横浜共立学園(きょうりつがくいん)の敷地(しきち)で、「新約聖書和訳記念之地(しんやくせいしょわやくきねんのち)」というプレートが残されている。

⇨ **헤본 거주지의 비석 :** 〔요코하마시 중구 야마시타 쵸 39 (네기시 선 이시카와 마을역 하차 10분〕

이시카와 마을역을 내려 개천을 해안방향으로 걸어 다니도바시 앞의 요코하마 지방합동청사앞에 헤본 도일 90년을 기념하여 설립된 헤본 주거 비석이 있다.

헤본은 1815년 3월 미국에서 태어나 대학에서 의학을 공부, 뉴욕 등에서 개업했다가 미국 프로테스탄 장로 교회의 일본 전도에 응모하여 1859(安政 6)년 10월에 일본에 왔다. 일본에 온 후, 잠시 가나가와 의 조우부츠지 에 살았는데 거기에서 근대병제수립에 진력했던 오오무라 마스지로 들에게 영어를 가르쳤다. 1961년(文久원년)봄에는 소오코우지 에 진료소를 열고, 다음해 11월 가나가와 에서 기념비가 있는 요코하마 거류지 39번지로 옮겨 본격적으로 의료 일을 했다. 헤본은 가부키의 여주인공으로서 명성을 떨치고 있던 3대 사와무라 타노스케 의 탈저를 치료하고 미국으로부터 들여온 의족을 채워 주었다. 타노스케 는 관내의 시모다 극장에서 고마움의 표시로 연극을 하여 명성이 더 높아졌다.

1863년 10월 헤본부인 클라라 는 일본 최초의 남녀공학인 영어학관을 열었으며, 후에 수상이 된 다카하시 코레키요 라든지 외상이 된 타다스 와 토오루 도 여기에서 배웠다. 이 학교는 나중에 메이지학원이 되었다.

이 사이 헤본은 신문사업의 선구자인 요시다 긴코 와 협력하여 일본 최초의 일영사전인『和英語林集成』를 완성시켰다. 이 사전의 로마자 철자가 헤본식 로마자의 기초가 되고 있다. 1875년 헤본은 야마노테 245번지로 옮겨, 브라운, 그린 등과 함께『신약성서』의 번역사업에 참가하여 1879년에 완성시켰다. 이 사업은 야마노테 211번지의 브라운 의 집에서 행해졌으며, 그곳은 현재 요코하마 공립학원의 부지로「신약성서 일본어 번역기념의 장소」라는 푯말이 남아있다.

<그림 7> ヘボン邸跡の碑

9) もしほ草(くさ) :

<그림 8>

자료해설

横浜居留地(きょりゅうち)で発行されたために、 慶応4年の太政官(だいじょうかん)布告(ふこく)の影響を受けなかった。岸田吟香が編集したが、江戸の民営(みんえい)新聞が全部発行を中止したにもかかわらず存続(そんぞく)して明治3年におよんだ。 [ヴァン·リード(Vanreed)、横浜新報(よこはましんぽ)もしほ草、Yokohama Shinpo Moshihogusa、慶応4年、1871年、横浜、19×13cm、早稲田大学図書館所蔵]

⇨ 요코하마 거류지에서 발행되었기 때문에, 1864년 최고관청의 영향을 받지 않았다. 키시다 긴코 가 편집했는데, 에도의 민영신문이 전부 발행 중지되었음에도 불구하고 계속 1870년에까지 이르렀다. (<그림 8 참조>)

10) 病(や)む : 앓다, 근심하다.

⇨ ヘルス·ケアセンターでは胸を<u>病む</u>子供たちのケアと1日1時間ずつ交代(こうたい)で文字(もじ)、算数(さんすう)、英語、社会、衛生(えいせい)教育などを教えている。〔yp〕

(헬스·케어 센터에서는, 가슴앓이 하는 어린이를 돌보고 하루 한 시간씩 교대로 문자, 산수, 영어, 사회, 위생교육 등을 가르치고 있다.)

⇨ 胸を病む許婚(いいなずけ)の節子(せつこ)。彼女を看護(かんご)するため信州(しんしゅう)のサナトリウムへやってきた'私'。 二人は生命(せいめい)の危険(きけん)を感じながらも許(ゆる)される限(かぎ)りの幸福(こうふく)を見(み)いだそうとする。〔堀辰雄、風立(かぜた)ちぬ〕
(가슴앓이 하는 약혼녀 세츠코. 그녀를 간호하기 위해 신슈의 사나트리움으로 온 '나'.두 사람은 생명의 위험을 느끼면서도 허락되어 있는 만큼의 행복을 찾으려 한다.)

11) 鳴(な)らす : (종을) 울리다, (명성, 평판을) 떨치다.

⇨ 火事のときはベルをならしたり、かねをならしたりします。
(화재 때는 벨을 울리거나 종을 울리거나 합니다.)

⇨ 学者としてその名を世界にならした。
(학자로서 그 이름을 세계에 떨쳤다.)

⇨ 森氏は実業界(じつぎょうかい)でならした人であった。
(모리 씨는 실업계에서 이름을 떨치던 사람이었다.)

12) 女形(おんながた) : 가부키 연극에서 여자역을 하는 남자배우.

자료해설

歌舞伎(かぶき)の女性役(じょせいやく)の総称(そうしょう)、及(およ)び演(えん)じる俳優(はいゆう)を言う。女方とも書く。「おんながた」または「おやま」と読む。 文字通り基本的に女性を演じる役柄(やくがら)の事である。もともと歌舞伎は出雲(いずも)の阿国(おくに)という女性が男装(だんそう)して、女装(じょそう)の男性と踊(おど)ったのが始まりと言われている。つまり初めから性(せい)の倒錯(とうさく)のおもしろさを見せていたのである。〔yp〕

⇨ 가부키에서 여자역의 총칭 및 연기하는 배우를 말한다. 「女方」로도 쓴다. 「온나가타」 또는 「오야마」로 읽는다. 문자 그대로 기본적으로 여성을 연기하는 역할을 말한다. 원래 가부키는 이즈모 의 오쿠니 라는 여성이 남장하여 여장한 남성과 춤을 춘 것이 효시라 한다. 즉 처음부터 성도착의 재미를 보여주었다.

13) だれあろう : 다름 아닌 바로 ~이다.

⇨ この小説の主人公はだれあろう韓国の核物理学者(かくぶつりがくしゃ)である。
(이 소설의 주인공은 바로 한국의 핵물리학자이다.)

⇨ 文章を書いたり、おしゃべりの途中(とちゅう)、ふと言葉に詰(つ)まることありませんか？ ズバリの表現があったのにと頭をかきむしることありませんか。 — これだれあろう、実は30年前のわたし自身(じしん)です。〔yp〕
(문장을 쓰거나 대화를 하는 도중 갑자기 말이 막히는 일은 없습니까? 아주 좋은 표현이 있었는데 하고 머리를 긁는 일은 없는지요? — 이것은 사실 다름 아닌 30년 전의 나 자신입니다.)

14) 見出(みいだ)す : 발견하다.

⇨ ピカソの才能を見出したのはピカソの父でした。
(피카소의 재능을 발견한 사람은 피카소의 아버지였습니다.)

⇨ 会社のコンサルタントは、 どんな小さなむだでも見出して会社からよけいなお金が出ないようにする。
(회사의 컨설턴트는, 어떠한 작은 낭비라도 찾아내어 회사로부터 불필요한 돈이 지출되지 않도록 한다.)

15) 謝(しゃ)する : 사과하다, 사례하다, 거절하다.

⇨ 無礼(ぶれい)をしゃする。

(무례함을 사과하다.)

⇨ いつも周(まわ)りの人々の厚意(こうい)をしゃする気持を忘れてはならない。

(늘 주위사람들의 후의에 감사하는 마음을 잊어서는 안 된다.)

⇨ 面会(めんかい)をしゃする。

(면회를 사절하다.)

16) 命(いのち)がけ : 필사적으로 목숨을 거는 것.

⇨ あの女性は彼が命がけで愛した人だった。

(그 여성은 그가 목숨을 걸다시피 사랑했던 사람이었다.)

⇨ 敵軍(てきぐん)たちに立ち向って命がけで戦(たたか)った。

(적군들을 향해 필사적으로 싸웠다.)

17) 目(め)を光(ひか)らせる : 감시를 게을리 하지 않다.

⇨ 入学試験の時、監督員(かんとくいん)は目を光らせる。

(입학시험 때, 감독관은 감시를 게을리 하지 않는다.)

⇨ 世界国名(かっこく)の記者(きしゃ)が集まるメディアセンターには、周囲(しゅうい)にフェンスが張(は)りめぐらされ、肩(かた)から銃(じゅう)を下げた兵士(へいし)が目を光らせる。爆弾(ばくだん)を探す警察犬(けいさつけん)も登場(とうじょう)した。〔yp〕

(세계 각국의 기자가 모이는 미디어센터에는, 주위에 장벽가 쳐지고 어깨에 총을 맨 병사가 감시를 한다. 폭탄을 찾는 경찰견도 등장했다.)

cf) 延岡(のべおか)警察署管内(けいさつしょかんない)では、交通事故抑止対策(よくしたいさく)として、現在「めひかり交通安全運動」を実施中(じっしちゅう)です。すでに延岡市町(ちょう)では、昨年から実施中ですが、今年からは北川町(きたがわちょう)でもこの運動に取り組むことになりました。この運動の目的は、住民みずからが、 交通安全の基本である安全確認(かくにん)に目を光らせるということであり、 延岡で採(と)れる深海魚(しんかいぎょ)である「めひかり」から命名(めいめい)されました。この運動の目的は、5つであります(内容省略)。北川町の皆さん、皆(みんな)で交通安全に目を光らせましょう。〔yp〕

(노베오카 경찰서 관내에서는, 교통사고 억지대책으로서 현재「메히카리 교통 안전운동」을 실시중입니다. 이미 노베오카 시와 쵸에서는 작년부터 실시중입니다만, 올해부터는 키타가와쵸 에서도 이 운동에 매진하기로 했습니다. 이 운동의 목적은, 주민 스스로가 교통안전의 기본인 안전 확인에 게을리 하지 말자는 것이며, 노베오카 에서 잡히는 심해어「메히카리」에서 이름이 지어졌습니다. 이 운동의 목적은 다섯 가지입니다 (내용생략). 키타가와쵸 의여러분들, 모두 교통안전에 게을리 하지 맙시다.)

18) **陰(かげな)がら : 남몰래, 멀리서나마.**

⇨ 陰ながら心配しています。

(마음속으로나마 걱정하고 있습니다.)

⇨ 陰ながら無事(ぶじ)を祈(いの)ります。

(멀리서나마 무사함을 빌겠습니다.)

19) 称(たた)える : 기리다, 칭송하다, 칭찬하다.

⇨ 徳(とく)をたたえる。(덕을 기리다.)

⇨ 業績(ぎょうせき)をたたえる。(업적을 칭송하다.)

⇨ 優勝をたたえる。(우승을 칭찬하다.)

⇨ この碑(ひ)は、被爆者救護(ひばくしゃきゅうご)に人道的立場から尽力(じんりょく)した博士の功績をたたえるために建設されたもので、博士の功績を称えるとともに、裏面(うらめん)には 「無数の叫(さけ)びがあなたたちの助けを求めている」というジュノー博士の著作(ちょさく)からの一文がきざまれています。

(이 비석은, 피폭자 구호에 인도적 입장에서 힘써온 박사의 공적을 기리기위하여 건설된 것이며, 박사의 공적을 기림과 동시에 안쪽에는「무수한 절규가 여러분들의 도움을 찾고 있다」는 쥬노 박사의 저서속의 한 문장이 있습니다.)

20) 蘭学(らんがく) :

洋学이라고도 함. 에도(江戸)시대에 주로 네덜란드어에 의하여 서양학술이나 문화를 연구한 학문을 말하는데, 쇄국하에서 서양의 지식이 나가사키(長崎)의 네덜란드 통역사들에 의해 조금씩 전해졌다. 新井白石(あらいはくせき, 1657~1725, 에도 중기의 유학자·정치가,『西洋紀聞』를 지음), 青木昆陽(あおきこんよう, 1698~1769), 平賀源内(ひらがげんない, 1728~1779, 에도 중기의 자연과학자·문인), 伊能忠敬(いのうただたか, 1745~1818, 에도시대 지리학자 · 측량가) 등을 들 수 있다. 번역의 고심담을 쓴『蘭学事始』(らんがくことはじめ, 에도 후기 1815년 杉田玄白가 83세 때 쓴 회상록)도 있다.

21) ぞくぞく(と) : 속속, 잇따라.

⇨ <u>ぞくぞくと</u>入荷(にゅうか)する。

(속속 입하하다.)

⇨ ひと々が<u>ぞくぞく</u>押(お)しかけてくる。

(사람들이 속속 밀어닥치다.)

⇨ 見物人(けんぶつにん)が<u>ぞくぞく</u>詰(つ)めかける。

(구경꾼이 속속 모여들다.)

⇨ これら高速道路の完成に合わせて、トラックも“高速化”へと向けて動き始めて、高出力(こうしゅつりょく)のエンジンを搭載(とうさい)した大型(おおかた)トラックがぞくぞくと生み出され、大量(たいりょう)の物資(ぶっし)が高速道路を通じて輸送(ゆしゅつ)されはじめました。〔yp〕

(이들 고속도로의 완성에 맞추어, 트럭도 '고속화'를 향하여 움직이기 시작하여 고출력엔진을 탑재한 대형트럭이 잇따라 생산되었으며, 대량물자가 고속도로를 거쳐 수송되기 시작했습니다.)

22) かつて : 일찍이, 전에, 옛날에, 전혀, 한번도 (뒤에 부정동반).

⇨ あの人は<u>かつて</u>どこかで会ったことのある人だ。

(저 사람은 전에 어디선가 만난 적이 있는 사람이다.)

⇨ 彼は作家として<u>かつて</u>知られていた。

(그는 작가로서 일찍이 알려졌었다.)

⇨ <u>かつて</u>どこかで会ったことのある人。

(전에 어딘가에서 본 적이 있는 사람.)

⇨ <u>かつて</u>は車がなくてみな歩いたものだ。

(옛날에는 차가 없어 모두 걸었다.)

⇨ 彼女のような親切な人はいまだ<u>かつて</u>見たことがない。

(그녀처럼 친절한 사람은 일찍이 본 적이 없다.)

⇨ かつてそのうわさはきいたことがない。

(전혀 그런 소문은 들은 적이 없다.)

⇨ いまだかつて病気をしたことがない。

(아직 한번도 병을 앓아 본적이 없다.)

[4—5]

본문

ヘボン塾　ヘボン夫妻が居留地三十九番に移ってから[1)]同じ敷地内に施療所と並んで宣教師館が建てられたが、 これが後にヘボン塾として知られた洋館である。 正確にはヘボン夫人の家塾で文久三年(一八六三年)の開設である。 夫人はかねてから[2)]青少年のための教育に尽くしたいと考えていた。 当初は女子を主にしていたが、 そのうち博士のもとに西洋医学を学ぼうとやって来た男子も加わるようになった。 日本における男女共学の源流である。林董、高橋是清、益田孝、三宅秀、服部綾雄らが、ここで夫人から英語の基礎を学んだのだ。 林董は後年、 イギリス公使や外務大臣となって日英同盟の締結に尽力したが、[3)] 当時十三歳で「ヘボン夫人には母親のようにお世話になった」[4)]と思い出を記している。

この男女共学のヘボン塾からは政治家やビジネスマンが輩出したが、やがて婦人宣教師キダーの手に女子学生を託し、明治学院とフェリス女学院とに分かれることになる。 ヘボン博士は『和英語林集成』 の第三版(明治十九年)まで増補し手を加えているが、この第三版をもって東京丸善商社[5)]に版権を譲渡し、その二千ドル(当時の一万円といわれる)をもって明治学院にヘボン館を寄付した。 やがて島崎藤村[6)]・馬場孤蝶[7)]・戸川秋骨ら[8)]が起臥することになる学寮である。

ヘボン博士にとって“わが使命”のゴールとも言うべき聖書の翻訳事業は明治六年に切支丹[9]禁制が解かれるや、[10] 翌年、聖書翻訳の共同委員会を発足させ、博士はその中心メンバーとして主要な部分の翻訳を手がけた。これは明治十三年に完成、初めてわれわれ日本人が日本語で聖書を読めるようになったのである。さらに旧約聖書の翻訳を実現させるため、博士夫妻は静養かたがた[11]スイスのチューリヒに赴き、一年間旧約聖書とヘブライ語の研究をし、十五年に旧約聖書翻訳委員会を組織、博士自ら委員長として尽力して、明治二十年に完了した。翌年、新旧合わせた完全なバイブルとして世に出したのである。[12]

こうして多岐にわたる大事業を一つ一つ完成させていったヘボン夫妻の、周到な[13]計画性と精力的な日常生活とその忍耐強さには、ただただ[14]畏敬の念[15]を覚えるばかりである。安息日といってもその日は安息日学校(日曜学校。現在では教会学校)がある。

聖書の仕事を終えてからのヘボン博士は明治学院の総理としての職務にたずさわる[16]一方で、最後の奉仕ともいうべき横浜・指路教会堂[17]の建築を急いだ。ひそかに[18]日本を去る[19]べきときが近いことを感じていたのである。さすがに、[20] 七十の半ばを越した身に激務がこたえてきた。[21] この教会堂建設に先だって、[22]夫妻はその資金調達のため渡米して募金運動もしている。

横浜の町の中央に赤レンガの堂々たる指路教会堂がその姿を現わした明治二十五年一月、その盛大な献堂式に夫妻は気分がすぐれず自宅に引きこもったまま[23]参列できなかった。「自分の仕事は終わった」、 そんな思いがどっと[24]堰を切った[25]ように七十七歳の老博士を見舞ったのであろう。[26]

その秋夫妻は、かつては草ぼうぼう[27]であった沼沢地にいまは外国商館が立ち並び、 国際港の様相をみせはじめていたハマの光景を感慨深く[28]ながめながら帰国の途についた。[29] すべてが遠い日の夢のようでもあった。

翌年五月、イーストオレンジの家に落着き、[30] 夫妻はそれからほぼ二十年、静かに安息の日々を送った。夫人は一九〇六年、八十八歳で永眠。博士は一九一一年、九十六歳で平和な眠りについた。ローズデールの墓には今なお日本人の墓参がたえない。[31]

한자의 読み方

居留地(きょりゅうち) : 거류지
敷地内(しきちない) : 부지내
並(なら)ぶ : 나란히 하다.
洋館(ようかん) : 서양관
家塾(かじゅく) : 개인 글방, 사숙
開設(かいせつ) : 개설
西洋医学(せいよういがく) : 서양의학
男女共学(だんじょきょうがく) : 남녀 공학
源流(げんりゅう) : 원류
公使(こうし) : 공사
外務大臣(がいむだいじん) : 외무대신
日英同盟(にちえいどうめい) : 영일동맹
締結(ていけつ) : 체결
尽力(じんりょく) : 진력
思い出(おもいで) : 추억
記(しる)す : 기록하다
政治家(せいじか) : 정치가
輩出(はいしゅつ) : 배출
婦人(ふじん) : 부인
託(たく)する : 맡기다
増補(ぞうほ) : 증보
商社(しょうしゃ) : 상사
版権(はんけん) : 판권
譲渡(じょうど) : 양도
寄付(きふ) : 기부
起臥(きが)する : 기거하다
学寮(がくりょう) : 학생기숙사
使命(しめい) : 사명
禁制(きんせい) : 금지
翌年(よくねん) : 다음해
発足(ほっそく) : 발족
完成(かんせい) : 완성
旧約聖書(きゅうやくせいしょ) : 구약성서
静養(せいよう) : 휴식 요양
組織(そしき) : 조직
自(みずか)ら : 스스로
委員長(いいんちょう) : 위원장
完了(かんりょう) : 완료
新旧(しんきゅう) : 신구
多岐(たき) : 복잡다단함, 다방면
周到(しゅうとう)だ:주도면밀하다
計画性(けいかくせい) : 계획성
精力的(せいりょくてき) :정력적
日常(にちじょう) : 일상
忍耐(にんたい) : 인내
畏敬(いけい) : 공경하고 두려워 함
安息日(あんそくび) : 안식일
総理(そうり) : 총리
職務(しょくむ) : 직무
携(たずさ)わる : 관계하다, 종사하다
奉仕(ほうし) : 봉사
指路教会堂(シロきょうかいどう) : 시로 교회당
建築(けんちく) : 건축
去(さ)る : 떠나다
越(こ)す : 넘다
激務(げきむ) : 격무

資金調達(しきんちょうたつ) : 자금조달
募金運動(ぼきんうんどう) : 모금 운동
盛大(せいだい)だ : 성대하다
自宅(じたく) : 자택
堰(せき) : 둑
商館(しょうかん) : 상관
様相(ようそう) : 양상, 모습
感慨(かんがい) : 감개
墓(はか) : 묘
渡米(とべい) : 도미
中央(ちゅうおう) : 중앙
献堂式(けんどうしき) : 헌당식
参列(さんれつ) : 참열
沼沢地(しょうたくち) : 늪지
国際港(こくさいこう) : 국제항
光景(こうけい) : 광경
永眠(えいみん) : 죽음, 영민
墓参(ぼさん) : 성묘(= はかまいり)

주해

1) 移(うつ)る : (사물의 위치가) 변하다, (향기 등이 딴 것에) 옮다, 베다. (시간이) 경과하다, (시대가) 바뀌다, (병 따위가) 전염되다.

⇨ 私は今いる家を<u>移ろ</u>うと思っている。
(나는 지금 살고 있는 집을 옮기려고 한다.)

⇨ さかなの生臭(なまぐさ)いにおいが着物に<u>移っ</u>てとれない。
(생선의 비린내가 옷에 베어서 없어지지 않는다.

⇨ それから時は<u>移っ</u>て平成の世(よ)となった。
(그로부터 세월은 경과하여 헤이세의 시대가 되었다.)

⇨ 時代が<u>移る</u>につれて風俗(ふうぞく)も変わる。
(시대가 바뀜에 따라 풍속도 바뀐다.)

⇨ あまりそばに寄らないでくれ。君の病気が<u>移る</u>と困るから。
(너무 곁에 다가오지 말아 주게. 자네 병이 전염되면 곤란하니까)

2) かねて : (副)일찍이, 미리, 진작.

⇨ <u>かねて</u>の望(のぞ)みを達(たっ)する。
(일찍이 소원을 성취하다.)

⇨ かねてのお約束どおり、きょうは家族を連(つ)れて来ました。
(미리 약속대로 오늘은 가족을 데리고 왔습니다.)

⇨ そのことはかねてお伺(うかが)いしております。
(그 일은 진작 듣고 있습니다.)

3) 尽力(じんりょく)する : 진력하다, 있는 힘을 다하다.

⇨ 彼女は私のためにできるだけ尽力すると約束した。
(그녀는 나를 위해 가능한 한 최선을 다하겠다고 약속했다.)

4) お世話(せわ)になる : 신세를 지다.

⇨ むかし困(こま)っていたとき、あの人のお世話になりました。
(옛날에 곤란을 당했을 때 그 사람 신세를 졌습니다.)

cf) 世話(せわ) : 보살핌, 결혼 상대나 일거리를 소개함.

⇨ うちの子どもは犬やねこの世話が好きです。
(우리 집 아이는 개나 고양이 보살피기를 좋아한다.)

⇨ いいお嫁(よめ)さんをお世話しましょう。
(좋은 며느릿감을 소개해 드리지요.)

⇨ 私は山田さんのお世話でこの会社につとめることになりました。
(나는 야마다 씨의 소개로 이 회사에 근무하게 되었습니다.)

5) 丸善 商社(まるぜん しょうしゃ) :

자료해설

創業者早矢仕有的(はやしゆうてき)は師事(しじ)する福沢諭吉(ふくざわゆきち)のすすめにより丸屋商社を横浜に創業(1869、明治2年)、 書籍(しょせき)·文具·洋品雑貨を販売し。翌年日本橋現在地にも開店、創業の理想を掲(かか)げた丸屋商社之記にもある通り、 株式会社組織を採用し、事実上、日本の株式会社第一号となった。

⇨ 창업자 하야시 유우데키는, 스승으로 삼는 후쿠자와 유기치 의 권유에 의해 마르야 상사를 요코하마에 창업(1869, 명치2년), 서적, 문구, 양품잡화를 판매했다. 다음해 니혼바시의 현재장소에도 개점, 창업의 이상을 내걸었던 『丸屋商社之記』 에도 나타나 있는 대로 주식회사 조직을 채용하여, 명실 공히 일본의 주식회사 제1호가 되었다.

<그림 9> 창업자 早矢仕有的의 사진

<그림 10> 메이지 초기의 丸善社屋

6) **島崎 藤村(しまざき とうそん : 1872～1943) :**

본명은 하루키(春樹)이며, 나가노에서 태어나 1891년 明治学園을 졸업했다. 1892년 明治女学校 기타무라 도코쿠(北村透谷)를 알게되었고 『文学界』 창간에 참여했다. 그러나 1899년 고모로 기주쿠(小諸義塾)에 부임하면서 자연과 인생에 대한 관찰이 깊었다. 소설 『破戒』(1906)를 발표함으로써 작가적 지위를 확립했다. 처음에는 劇詩를 썼지만 그후 신체시로 바꾸어 『若菜集』를 비롯한『一葉舟』『夏草』 등 시집을 내고 서정시인으로서 명성을 떨쳤다. 이후 『春』에서 자전적 소설로 기울어졌으며 다야마 가타이(田山花袋) 의『浦団』과 함께 자연주의 경향을 띄게 되었다.

7) **馬場 孤蝶(ばば こちょう : 1869～1940) :**

영문학자, 번역가, 수필가로 본명은 가츠미(勝弥). 土佐国출신으로 어릴 때부터 몸이 허약하여 11살 때 초등학교에 들어갔다.

공립학교를 거쳐 메이지 22(1890)년 明治学院에 입학하였으며 동료로는 島崎藤村·戸川秋骨등이 있다. 메이지26(1894)년에『文学界』가 창간되면서 동인에 가입, 시, 소설, 평론 등을 발표했다. 7·5조의 서정적인 시를 썼지만 오히려 비평이나 서구시의 번역에 공적이 보인다. 번역집으로는『せどり木』, 톨스토이의『戦争と平和』등이 있다.

8) 戸川 秋骨(とがわ しゅうこつ：1870～1939)：

영문학자, 수필가로 본명은 메이산(明三)이다. 肥後国에서 태어났으며 상경하여 明治학원에 입학했다. 동료로는 島崎藤村·馬場孤蝶 등이 있다. 메이지24년 졸업 후에 明治女学校에 교사로 있다가 26년에『文学界』가 창간되면서 동인에 가입했다. 그의 저서로는 해외여행기인『二万三千哩』가 있으며, 일찌이 영문학번역으로 세상에 알려졌으며 유머적이고 풍자적인 수필로도 명성이 높다. 저서로는『英文学講話』『エマーソン論文集』『デカメロン』의 번역집『十日物語』『英文学覚帳』등이 있다.

9) 切支丹(キリシタン)：

무로마치(室町)시대말 1550년경에 프란시스코 사비에르(1506~1552)가 일본에 전한 기독교의 일파. 일본의 기독교는 1549년동양의 사도(使徒)」라 불리는 사비에르가 일본의 큐슈 서부해안지방인 가고시마(鹿児島)에 와서 포교한 것에서 시작하여 교토까지 번져간다. 일본의 기독교는 오다 노부나가(織田信長)에 의해 더욱더 번창했지만, 임진왜란을 일으킨 도요토미 히데요시(豊臣秀吉)에 의해 금지령이 내려지기도 했으며 이러한 기독교 탄압은 1873년 메이지정부에 의해 풀려졌으나, 그 뒤 정부의 혹심한 탄압으로 쇠퇴하였다.

10) V의 終止形 + や : ~하자마자 (= ~やいなや).

⇨ おこった友だちは本をよむや、ゆかになげつけた。

(화가 난 친구는 책을 읽자마자 마루바닥에 세게 내 던졌다.)

⇨ ベッドにはいるや、ねむってしまった。

(침대에 들자마자 잠들어 버렸다.)

⇨ ベルがなるやいなや教室を出た。

(종소리가 울리자마자 교실을 나왔다.)

11) かたがた : (接尾) 아울러, 겸하여. (= ~をかねて, 同時に)

⇨ 近いうちにお礼かたがた、おうかがいします。

(조만간 감사드릴 겸 찾아뵙겠습니다.)

⇨ 散歩かたがた、友だちを訪(たず)ねた。

(산책도 할 겸 친구를 찾았다.)

12) 出(だ)す : (세상에) 내다, 발표하다.

⇨ この魚は東京の魚市場に出している。

(이 생선은 도쿄 어시장에 내놓고 있다.)

⇨ 今度新しい本を世(よ)に出す。

(이번에 신간서적을 발표한다.)

13) 周到(しゅうとう)だ : 용의주도하다.

⇨ 用意(ようい)周到な計画(けいかく)。

(용의주도한 계획.)

⇨ 山には周到な準備(じゅんび)が必要だ。

(산에 갈 때는 빈틈없는 준비가 필요하다.)

14) ただただ：(副) **그저, 고작, 오로지.(「ただ」의 강조어)**

⇨ <u>ただただ</u>あきれるばかり。

(그저 어이없을 뿐.)

⇨ <u>ただただ</u>これぐらいの事なんだから、そんなに怒(おこ)らないでくれ。

(고작 이 정도의 일이니까 그렇게 화내지 말아 주게.)

15) 畏敬(いけい)の念(ねん)：공경하고 두려워하는 마음.

⇨ <u>畏敬の念</u>を抱(いだ)く。

(외경하는 마음을 품다.)

⇨ <u>畏敬の念</u>をおさえがたい。

(황송한 마음을 누를 길 없다.)

⇨ その「路地裏(ろじうら)を歩いてみて初めて気付(きづ)くもの」とは…人々の生活に根付(ねづ)いている「自然に対する<u>畏敬の念</u>」だ。〔沖縄の旅〕

(그 뒷골목을 걸어보고 비로서 알게 된 것은…그 사람들의 생활에 뿌리 깊게 자리잡고 있는「자연에 대한 외경심」이다.)

16) 携(たずさ)わる：(어떤 일에) 종사하다, 관계하다.

⇨ NRI野村総合研究所は､ITに<u>携わっ</u>ている人々を支援(しえん)するワンストップ･サービスITリーダーズネット」を、本日(ほんじつ)開始いたしました。

(NRI노무라 종합연구소는, IT에 종사하는 사람들을 지원하는 원스톱 서비스「IT리더스넷트」를 오늘 개시했습니다.)

⇨ 学問に<u>携わる</u>人は、いつも科学的なものの見方(みかた)、考え方で仕事をすることが大切(たいせつ)です。〔現代〕

(학문에 관계하는 사람은, 항상 과학적인 사물의 관찰력·사고력으로 일하는 것이 중요합니다.)

17) 指路 教会(シロ きょうかい) : 1874年(메이지 7年) 헤본에 의해 横浜市에 지어진 일본 최초의 프로테스탄트 교회. 파리의 노틀담 대성당과 닮은 고딕풍 교회.

<그림 11>

자료해설1

ヘボン式ローマ字で有名なヘボン博士の至力(しりょく)によって建ったプロテスタント長老派(ちょうろうは)の教会で、関東大震災(かんとうだいしんさい)での倒壊後(とうかいご)大正時代に再建(さいけん)された建物である。重厚(じゅうこう)というか、開港期(かいこうき)に山手や山下に設立(せつりつ)された他の教会の建築(けんちく)と比べても、ひときわ異(こと)なった雰囲気(ふんいき)を放(はな)っている。

⇨ 헤본식 로마자로 유명한 헤본 박사의 노력에 의해 지어진 프로테스탄트 장로파의 교회로, 관동대지진으로 붕괴 후 다이쇼시대에 다시 지어진 건물이다. 중후하다고 할까 개항기에 야마노테와 야마노시타 에 설립된 다른 교회의 건축에 비해서도 한층 더 다른 분위기를 자아내고 있다.

자료해설2

医師(いし)であり宣教師(せんきょうし)であったJ.C.ヘボンが日本にキリスト教を伝道(でんどう)する志(こころざし)を持って、 最初の宣教師として横浜の港(みなと)に来航(らいこう)したのは、1859年(安政6年)10月のことであった。やがてヘボン塾(じゅく)で勉強していた青年(せいねん)たちを中心にして、教会設立(せつりつ)の気運(きうん)が起こり、1874年(明治7年)9月13日、米国(べいこく)長老(ちょうろ)教会の宣教師ヘンリールーミスを初代牧師(しょだいぼくし)として設立されたのが当(とう)教会である。教会は最初の外人居住地(がいじんきょじゅうち)39番から、現在地(げんざいち)、太田町(おおたちょう)、住吉町(すみよしちょう)を経(へ)て1892年(明治25年)再(ふたた)び現在地に戻り、 ヘボンの尽力(じんりょく)により赤レンガの最初の教会堂が建てられた。その時、 ヘボンの母(ぼ)教会名、 Shiloh Churchをいただいて指路教会とした。「シロ」は旧約聖書(きゅうやくせいしょ)において、「平和を来らす者」すなわちメシヤを示す意味、および古い時代の聖(せい)なる町の両方(りょうほう)に用いられている。

その後、 関東大震災(かんとうだいしんさい)によって教会堂が倒壊(とうかい)したのち現在の教会堂が再建(さいげん)され、その後も幾多(いくた)の厳しい事態(じたい)に直面(ちょくめん)しながらも、 いつもキリストのみ言葉と信仰(しんこう)によって、今日まで伝道の使命(しめい)を果(は)たしてきた。現在も、長老教会の伝統(でんとう)を重(おも)んじつつ、 「イエス・キリストの福音(ふくおん)が正しく語(かた)られ、誠実(せいじつ)に聞かれる」教会でありつづけることを求めて進んでおります。2000年12月には。創立(そうりつ)125周年(しゅうねん)記念事業の一つとしてスイス/マティス社のパイプオルガンが設置(せっち)された。

⇨ 의사이며 선교사였던 J.C 헤본이 일본에 그리스도교를 전도하겠다는 뜻을 가지고 최초의 선교사로서 요코하마 항에 내항했던 것은 1859년(안세이6년) 10월의 일이었다. 머지않아 헤본 학원에서 공부하고 있던 청년들을 중심으로 교회설립의 기운이 일어나, 1874년(메이지7년) 9월 13일, 미국 장로교회의 선교사 헨리·루미스를 초대목사로 설립된 것이 본 교회이다. 교회는 최초의 외국인 거류지 39번지에서 현재 장소, 오오타 쵸, 스미요시 쵸를 거쳐 1892년(메이지25년) 다시 현재의 곳으로 돌아와, 헤본의 노력에 의해 빨간 벽돌인 최초의 교회당이 지어졌다. 그 당시 헤본의 모교회 이름, Shiloh Church를 받아 「시로 교회」라고 했다. 「시로」는 구약성서에서 「평화를 가져오는 자」즉 메시아를 나타내며 또한 고대의 성스러운 마을이라는 두 가지 뜻으로 사용되고 있다.

그 후 관동대지진에 의해 교회까지 무너진 후, 현재의 교회가 재건되었고, 그 후에도 몇 번의 혹독한 사태를 맞으면서도 항상 그리스도만의 말씀과 신앙에 의해 지금까지 전도의 사명을 다해 왔다. 지금도 장로교회의 전통을 중요시하면서 「예수 그리스도의 복음이 정확히 전달되고 성실하게 들려주는」 교회로 이어지기를 바라면서 정진하고 있다. 2000년 12월에는 창립 125주년 기념사업의 하나로 스위스 마티스사의「파이프 오르간」이 설치되었다.

18) 密(ひそ)かだ : 남모르게 살며시 하다.

⇨ ひそかに忍(しの)びよる。
(살짝 다가가다.)
⇨ 心中(しんちゅう)ひそかに喜(よろこ)ぶ。
(마음속으로 은근히 기뻐하다.)
⇨ ひそかに反対(はんたい)する。
(은근히 반대하다.)
⇨ ひそかに立(た)ち聞(き)きする。
(몰래 엿듣다.)

19) 去(さ)る : (어떤 장소에서) 떠나가다, (어떤 시기가) 지나다.

⇨ 彼は師(し)のもとをさった。
(그는 스승의 곁을 떠났다.)
⇨ 青春時代(せいしゅんじだい)は永遠にさった。
(청춘시대는 영원히 가버렸다.)
⇨ 戦争(せんそう)の危機(きき)はさった。
(전쟁의 위기는 지났다.)

20) さすがに : 그렇다고는 하나, 역시, 정말이지, 과연.

⇨ ほしいとは思ったけど、さすがに「ください」とは言えなかった。
(갖고 싶다고는 생각했지만, 그러나 「주세요」라고는 말할 수 없었다.)
⇨ とてもおいしかったが、さすがにそれ以上は食べられなかった。
(너무나 맛있었지만 정말이지 그 이상은 먹을 수 없었다.)

⇨ さすがに彼は先生をしているだけあって、日本語がじょうずだ。
(과연 그는 선생님을 하고 있는 만큼 일본어가 능숙하다.)
⇨ さすがにオリンピックの選手だ。実にはやいね。
(역시 올림픽 선수야. 정말로 빠르군.)

21) 堪(こた)える : 참다, 견디다. 지속되다.
⇨ 怒(いか)りを内(うち)にこたえて外(そと)に出(だ)さない。
(분노를 꾹 참고 겉으로 나타내지 않는다.)
⇨ こんな業績(ぎょうせき)では会社がもちこたえられない。
(이런 업적으로는 회사가 지속될 수 없다.)

22) 先立(さきだ)つ : 앞장서다, 어떤 일이 있기 전에 일어나다.
⇨ 人に先だって仕事(しごと)をしなければ成功しない。
(남보다 앞장서서 일하지 않으면 성공하지 못한다.)
⇨ その戦争に先だってちいさい紛争(ふんそう)が何回となく行った。
(이 전쟁에 앞서 조그만 분쟁이 여러 번 일어났다.)

23) 引(ひ)きこもる : (외출하지 않고 집에만) 있다.
(= stay indoors)
⇨ 彼はかぜで一週間家にひきこもったままだ。〔yp〕
(그는 감기 때문에 일주일 내내 집에 틀어 박혀만 있다.)
⇨ ひきこもる子どもたちの心理と病理を語ることは、たいへんむずかしいことである。
(집에만 틀어박혀 있는 아이들의 심리나 병리를 말하는 것은 대단히 어려운 일이다.)

cf) 籠(こも)る : 들어가 숨다, 집에서 나오지 않다.

⇨ 山の中にこもる。

(산 속에 숨다.)

⇨ 家にこもって慎(つつし)む。

(집에 들어앉아 근신하다.)

24) どっと : (갑자기 많은 것이 나오는 모양) 와, 왈칵.

⇨ 先生がおかしなことを言ったので学生たちはどっとわらった。

(선생님이 우스운 말을 했기 때문에 학생들은 '와' 하고 웃었다.)

⇨ 仕事がおわったら、どっとつかれが出た。

(일이 끝나니까 왈칵 피로가 밀려 왔다.)

25) 堰(せき)を切(き)る : (많은 사람이 한꺼번에 몰려 닥치는 모양, 어떤 동작이 격렬하게 일어나는 모양) 쌓인 감정을 터뜨리다, 둑을 터뜨리다, 둑을 무너뜨려 넘쳐흐르다.

⇨ 哲也(てつや)もこらえていたのを、一時にせきをきって、心行(こころゆ)くほど笑った。

(데츠야도 참고 있었던 걸 한순간에 터뜨려 마음껏 웃었다.)

26) 見舞(みま)う : 휩쓸다, 위문하다, 안부를 묻다.

⇨ たいふうに見舞われて、村は田も畑(はたけ)もすっかりだめになってしまった。

(태풍이 덮쳐 마을은 논도 밭도 완전히 못쓰게 되어 버렸다.)

⇨ 病人(びょうにん)を見舞うときにはたいてい花を持って行きます。

(환자를 위문할 때는 대체로 꽃을 들고 갑니다.)

⇨ 危篤(きとく)などの重大事(じゅうだいじ)の場合は除(のぞ)き、見舞うのは入院(にゅういん)した翌日以降(よくじついこ

う)や病状(びょうじょう)が安定してからにしましょう。〔yp〕
(위독한 경우 등의 중대한 경우를 제외하고 병문안하는 것은, 입원한 다음날 이후나 병상이 안정된 이후로 합시다.)

⇨ アフガニスタン南部(なんぶ)カンダハルで2日、米軍機(べいぐんき)の空爆(くうばく)で負傷(ふしょう)した住民らを市内の病院に見舞った米軍兵士(へいし)や医療関社(いりょうかんけいしゃ)らの一団(いちだん)が銃撃(じゅうげき)され、米軍兵士1人が足に負傷した。〔yp〕
(아프가니스탄 남부 칸다하르에서 2일, 미군기의 공폭으로 부상당한 주민들을 시내 병원으로 병문안 간 미군병사와 의료관계자들의 한 무리가 이 총격을 받아 미군병사 한사람이 다리에 부상을 당했다.)

27) ぼうぼう：㊀ (풀· 수염 등이 아무렇게나 자란 모양) 더부룩이, 덥수룩이. (불이 세차게 타는 모양) 활활.

⇨ 博物館(はくぶつかん)の周(まわ)りは草ぼうぼう。 遠くからみると草の中に埋(う)まってる。 パールロードをはずれて博物館に向かう道だって、「ホントにこの道でいいのか？」と不安になるほど草ぼうぼう。 草ぼうぼうの中たどり着いた博物館正面(しょうめん)は、倉庫(そうこ)のようだ。〔yp〕
(박물관 주위는 풀이 덥수룩하게 나 있다. 멀리서 보면 풀속에 묻혀있다. 팔로드를 벗어나 박물관으로 향하는 길이지만, 정말로 이 길로 가면 될까할 정도로 불안하게 풀이 덥수룩하다. 풀이 덥수룩이 나 있는 가운데를 찾아 도착한 박물관정면은 창고 같다.)

⇨ 気がつくとあたり一面(いちめん)火がぼうぼうだった。
(정신을 차려보니 온통 주변일대가 불이 활활 타오르고 있었다.)

28) 感慨深(かんがいぶか)い : 감개무량하다.

⇨ 20年ぶりに祖国(そこく)を訪(おとず)れたが非常に感慨深いものがある。

(20년만에 조국을 찾아왔는데 너무나 감개가 무량하다.)

⇨ 幾多(いくた)の困難(こんなん)を乗(の)り越(こ)え、このたび日本経済団体連合会(れんごうかい)が発足(ほっそく)したことは、誠(まこと)に感慨深い。〔yp〕

(수많은 어려움을 극복하고, 이번에 일본경제단체 연합회가 발족된 것은, 진심으로 감개무량하다.)

⇨ 日本の内閣総理大臣(ないかくそうりだいじん)としては12年ぶりの米国公式訪問(べいこくこうしきほうもん)となる6日間(むいかかん)の旅行をこのロサンゼルス市から始めることができましたことは、個人的にも、また、日米(にちべい)関係の観点(かんてん)からもまことに感慨深いものがあります。〔yp〕

(일본의 내각 총리대신으로는 12년만의 미국 공식방문이 되는 6일간의 여행을, 이 로스앤젤레스시부터 시작할 수 있었던 것은, 개인적 또 미일관계의 관점에서도 진심으로 감개무량한 데가 있습니다.)

29) 途(と)につく : 길, 여로에 오르다.

⇨ 赴任(ふにん)の途につく。

(부임길에 오르다.)

⇨ 代表団一行はこのあと、市内の施設を見学した後、明日からは広島県などを訪れ 8日には帰国の途に着く予定です。〔yp〕

(대표단 일행은 이후 시내시설을 견학한 후 내일부터는 히로시마현 등을 방문하고 8일에는 귀국길에 오를 예정입니다.)

⇨ 新井と共(とも)に渡航(とこう)の途につく。

(아라이와 함께 도항길에 오르다.)

30) 落着(おちつ)く：(自) **진정되다, 침착하다, 조화를 이루다, 거처가 결정되다, 정착하다.**

⇨ ここならしずかで、落着いて仕事ができる。
(여기라면 조용하고 침착하게 일 할 수 있다.)

⇨ あわてないで落着いて話してください。
(당황하지 말고 침착하게 말 해주세요.)

⇨ このかべの色とこのいすの色とは落着かない。
(이 벽의 색과 이 의자의 색은 어울리지 않는다.)

⇨ スカートをもう少し長くすると落着くでしょう。
(스커트를 좀 더 길게 하면 어울리겠죠.)

⇨ きのう東京につき、兄の家に落着きました。
(어제 동경에 도착해서 형 집에 거처가 정해졌다.)

31) 絶(た)える：끊어지다, 끊기다, 단절되다.

⇨ 人通(ひとどお)りがたえる。
(사람의 통행이 끊어지다.)

⇨ 私の子どもは体が弱いので、私は心配の絶える時がない。
(우리 아이는 몸이 약해서 나는 근심이 그칠 날이 없다.)

연습문제

＊上の本文の内容をよく読んで次の問いに日本語で簡単に答えなさい。

(問1) ヘボンとはどのようなことをした人か簡単に述べなさい。

(問2) ヘボンの生い立ちはどうだったのか。それから、若い頃の志は何だったか述べなさい。

(問3) ニューヨークに戻ったヘボン博士は、どんな様子だったのか述べなさい。

(問4) 神奈川に上陸してから、ヘボンの生活はどうだったのか述べなさい。

(問5) 辞書の編纂時、一日の生活はどうだったのか述べなさい。

(問6) 岸田吟香は、ヘボンにとってどんな役割を果たした人だったのか述べなさい。

(問7) この辞書を脱稿した後、ミッションの本部にどんな内容の手紙を書き送ったのか述べなさい。

(問8) 有名な歌舞伎俳優、沢村田之助のことについて述べなさい。

(問9) 本文にとって、その当時、長崎と横浜はどんな町だと思っているか述べなさい。

(問10) 初めて日本人がバイブルを日本語で読めるようになったのはいつで、 新旧合わせた完全なバイブルの翻訳書はいつ完成したか。

(問11) 明治学院の寮「ヘボン館」で起臥した文学家は、だれですか。

(問12) ヘボン夫妻は何歳でなくなったか、又、彼の墓はどこにあるのか。

부록

〔본문의 번역〕

제1장 안전벨트는 장식이 아니다

<본문 1—1>

작년 관통형 교통사고 — 운전자나 차에 함께 탄 사람이 사망하는 교통사고 — 에 의해서 죽은 사람은 5,315명에 달했다. 그런데 교통 안전문제의 전문가에 의하면, 이 사람들이 만약 안전벨트를 매고 있었다면 그중 6할 정도의 사람이 죽지 않아도 되었고 부상 정도도 훨씬 가벼웠을 것이라고 한다. 예를 들면, 운수성에 의한 다음과 같은 조사 보고가 있다. 올해 1월 12일 가나자와 시에서 일어난 충돌 사고로 네 명의 남성이 허리와 무릎, 가슴 등에 타박상을 입고 얼굴을 다치는 등 합계 열세 군데를 부상당했다. 특히 한 사람은 오른쪽 안구에 앞 유리창의 파편이 박혀 중상, 한 사람은 왼발이 골절되었다. 그런데, 이 조사에 의하면, 만약 전원이 이 점식 안전벨트를 매고 있었다면 얼굴과 가슴 등 다섯 군데의 부상은 면하지 못했을지도 모르지만 모두 경상으로 끝났을 것이고, 삼점식 안전벨트였다면 불과 한군데 손목에 경상을 입었을 뿐 다른 모든 부상을 면할 수 있었을 것이라 한다.

그런데 비행기의 좌석벨트를 매는 일에 불평을 하는 사람은 없다고 하는데, 비슷한 장치인 차의 안전벨트라면 운전자들은 여러 가지 핑계을 대면서 매려고 하지 않는다. 다음에 언급하는 것은 사고를 일으킨 운전자들을 대상으로 한 설문조사에 나타난 '안전벨트를 매지 않는다'는 구실이다. 이들 핑계는 조사 대상이 된 운전자들에게 국한되지 않고 일반적으로도 널리 이용되고 있는 핑계인데 잘 검토해 보면, 이들 주장에는 근거가 없는 것을 알 수 있다. 어째서 잘못된 것인지 검토해 보자.

1. 벨트를 매거나 푸는 것이 귀찮고 번거롭다.

앞의 설문조사에서는 운전자의 4 분의 3이 안전벨트를 매지 않았던 이유의 하나로 이렇게 주장한다. 그러나 실제로 매 보면 결코 그렇게 번거로운 것이 아닌 것을 알 수 있을 것이다. 운전석에 앉아서 몸을 바른 위치에 안정시키고 안전벨트를 다 매는데 소요되는 시간은 기껏해야 30초에서 일분에 지나지 않는다. 또 만일 사고를 당한 경우에도 구조자가 간단하게 풀 수 있도록 만들어져 있다. 벨트의 길이도 역시 이용하는 사람의 몸에 맞춰서 적절한 길이만큼 빼낼 수 있는 감기식인 것도 있어, 일일이 손으로 조절하지 않으면 안 되었던 이전과 같은 번거로움은 없어졌다.

2. 몸이 자유스럽지 못해서 운전하기가 어렵다.

이것은 두 번째로 자주 사용되는 핑계이다. 하긴 안전벨트에 의해서 몸이 좌석에 고정되어 있기 때문에 몸의 자유는 어느 정도 제한된다. 그러나 운전하기가 어렵게 되는 일은 없다. 오히려 안전벨트를 매고 있는 것이야말로 급커브를 틀수도 있고 울퉁불퉁한 길이 많은 곳에서도 확실하게 핸들을 잘 다룰 수 있는 것이다. 혹은 또, 급브레이크를 밟을 때라던가 충돌사고 때 앞으로 고꾸라져 차안 어딘가에 몸이 심하게 내던져지는 위험한 2차 충돌을 미연에 방지해 준다.

또, 안전벨트는 충돌의 충격으로부터 몸을 지켜줄 뿐만 아니라 사고 예방에도 도움이 되고 있는 것을 잊어서는 안 된다. 운전 중에 뒤를 돌아보거나 밑에 떨어진 것을 줍기도 하는, 사고를 부르는 위험한 동작을 할 수 없게 되고 한편으로는 자세가 바르게 유지되기 때문에 시야도 넓어진다. 덧붙여서 작년의 모든 교통사고 사망자 중 12.3%는 한눈 파는 운전에 의해서 일어나고 있다. 안전벨트는 차를 이용하는 사람뿐만 아니라 보행자를 사고로부터 지켜주는 것과도 연관되는 것을 잊어서는 안 된다.

3. 차에 화재가 났을 경우 탈출이 늦는 것은 아닐까?

이런 종류의 재난을 만날 가능성은 상당히 낮다. 예를 들면 작년 동안 도쿄도(都)에서 발생한 차의 화재 건수 — 반드시 모든 것이 교통사고에 의한 화재라고는 할 수 없다 — 는 같은 해 동안에 도내에서 일어난 차끼리의 충돌과 전복 등의 교통사고의 1.7%에 지나지 않는다. 또 만약 불행하게도 이런 사고가 정말 일어났다고 해도 안전벨트를 매고 있는 편이 훨씬 안전하다. 안전벨트를 푸는 데에는 원터치 조작으로 몇 초도 걸리지 않으며 안전벨트를 매고 있지 않다면 2차 충돌로 인사불성에 빠지거나 혹은 부상당해서, 탈출할 수 없는 일도 충분히 생각해 볼 수 있기 때문이다.

<본문 1—2>

4. 충돌 때 차안에서 갇히는 것은 아닐까?

충돌 시 그대로 차내에 남아 있으면 납작하게 찌그러져 죽었다고 생각되는데, 충돌의 반동으로 밖으로 내팽개쳐졌기 때문에 살아났다는 사례도 분명히 있다. 그러나 그것은 예외적으로 운이 좋았을 뿐이며 이러한 행운인 경우는 극히 드물다.

우리나라의 경우, 통계적으로 확실한 숫자는 없지만 미국에서는 치명상을 입을 수 있는 위험도는 차 밖으로 내던져지는 경우가 가장 높다고 인식되고 있다. 안전벨트의 중요한 효용의 하나는 충돌의 충격으로 몸이 차 밖으로 내팽개쳐지는 것을 막는 것이다.

5. 저속으로 운전하고 있기 때문에 필요 없다.

1973년에 발생한 상해(傷害)를 동반한 교통사고 중 24%는 시속 24km 이하의 속력에서 일어났고, 77%는 50km이하의 속력에서 일어나고 있다.

또, 사망사고는 어떤 속력에서라도 일어날 수 있는 점도 명심해 두어야 할 것이다. 1962년에 운수성 기술연구소에서 행한 등신대(等身大)인형을 사용한 실험에서, 29km정도의 스피드 충돌에도 살아있는 인간이라면 즉사상태가 되었다고 보고 되어 있다. 속력이 느리기 때문에 안전하다고는 결코 말할 수 없는 것이다.

6. 고속에서 발생하는 사고에서는 도움이 안 되는 것이 아닐까?

물론 안전벨트는 만능은 아니다. 그러나 벨트를 매고 있으면 매지 않은 경우에 비해서 사고를 만나도 살아남을 수 있는 가능성은 훨씬 커진다.

일본의 경우, 벨트의 착용률은 매우 낮으며, 착용이 의무화되어 있는 고속도로에서도 6%정도에 지나지 않기 때문에, 벨트 덕분에 목숨을 건졌다는 사례는 극히 적지만, 그래도 시속 70~80km의 속도에서 일어난 사고임에도 불구하고 경상(軽傷)으로 끝났다는 예가 이미 몇 가지 보고 되고 있다.

7. 안전벨트는 운전기술이 미숙한 사람이 매는 것이다.

안전벨트를 매고 있거나, 동승자에게 안전벨트를 매게끔 권유하거나 하면, 자신의 운전기술이 미숙하다고 생각되지 않을까 걱정하는 운전자나, 친구의 차에 탔을 때 안전벨트를 매거나 하면 자못 친구의 운전을 신용하지 않는 것 같아 실례가 된다고 생각하는 사람이 적지 않다. 안전벨트를 매면 운전자의 자존심을 상하게 한다는 이러한 사고방식은 차의 이용자 사이에 널리 정착되어 있는 뿌리 깊은 편견의 하나이다.

보통 승용차와 사륜 승용차에 대해서 조사해 보면, 작년 1년간에는 적어도 51대당 1대의 비율로 사상 사고를 일으키고 있는 것을 알 수 있다. 언제, 어디서, 어떤 사고를 일으키는지 어떤 사고를 만날지는 누구도 예측할 수 없는 것이다.

경시청 안전교육계의 오가와 도시오 주임은「우리나라의 경우, 안전벨트를 매고 있었으면 생명을 건졌을 것으로 생각되는 사고가 너무 많습니다.」라고 한탄한다. 쓸데없는 허영과 걱정이 사고의 피해를 크게 하고 있는 것이다.

그러나 차의 이용자가 자진해서 안전벨트를 매도록 하려면 운전자 자신의 자각과 함께 사회 일반의 이해와 가정의 이해도 빠뜨릴 수는 없다. 또, 안전벨트의 착용이 하나의 습관으로 몸에 밴다면 새삼스럽게 번거로워하지 않아도 된다. 그래서 과학 경찰연구소 안전실장인 모리 다카오씨는 다음과 같이 제안하고 있다.「엔진의 발동을 걸면서부터 발차하기까지의 사이에 약간의 시간이 있습니다. 이 시간은 운전자에게 있어 무료한 시간이라 해도 좋으니까 이 시간에 안전벨트를 매도록 한다면 좋겠지요.」

많은 사실이 나타났듯이, 안전벨트를 싫어하는 이들의 핑계에는 전혀 근거가 없다. 운전자 중에는「내 목숨이니까 죽든 살든 내 마음대로야.」라고 무심결에 지껄이는 사람도 있다. 그러나 자신의 생명을 경시하는 사람들은 자칫하면 타인의 생명까지 경시하는 경향이 있다. 당신의 차에 꼭 안전벨트를 장치해서 이용하는 것을 권하고 싶다. 안전벨트는, 어느 날 갑자기 닥쳐올지 모르는 교통사고의 불행에서부터, 당신 자신을 그리고 당신이 사랑하는 가족 한 사람 한 사람을 구해줄 것이다.

제2장 경이로운 인간 컴퓨터

<본문 2—1>

1975년 3월 5일. 프랑스 리용 의 어느 학교 강당이다. 무대에는 안경을 낀 몸집이 작은 신사가 서 있다. 네덜란드인으로 이름은 월렘(윔)·크레인, 63세. 강당을 가득 메운 200명 정도의 과학자, 수학자로부터 보내진 200자리수의 숫자가, 8장이나 이은 칠판의 끝에서 끝까지 갈겨 쓰여 있다. 이 수의 23승근을 가능한 한 짧은 시간에 구하는 것이 크레인에게 주어진 과제이다. 단, 연필과 종이와 계산기 등을 일체 사용해서는 안 된다.

칠판 위의 큰 시계 침이 출발했다. 크레인은 칠판의 숫자를 가만히 응시하고는 무대 위를 빙빙 돌아다니기 시작했다. 굉장한 기세로 무언가 중얼거리고 있다. 네덜란드어이다. 청중이 숨을 죽이고 기다리는 사이를 시계 침은 돌아간다. 5분 …… 8분 …… 10분. 그리고 10분 32초, 크레인은 분필을 잡고 흑판에 하나의 숫자를 마구 갈겨쓴다. 컴퓨터가 즉시 그 답을 확인한다. 청중이 열광적인 박수를 보낸다. 암산의 세계기록이 이 분야에 있어 몇안되는 한사람의 프로에 의해 지금 깨어진 것이다. 기네스사판 기록사전「세계 제일의 세계」는 2년 연속으로 크레인을 세계기록 보유자로서 기재하게 되었다.「인간 컴퓨터」라는 칭호가 그에게 어울리는 것이 다시 확인된 것이다.

윔·크레인이 수학적 재능을 발휘하는 것은 이 같은 쇼적인 것에 한정되어 있는 것은 결코 아니다. 여기 17년간이라는 것, 쥬네브 교외의 CERN (유럽 합동 원자핵 연구기관) 에 있어서, 그의 재능은 과학연구를 위해 중요한 역할을 다하고 있는 것이다. CERN에서는 많은 인물이 일하고 있지만 그 중에서도 윔·크레인은, 이 거대한 연구기구 중에서, 컴퓨터조차도 할 수 없는 일을 재빠르게 처리할 수 있는 유일한 두뇌인 것이다.

실은 너무나 정교한 이러한 전자장치가 실용에 이용되게끔 내놓게 되기까지는, 윔이 CERN의 컴퓨터였다. 어느 과학자가 그것을 푸는 데도 며칠이나 몇 주간이나, 때로는 몇 달이나 걸릴 것 같은 계산에 부딪쳤을 때는, 그것을 윔에게 가지고 온다. 그러면, 대부분 바로 거기에서 답이 주어지는 것이다.

속도의 비결 최근에는, 어느 과학자나 컴퓨터에 넣을 수 있도록 프로그램을 만드는 경향이 있지만, 윔과 같은 인간의 두뇌 쪽이 기계보다도 유리한 면도 아직 남아있다. 「아주 대략적으로 말하면 컴퓨터는 하나씩 순서대로 일을 해 가는 것입니다.」라고 미국의 물리학자 제레미·반스타인 은 설명한다.「그런데 윔은, 몇 개의 조합을 한번에 병렬시켜 생각할 수 있다. 그렇기 때문에 한 가지 조합 계산을 하면서 잘 되지 않는 조합의 숫자는 끝수를 잘라 버리는 등 동시에 해 버리는 것입니다. 놀랄만한 속도 비결의 한 부분은 여기에 있다고 생각합니다.」

<본문 2—2>

윈트의 계산 속도는 참으로 놀랄만하다. 어느 날 그는 CERN(유럽합동원자핵 연구기관)의 물리학자 행크·윈트와 나에게 두 자리 수를 세 개 들어보도록 했다. 그가 그 곱셈을 암산으로 해서 윈트의 미니전자 탁상계산기와 경쟁하려고 하는 것이다. 나는 21×16×87 이라는 문제를 내었다. 1초도 지나지 않아 그는 「29,232」 라고 말한다. 윈트는 조금 늦게 그 답이 맞았다는 것을 확인했다. 「숫자의 키를 누르는 데에 아무래도 시간이 걸려버렸어.」라고 윈트는 말한다, 윔도 고개를 끄떡이면서 「컴퓨터의 계산에는 당할 수 없을지는 모르지만, 조작하는 사람의 손보다 내 쪽이 빠르다고 생각합니다.」

CERN에서 근무하는 윔의 동료는, 그를 대자연의 경이로움에 비유하여 인간 마터—혼 이라든가 인간 그랜드 캐년 이라는 호칭을 쓴다. 그러나 윔 자신은 자기의 재능에 대하여 그만큼 신비하게 생각하지 않는다. 예를 들어, 암산하고 있을 때는 마치 부서진 기계같이 무언가 중얼중얼 거리고 있는데, 그렇게 하지 않으면 머리가 잘 회전하지 않는다고 그는 말한다. 「숫자를 나는 눈으로 보는 것이 아닙니다. 귀로 듣지 않으면 잘 할 수 없습니다」라고 윔은 설명한다.「겨우 어렸을 때의 일이지만, 네덜란드의 어떤 심리학자가 나를 테스트 한 적이 있습니다. 입 속에 물을 머금은 채로 암산하도록 했습니다. 아주 속도가 떨어져 버렸습니다.」

최초의 「개화기」 실제로 윔 자신의 이야기를 듣노라면, 그와 같이 열심히 연습하면 누구라도 그와 같은 정도의 암산은 할 수 있게끔 되지 않을까 생각한다. 윔은 1912년 12월 4일 암스테르담에서 태어났다. 아버지는 유태인 의사이고 윔은 그 두 사람의 아들 중 한 명이었다. (「태어난 것은 수요일, 오전 10시46분, 집 전화번호는 51314, 아버지 자동차 면허증번호는 59143」이라고 그는 술술 이야기한다.) 지능지수도 지극히 보통이며 아주 평범한 아이로 자랐다. 그러나 열 살 전후에 자신이 최초의「개화기」라고 부르는 때가 온다. 소인수분해와의 우연한 만남이다. 즉, 숫자를 소수만의 곱셈으로 해버리는 것이었다.「예를 들면, 21은 3의 7배입니다. 22는 11의 2배이다. 그러나 23은 어떤 식으로도 나눌 수 없습니다. 그것은, 이 수가 이미 소수이기 때문입니다.」

윔 소년은, 닥치는 대로 수를 분해하는 데에 열중했다.「매우 재미있기 때문에, 친구가 축구를 하고 있는 동안도 나는 인수분해만을 하고 있었어요. 2만까지의 숫자는 대강 분해해 보았어요.」 그 결과 윔은 이윽고 구구단을 한 자리수 뿐만 아니라 100×100까지 외워 버린다. 천까지의 제곱도 술술 말할 수 있고, 1만까지의 소수도 전부 외워버렸다. 어떻게 그러한 숫자를 기억하는 것일까? 특별한 비결 따위는 없다고 윔은 말한다.

<본문 2—3>

「완전히 외워 넣을 때까지는 반복해서 그 숫자를 말해 머리 속에 주입시키는 것 뿐이에요. 외국어를 외우는 것과 같습니다.」 또한, 그는 틈만 나면 숫자를 마구 주무른다. 예를 들면 CERN의 주차장을 그와 같이 걷고 있었는데, 꽤 빠른 말투의 영어로 지껄이면서 틈틈이 네덜란드어로 열심히 뭔가를 중얼거리고 있는 것을 알아차릴 것이다. 차 번호를 닥치는 대로 소인수분해하고 있는 것이다.

윔의 제2의 개화기(성과가 나타나기 시작한 것)는 14살 때의 일이었다. 한 교사가 대수표를 갖고 와서 그 사용방법을 그에게 설명했다. 주말에 그 표를 선생님으로부터 빌린 윔은 바로 암기하기 시작했다. 지금 그는 150까지의 대수표는 전부 머리 속에 들어 있다. 지금까지 그 만큼의 대수를 외운 사람은 두 사람밖에 알려져 있지 않다. (또 한사람은 독일인의 수학자 류크레 이다.) 이리하여 고교를 졸업할 때에는 윔은 컴퓨터에도 뒤지지 않는 재료를 그의 두뇌 기억장치 속에 비축하게 되었다. 지금까지 그가 해낸 계산에는 그 이상의 재료는 필요 없는 것이라고 한다.

쇼의 세계로 그러나, 부모는 그의 재능을 기뻐하기는커녕 오히려 불안한 생각으로 지켜보고 있는 것이었다. 청중 앞에서 암산을 해 보이기를 바라는 의뢰가 들어오면, 아버지 크렌 의사는 윔이 의학의 길에서 벗어나는 것이 아닐까하고 걱정했다.

윔은 아버지를 안심시키기 위해서 꾸준히 학교 공부를 계속했다. 하지만, 1937년에 아버지가 돌아가시고 이어 제2차 세계대전의 혼란이 엄습했다. 전쟁이 끝나자, 윔은 확실히 의학을 버리고 쇼 비즈니스의 세계로 들어가기로 했다. 그렇지만 그것은 정말로 보잘것없는 출발이었다. 기타나 아코디언을 치면서 거리모퉁이나 공원의 한쪽 구석에 서서, 거기에서 계산의 묘기를 널리 알렸던 것이었다. 이윽고, 그러한 생활에도 싫증이 나 이번에는 네덜란드와 벨기에의 초등학교를 방문해서 강연을 하게 되었다. 그러는 동안에 암스텔담의 수학연구소에서 그의 재능을 인정받아 그곳에서 계산담당으로서 일하게 되었다. 하지만 윔의 마음을 사로잡았던 것은(그것은 지금도 같지만) 역시 쇼(show)의 세계였다. 그는 지금도 기회가 있으면 라디오와 텔레비전에 출연하려고 마음먹고 있다.「자극적인 것이 좋아요」라고 그는 말한다.「청중으로부터 도전 받는 것을 좋아하거든요.」

<본문 2—4>

윔의 쇼에서 뭐니 뭐니 해도 가장 인기가 있는 것은, 이른바 마호진(魔方陳)이라고 하는 것이다. 어떤 숫자를 하나 윔에게 내놓는다. 그러면 그는 종과 횡 4개씩 전부 16의 눈금을 만들고, 그 하나씩 각각 다른 숫자를 채워간다. 전부 다

채워지면, 그 4개의 숫자를 종으로 횡으로 비스듬하게 어느 방향으로 더해도, 답은 모두 조금 전에 나왔던 수가된다는 구조이다. 내 경우 나의 주소에서 111이라는 숫자를 내었다. 그러자 윔은 곧 4개의 눈금에 왼쪽으로부터 순서대로 18, 32, 40, 21 이라고 기입해 갔다. 그리고 가장 왼쪽의 행을 위에서부터 아래로 18, 38, 25, 30 이라고 썼다. 그리고 다음의 행에도 숫자를 써 나간다. 전부 끝나는 데에 2분밖에 걸리지 않았다.

끊임없는 훈련 일단 무대와 CERN의 구내로부터 벗어나면, 윔은 정말로 인간적인 컴퓨터이다. 예를 들면, 차번호는 금방 기억할지 모르지만 그 차의 주인 얼굴은 잊어버리고 만다.

「나는 사물의 기억력이 나빠서 죽겠어요.」라고 그는 말한다. 「요전에도, 아파트 열쇠를 잊어버려선 안 된다고 생각하고 와이셔츠 주머니에 넣어 두었어요. 그런데 방에 돌아와 보니 어디에 열쇠를 두었는지 아무리 생각해도 생각나지 않아서……」 윔 크레인과 이야기를 하면 할수록 이 사람에게서 배울 것이 많이 있다는 생각을 강하게 느끼게 한다. 한편으로는 인생에 대한 적극적인 자세가 있다. 그 점에서는 스포츠의 챔피언과 닮은 점 있다고 말할 수 있을지 모른다. 타고난 뛰어난 운동신경이 있다하더라도 끊임없는 훈련을 몇 년이고 계속하지 않으면 아무 것도 되지 않을 것이다. 또한 목표를 향한 용기도 필요하다. 또 윔에게 배울 수 있는 것은, 수학을 자유자재로 구사하는 요령은 누구라도 몸에 익힐 수 있다는 것이다. 그와 같은 암산의 명수가 되는 것은 어려울 것이다.

그것은, 우리가 아서 앗슈 와 같은 테니스 선수나 쟝 크로드 키리 같은 스키 선수가 될 수 없는 것과 마찬가지다. 그러나 우리들 나름대로 수학을 좀 더 능숙하게 다룰 수 있을 것이라고 윔은 주장한다. 우선 중요한 것은 수학에 대한 공포감을 버리는 것이다. 자유자재로 수를 분해해서 계산하기 쉽게 해 버리면 된다. 「예를 들면, 6 × 6 = 36은 누구라도 알고 있습니다.」라고 윔은 말한다. 「그렇지만 60 × 60 이라고 하는 문제를 내면 그만 무서워 해버려요. 실은 36에 0을 두개 붙이는 것으로만 되는 것인데」

<본문 2—5>

수를 구사하기 위해서는 복잡한 것 같이 보이는 수를, 자신이 잘 알고 있는 수의 조합으로 생각하면 좋다고 그는 말한다. 예를 들면, 곱셈을 할 경우, 10이라든가 100을 곱하는 것은 대개의 사람들에게 있어서는 그렇게 어려운 일이 아닐 것이다. 어떤 수라도 열 배를 할 때에는 0을 하나 붙이면 된다고 알고 있기 때문이다. 10 × 3 = 30, 10 × 30 = 300 이라는 식이다. 백배하는 것은 0을 2개 붙이는 것과 같게 된다. 100 × 30 = 3000 따라서 어떤 수를 삼십 배하는 데는, 요컨대 3배하여 0을 하나 여분으로 붙이면 된다는 것이다. 30 × 7 = 210.

이상의 것이 머리에 들어가 있으면, 간단히 곱셈을 암산으로 가능하게 된다. 우선 주어진 숫자에 가장 가까운 열자리(또는 백 자리)의 끝맺음이 좋은 수로 계산해 버린다. 그 뒤에 남은 것을 더하거나 빼거나 하여 정리하면 되는 것이다. 예를 들면, 21 × 12 의 경우, 우선 20 × 12, 즉 2 × 12= 24 에 0을 하나 더하여 240이 얻어진다. 거기에 또 하나 12를 더하면 되기 때문에 답은 252가 된다. 또 하나 예를 들자. 23 × 97 의 경우는 23을 100배하여 2300이 주어진다. 그것으로부터 23의 세배 즉 69를 빼어 답은 2231이 된다는 것이다.

「신 수학」과 미니전자 탁상계산기 아이들에게 이러한 계산법을 가르치는 것에 누구도 흥미를 가지고 있지 않은 것 같다고 윔은 유감스러워하고 있다. 현재 학교에서 수학교육 현대화라고 가르치고 있는 이른바「신 수학」과 값싼 미니전자 탁상계산기의 보급에 의해서, 암산 기술은 얼마 있으면 완전히 모습이 사라져 버리는 것은 아닐까 그는 걱정한다. CERN에서 내가 인터뷰한 과학자들도 같은 의견이었다.

수를 마구 주무르는 것은 정말로 즐겁다는 것을 널리 전하기 위해서 윔은 기회가 있는 대로 CERN의 엄격한 연구소로부터 바깥 세계로 나오도록 하고 있다. 미국에서 출연하고 싶다는 희망을 말할 때, 그는 얼굴이 밝아지면서 입맛을 다시는 것이다. 나의 전화 번호 6554677은 매우 쉽게 소인수 분해해 버렸다. 19^2 × 67 × 271 이라는 소수로 만들어진 것인데 분해하는데 1분 25초밖에 걸리지 않았다. 그렇지만 자기의 사회보험 번호의 경우는 상황이 좀 달랐다. 141181881

이 그 번호이다. 다른 이야기를 하면서 짬짬이 무언가 화난 어조로 자주 혼자 말을 하고 있다. 물론 네덜란드 말이다. 그것이 몇 분이나 계속되고 곧 30분이 되고 한 시간이 되었다. 그리고 드디어 그는 말했다.「아주 힘 드는군요. 이 숫자는 시간이 좀 걸릴 것 같군요. 정말로 숫자가 대단한데요.」

이 쾌활한 '수의 마술사'가 우리를 초대하고 있는 '수의 세계'라는 것은, 너무나도 신통하다고 그의 곁을 떠나면서 나는 생각했던 것이다.

제3장 사모님! 요리 좀 해보세요 —생선은 왜 비싼가?—

<본문 3—1>

주2일 시간제근무에서 돌아오는 길에, 스즈키 기미에 씨는 저녁반찬을 사러 다바타 역 가까이의 생선가게에 들른다. 언제나 흰 살 생선이지만 한 토막이 180엔에서 200엔은 한다.

「똑같은 것이 올해 초는 100엔인가 120엔이었는데 올해 들면서부터 서 너 차례나 값이 올랐어요. 연어 토막이라도 한 토막이 설 무렵에는 80엔이었는데 지금은 120엔이나 하는 거예요.」라고 스즈키 씨는 한탄한다. 주부인 요시다 에이코 씨의 경우는 이렇다.「어린 시절 어머니는 일주일에 여섯 번 정도는 생선을 밥상에 올리곤 하셨어요. 문어, 게, 연어, 넙치 등 종류도 풍부했습니다. 하지만 지금은 제가 가족을 위해 생선을 준비하는 것은 일주일에 두 번이나 많아야 세 번입니다. 5인 가족인 우리 집은 야채를 듬뿍 넣은 쇠고기나 닭고기의 '스튜' 쪽이 경제적인데요.」

10년 전 후꾸이 유미씨가 생선가게에 들르는 것은 하루 일과의 하나였지만 지금은 뭔가 특별한 일이 없는 한 생선가게에 들르는 일은 없다. 정어리조차 값이 5배로 폭등하였다.「남편의 경우 제철에 나는 정어리는 매일 먹고 싶어 하죠. 하지만 이젠 안되죠. 정어리를 사는 것도 한 달에 서너 번 정도, 그저께 같으면 단 여덟 마리에 400엔이나 했다고요.」하고 후꾸이 씨는 말한다.

복잡한 생선의 유통기구 생선은 왜 이렇게 비싸진 것일까. 그 첫 번째 이유는 일본 특유의 길고 복잡한 유통경로에 있다. 여덟 마리의 정어리가 어부의 손에서 플라스틱용기에 담겨져 후꾸이 씨 집 부엌에 도달할 때까지는 이 길고 복잡한 유통경로를 통해야만 한다. 각각의 단계에서 수수료가 붙고 생선 값은 그 때마다 비싸진다.

예를 들어, 치바현 죠시 항구에 양육된 생선을 예로 생각해 보자. 죠시 항구에 양육된 생선은 쵸시의 도매시장에서 값이 매겨져 소금에 절여 건가공 할 것, 통조림 등으로 할 것, 냉동해서 값이 좋을 시기까지 저장할 것, 싱싱한 생선 그대로 도쿄로 보낼 것 등으로 선별·분류된다. 후꾸이 씨가 산 여덟 마리의 정어리에 대해 말하면, 쵸시항에서 191엔이라는 값이 처음으로 매겨진다. (실제 거래는 좀 더 큰 단위로 행해지지만 그것을 정어리 여덟 마리에 적용하여 계산하면 191엔이 된다.)

이렇게 해서 쵸시 항에서 값이 매겨진 생선은 도쿄의 츠키지 시장(수산시장)의 도매상에게(問屋이라고도 한다) 보내어진다. 도매상은 여기서 생선을 경매에 붙이고, 값을 매겨서 중간상인에게 사들이도록 한다. 여덟 마리의 정어리는 경매에서 287엔으로 팔리고 도매상은 이 중에서 5.5%의 마진(약16엔)을 갖는다. 중간상인은 다랑어나 황새치처럼 큰 생선의 경우에 팔기 쉽도록 머리꼬리 몸통 등 부분으로 나누어 소매점(생선가게)에 팔아넘긴다. 이 작업의 유무에 관계없이 중간상인은 마진으로 7%(20엔)를 갖기 때문에, 여덟 마리의 정어리는 287엔 더하기 20엔, 307엔으로 소매점에 팔린다. 소매점은 여기에 마진으로 30%(92엔)를 가산한다. 이렇게 해서 정어리 여덟 마리가 400엔이라는 소매가가 되는 것이다.

생선은 소매점의 손에 넘어갈 때까지는 양육 때의 모습과 그다지 다르지 않다. 정어리는 그대로도 좋지만 다랑어와 농어 등의 큰 생선이 되면, 먹기 쉬운 형태로 요리해서 팔아야 하기 때문에 소매점은 숙련과 수고가 요구되는 장사가 된다. 뼈와 창자 등 먹을 수 없는 부분을 제거하고, 머리와 꼬리를 잘라내고, 생선회로 하기도 하고, 직사각형으로 자르기도 하고, 물건에 따라서는 소금을 뿌리기도 하여, 건어물로 만들거나 양념을 하기도 하는 등, 손님의 주문에 따라 수고를 들이는 것도 소매점의 역할이다. 소매점의 마진이 통상 30%라는 비교적 높은 것이 되는 이유는 거기에 있다.

거래가 진행될 때마다 수수료가 더해지고 가격이 변하고 생선이 비싸져 가는 경로는 이것으로 이해가 되었을 것으로 생각한다. 그런데 똑같은 유통기구가 옛날부터 있었는데도 옛날에는 그것이 높은 가격의 원인이 되지 않고, 지금에 와서 정어리 넙치 다랑어와 생선회가 되는 각종 생선이 믿을 수 없을 만큼 비싸진 것은 왜 일까?

이유는 간단하다. 큰 냉동설비와 바다오염이 없고 일손이 풍부해서 인건비가 쌌던 옛날에는, 이 유통구조가 잘 돌아가고 수요와 공급을 공정하게 이어주는 파이프의 역할을 다했지만 이제는 사정이 변해서 그 역할을 다하지 못할 뿐 아니라 인플레에 대해 약해져 버린 것이다.

<본문 3—2>

신선어에 축복받아 온 일본인 일본은 섬나라로 사방이 바다에 둘러싸이고, 경작할 수 없는 산지가 많아, 2만9천 킬로에 달하는 해안선 지대에 국민 대다수가 살고 있다. 바다는 국민에 있어서 소중한 식량의 보고이며, 생선은 일본인의 식생활에서 빠뜨릴 수 없는 주요 단백원 이었다. 신선어는 단지 음식이라는 의미를 넘은 종교적인 의미까지 가지는 식품이다. 따라서 그 모습 향기 색채 윤기의 아름다움 신선도가 존중되어, 초밥집의 카운터에서 보는 것처럼, 일본인은 풍부한 종류의 생선을 하늘이 주신 진수성찬으로 즐겨왔다. 특히 신선함이 존중되었기 때문에 옛날에는 어떤 어항(漁港)에서나 어시장이 있었어, 양육된 생선을 절일 것, 말릴 것 등으로 재빠르게 구분해서 처리했다. 생선은 어부의 그물과 배에서부터 밥상으로 곧바로 옮겨졌다. 싸고 풍부한 노동력 덕분으로 효율적으로 구조가 잘 돌아가 일본인은 언제나 신선한 생선에 축복 받았던 것이다.

신선어는 이제 고급품이 되었다 하지만, 일본 경제의 급격한 고도성장에 의해 상황은 꽤 변했다. 첫째는 인건비가 올라 일손이 필요한 유통 시스템을 유지할 수 없게 된 것. 10년 간 다섯 배 이상이나 뛰어 오른 임금이 생선 가격에 되 미치는 것은 당연한 일이다. 둘째는 급속한 공업화에 의해 연안과 근해에서는 고기가 잡히지 않게 되고 잡혀도 오염이 심하게 된 것이다. 도쿄의 주부 가네야마 노부꼬 씨는 말한다. 「벌써 10년이나 전의 일입니다. 진간장으로 조린 넙치가 석유냄새가 물씬 나서 생선 가게 주인에게 물어 보니 근해에서 잡은 싱싱한 것이라고 말하는 것입니다. 그런 일이 세 번에 한번 있어서 우리들도 일본 근해 오염을 깨닫게 되었습니다. 지금은 근해에서 잡은 생선의 반은 석유에 오염되어 있어서 신선어에는 특별한 요리법이 필요하게 되었습니다.」

사실 신선어는 양도 줄고 ‘츠키지’ 시장에서도 입하량의 3할에 지나지 않는다. 주요 단백원은커녕 신선어는 서민에게 미치지 못하는 고급어가 되고 있다. 킬로당 소매 가격은 뱀장어는 3천4백엔, 도미는 2천5백엔, 왕새우는 6천5백엔, 전복은 5천엔이나 하는 것이다.

유통의 주류는 냉동어 연안과 근해에서 잡히는 고기가 줄어 부족분은 원양어로 보충하게 된다. 최근 어선은 멀리 아프리카 대륙 앞 바다까지 나가 고기를 잡고 그것을 냉동 운반해 오게 되었다. ‘츠키지’ 시장에서도 입하의 7할은 오염이 적은 원양어의 냉동어와 가공품이다. 원양어업은 항해가 길고 조업비용도 들기 때문에 비싸질 것 같지만, 이상하게도 냉동어는 근해어에 비해 가격은 싸다. 역시 신선함을 소중히 여기는 일본인의 식습관에 의한 것일 것이다.

하지만 냉동어에도 여러 가지 문제가 없는 것은 아니다. 무엇이냐 하면, 냉동어는 토막 생선과 회로써 생선 가게 앞에 내놓기 전에 해동되어 버려 언뜻 보기에 신선어와 분간할 수 없다는 것이다. 여기에 문제가 있다. 하나는 냉동어는 해동 직후 요리해 먹으면 맛있지만 시간이 지나면 에센스가 녹기 시작해 버려 맛이 없어진다는 것이고, 또 하나는 당연히 싸야할 냉동어가 손님의 눈을 속여 신선어와 같은 수준의 가격으로 판다는 것이다. 그 결과 소비자는 옛날에는 가격이 쌌던 근해어를 요리 집과 같은 수준의 비싼 값으로 구입하게 되며, 원래는 좀 더 맛있어야 할 냉동어를 맛없게 될 뿐 아니라 비싼 가격으로 사게 되는 것이다.

<본문 3—3>

참치의 매점매석이 의미하는 것 우라와市에서 우라와 주부회의 회장을 맡고 있는 호소가와 코우 씨는 말한다. “냉동어가 귀했던 때의 일입니다. 우라와의 생선가게에서 당시 긴다라(대구과 생선)라 하여 하나에 40엔 정도의 생선 토막을 팔고 있었습니다. 그런데, 도쿄의 주부연합 강습회에 가서야 사실은 그 생선이 메르르사(대구과 생선)라고 하는 이름의 원양 냉동어이고 냉동한 채로라면 한 마리에 100엔 정도, 토막으로 해서 한 조각에 10엔 정도라고 배웠습니다. 즉시 생선가게 주인을 부당 표시와 폭리로 혼낸 것은 말할 것도 없습니다.” 호소가와 씨의 소위「긴다라 사건」과 유사한 일은 지금이라도 일본 여기저기에서 발생하고 있음에 틀림없다. 부당 표시와 폭리도 그렇지만, 냉동어로 곤란한 점은 냉동설비와 냉동어 덕분으로 종래의 유통기구 역할이 이상하게 되어 생선가격을 끌어올리는 원인이 된 것이다.

원래 중앙 도매시장의 시스템은 생선이 금방 상한다고 하는 것이 전제가 되어 이루어져 있다. 잡힌 생선을 바로 시장에 내지 않으면 상해 버리기 때문에 생선이 많이 잡히면 자연히 값은 떨어지고, 정확한 수급관계가 시장에 반영되어서 공정한 가격이 결정된다고 하는 것이 현재 시장제도의 원칙으로 되어 있다. 그러나 다랑어와 같이 냉동이 가능하게 되면 시간을 다투어 시장에 내지 않더라도 시세가 높을 때 시장에 내놓을 수 있다. 즉 공급을 조절할 수 있게 된다. 공급을 조절할 수 없다는 전제에서 공정한 가격이 결정되도록 되어 있던 시스템의 전제가 붕괴되어 버린 것이다.

최근 문제가 된 종합상사에 의한 다랑어의 매점매석은 이런 의미에서 대단히 상징적이다. 다랑어는 항상 부족한 듯하여 공급이 따라붙지 못하기 때문에 재고를 갖고 있어도 손해 볼 염려는 없다. 참치를 잡는 배 쪽에서도 출어에 비용이 들기 때문에 될 수 있는 한 비싸게 팔지 않으면 채산이 맞지 않는다. 도매시장에서 경매에 붙여 처리하는 것을 기다리고 있어서는 뱃짐을 내리는데 시간이 걸려 체선료가 불어난다. 시장에 내는 일을 그만두고 상사가 한 척 단위로 사는 쪽이 유리하다는 결론이 된다. 상사는 상사 나름대로 시세의 움직임을 보면서 조금씩 시장에 내면 충분히 마진은 얻을 수 있다. 그리고 결국 소비자는 항상 비싼 다랑어를 사는 처지가 되는 것이다.

대중어는 왜 소비자의 손에 닿지 않는가? 공급 조절이라는 점에 대해서는, 지금의 중앙 도매시장 법칙에도 문제가 있다. 그것은 도매상(수하인)의 마진이 고정수수료라고 하는 것이다. 도매상은 생산지의 생산자로부터 위탁받아 생선을 시장에 내고 경매로 정해진 가격으로부터 5.5%의 수수료를 받도록 되어 있다. 그러므로 예를 들면, 한 상자에 100만엔 하는 참치(350kg)를 취급하면 도매상의 마진은 55,000엔이 되지만 같은 350kg 무게의 전갱이(아홉 바구니 분) 경우라면 가격은 18,000엔, 마진은 990엔 밖에 되지 않는다. 일손 부족의 시기이기도

하여, 도매상이 전갱이에 비해 95배나 높은 수수료가 들어오는 참치를 취급하고 싶어 하는 것은 당연하다. 도매상은 생산지를 향해서 값이 비싼 생선만을 보내도록 압력을 가하게 된다. 예를 들어, 아오모리현의 하치노헤 항에서 대량의 고등어가 양육되면 현지에서는 일부러 이것을 L M S(대 중 소) 세 단계로 선별하여, 대형인 L만을 도쿄로 보내고 남는 것은 가공용이나 사료용으로 전환시키는 일이 발생한다. 그 결과 가자미 꽁치 전갱이와 같은 대중어는 더욱 소비자의 손에 닿기 어렵게 되어버리는 것이다.

<본문 3—4>

확산되는 산지 직매 시스템 비싸지기만 하는 생선을 어떻게든 싸게 먹을 수 있게 하기 위해서는 무얼 해야 하는가? 우선 현행 유통기구를 개혁하는 것이 필요하다. 특히 생선의 공급을 조절하는 기능을 엄격히 감시해야만 한다. 다랑어 한 척 사는 데 대해서는 독점금지법을 적용해서 감시하는 것도 생각해야 될 것이다. 고정수수료를 개정해서 가격이 싼 대중어를 취급하는 편이 이익이 되는 시스템을 채용하는 것이나 수수료를 금액뿐만 아니라 취급 중량에 의해서 정하는 것도 한 가지 방법일 것이다. 쇼와 42년(서기 1967년), 도매시장법개정에 의해 대량수요자인 슈퍼마켓과 생활협동조합이 시장거래에 참가할 수 있게 되어, 경매가 아니라 1대1의 상대거래로 가격을 정할 수 있게 된 것은 진전된 일이다.

지금 한 가지는 여러 가지 문제가 많은 도매시장을 통하지 않고, 산지에서 직접 매입하는 소위 「산지직매시스템」을 활용하는 것이다. 이미 각지의 자치단체가 운영역할이 되어, 슈퍼마켓이나 소비자단체 소매점사이에서 산직 방식에 의한 매입이 증가하고 있다.

앞서 말한 호소가와 씨의 우라와 주부회도 그 하나다. 여기서는 수년 전부터 뉴질랜드의 냉동 콘테이너선과 계약해서 국제적인 산지직송을 실현시키고 있다. 배가 하루미 부두에 도착하는 것이 매월 15일 생선은 전갱이와 도미인데, 이러한 구입 덕택으로 호소가와 씨는, 그 동네에서 한 마리에 650엔 하는 전갱이(약1.5kg)를 250엔으로 회원에게 분배할 수 있었다.

냉동생선을 먹자 1967년, 우라와市의 시의원에 당선된 호소가와 코우 씨는, 소비자운동의 경험을 살려서 획기적인 일을 했다. 현에서 예산을 받아서 우라와 시내의 30채 생선가게에 무상으로 냉동 창고를 빌려주었던 것이다. 단, 냉동생선을 해동해서 신선한 생선처럼 보이게 해서 파는 것이 아니라, 냉동생선 그대로 팔고 설비를 무료로 빌려주는 대신 딴 곳보다 15% 싸게 판다는 2가지 조건이었다.

호소가와 씨는, 그러한 경험에서 소비자에게 더욱 싼 냉동생선을 먹게 해야 한다고 권유한다.「종전 후 배급시대에 맛없는 냉동명태를 할 수 없이 먹게 되었던 우리들은, 냉동이라고 하면 머릿속에 맛없는 것으로 생각이 박혀 있어요. 냉동생선에는 냉동생선에 적합한 판매방법 구매방법이 있지만, 해동하는 방법이나 요리방법만 틀리지 않는다면 냉동생선도 신선한 생선 못지않게 맛나게 먹을 수 있어요.」일본 제일의 생협이라는 나다 고베 생활협동조합의 구스노리 부장도 이 의견에 찬성한다.「가정의 부인들이 자기 스스로 부엌칼을 들고 요리하려는 의욕이 있다면 문제는 상당히 해결되는데」라고 말한다. 즉 냉동어를 냉동 채로 사 집에서 해동해서 요리를 한다면 맛도 좋고 값싸게 생선을 먹을 수 있다는 것이다. 나다 고베 생활협동조합에서는 1971년 가을부터 아오모리현 하치노헤 항구의 도매상과 제휴하여 산지직송을 실현하고 있고, 당시 시판에서 한 마리 70엔의 고등어를 세 마리 100엔에 회원에게 팔았다. 단지 머리와 꼬리가 붙어있는 냉동어이기에 소비자는 스스로 요리를 해야 했다.

적극적인 오오사카 의 주부들 오오사카市 부인단체협의회의 사무국장, 사코 씨는 이렇게 말하고 있다.「오오사카에서 수퍼마켓식의 사전 포장방식은 그다지 환영받지 못해요. 눈과 아가미가 제거되어 신선도를 확인할 수 없기 때문입니다. 어쨌든 소비자로서 중요한 것은 신선어와 냉동어를 구별해서 사용하는 것—제 경우 새우는 언제나 냉장고에 넣어두어 필요할 때 내어 쓰며 대구 종류의 생선은 튀김이나 기름으로 볶고, 때로는 담백한 조림이나 구이를 먹고 싶을 때는 조금 값이 나가더라도 근해물인 신선어를 사려합니다. 오사카에서도 젊은 주부들은 잘 안 하지만, 중년이 되면 가계를 생각해서 부엌칼을 잡게 돼요. 인플레가 심한 요즘이기에 주부도 필사적이어요.」

현재와 같은 어류 유통시스템 속에서 소비자가 자신의 생활을 지키려고 한다면, 신선어와 냉동어를 구별 사용하여 요리를 해야 하는 것은 분명합니다. 식사는 인간생활에서 가장 큰 즐거움의 하나입니다. 생활을 유지하고 생활을 즐기기 위해서 일본의 모든 주부들이 오사카의 주부를 본받아서 스스로 요리해 주기를 기대해 본다.

제4장 헤본 박사와「와에이 고린 슈세이」

<본문 4—1>

게릭호가 조용하게 안벽을 떠났다. 배웅 나온 사람들의 모습이 점점 작아지자 갑판에 선 노 박사의 눈에 요코하마의 마을을 에워싼 가을의 기색이 한층 선명하게 비쳤다. 머문지 33년. 지금 제2의 고향이라고도 해야 할 항구의 가을을 뒤로하고, 박사부부를 태운 기선은 2만 킬로의 바다를 샌프란시스코로 향해 출범한 것이었다. 만감의 생각이 가슴에 복받친다. 배가 흔들리는 대로 몸을 맡기고 잠시 박사는 그 자리에 내내 서 있었다. 태평양 상에서, 비록 폭풍우가 덮쳤지만 생명을 다해 조용히 싸워왔던 77년의 세월을 뒤돌아보면 이제 미련이 남는 것은 아무 것도 없지 않는가?

메이지 1877년 10월, 일본의 근대화는 착실하게 그 발판을 굳히고 있었다. 헤본 박사는 개항하여 얼마 되지 않아 요코하마에 와 진료소를 열었고, 근대의학에 의한 의료 활동을 개시하였으며, 학관을 열어 영학(英学)의 뜻에 불타는 일본 젊은이의 교육을 맡는 한편, 일본에서 최초의 본격적인 일영사전을 편찬하고 성서의 번역·출판을 하는 등 일본의 문명개화에 헤아릴 수 없는 공헌을 한 미국인 선교의사이다.

일반적으로 헤본식 로마자의 모태로 알려져 있는데 그것은 8년의 세월에 걸쳐, 메이지유신이 일어나기 전 해 — 게이오 3년(1867년)에 완성한「와에이 고린 슈세이」의 일본어 표제어에 사용되었던 것이 로마자이기 때문으로 후에 이것이 헤본식 로마자로 보급되었던 것이다. 말하자면 일영 사전의 부산물이다. 2만 단어를 수록한 이 일영사전은 영어를 배우는 일본인에게 많은 편의를 주었고, 나아가서 우리들 일본인이 새로운 구미사상에 접하는 실마리가 된 것은 물론 일본어를 배우는 외국인에게도 많은 도움이 되었던 것이다.

페리와 헤리스가 일본의 개국공로자라면 헤본은 당연히 근대일본의 개화에 힘썼던 은인이라고 말할 수 있을 것이다. 헤본은 사전을 만듦으로써 일본과 서양이 서로 이해하는 출발점을 구축하게 되는 것으로 확신하고 있었던 것이다.

소년의 의지 헤본 박사(Jame Curtis Hepburn)는 1815년 3월 미국 펜실바니아주 밀톤에서 태어났다. 아버지는 밀튼 마을의 판사에서 변호사가 된 사람. 어머니는 목사의 딸로 교회에서는 부인회장을 지냈고 특히 외국전도에 깊은 이해와 관심을 나타냈다. 이러한 어머니로부터 소년 헤본은 적지 않은 감화를 받았을 것이다. 이 때는 미국 전국의 교회와 대학에서는 종교적인 부흥운동이 한창이었기 때문에 안팎으로 헤본을 둘러싼 환경은 외국전도의 기운으로 넘쳐있었다고 생각된다.

16세에 프린스턴 대학의 3학년에 편입한 헤본은, 이곳에서 화학을 비롯하여 라틴어, 그리스어, 헤브라이어를 배웠는데 이러한 고전소양이 후년 일본에 와서 사전을 편찬하거나 성서번역을 하는 데에 매우 도움 되었을 것으로 쉽게 추측된다. 아버지는 아들을 법률가로 만들고 싶어 했으며 어머니는 목사가 되는 것을 생각했지만 그는 의학으로 입신출세하려 했다. 펜실바니아 대학에서 의학에 관한 학문을 닦고 1836년 21세로 의학박사학위를 땄다.

1838년에 펜실바니아주 노리스 타운에 의원을 열고, 여기에서 생애의 반려자 크라라 메리 리이트 양과 만난다. 의사로서의 직업 길을 선택하면서도 선교 사명이 자신의 엄숙한 의무로까지 점점 느껴지게 된 헤본이지만, 아버지의 강한 반대에 부딪쳐 선교의사로 외국에 나가는 결심이 서기가 힘들었다. 크라라 리이트 양과의 만남은 이러한 헤본의 괴로움을 일소시켰다. 크라라 는 청년 헤본에게 있어서 유일한 그리고 강력한 동반자였다. 두 사람은 1840년 가을에 결혼하여 그후 60년 동안 크라라 부인은 싱가포르 중국 그리고 일본에서 박해와 타향생활을 참아가면서 박사의 사업을 돕게 된다.

<본문 4—2>

여행길에 오름 눈 내려 쌓이는 보스턴에서 겨울을 보낸 헤본 부부는, 1841년 3월 작은 범선 포트맥 호를 타고 처음으로 동양 의료전도 여행에 나선다. 이배 여행에서 일찍이 제1 제2의 시련을 만난다. 크라라가 남자아이를 조산하였는데 게다가 사산됐다. 적도 부근에서 수장으로 치렀다. 싱가폴 체재 2년 동안에는 태어난 지 얼마 되지 않은 장남을 잃었다. 뒤이어 미국과 개항조약을 체결하고 얼마 안 되어 중국으로 부임, 부부는 아모이에서 진료소를 운영하면서 중국어 연구를 계속했고 차남 사무엘의 탄생을 맞이했다. 겨우 안정을 얻은 듯 보였지만 이 때 유행하고 있던 말라리아 열병에 걸려 부인의 건강은 호전되지 않아, 결국 중도에 뜻을 포기하고 부부는 귀국하지 않을 수 없었다. 보스턴 항을 떠난 지 5년 박사는 30세를 맞이하고 있었다.

뉴욕으로 되돌아간 헤본 박사는 시내 42번 가에 병원을 개업했다. 처음에는 작은 진료소에 지나지 않았지만, 금세 명의로 소문이 나 뉴욕에서도 1, 2위를 다투는 큰 병원으로 발전했다. 수입도 거기에 맞게 많아졌기 때문에 일가족의 생활은 순식간에 호사스럽게 바뀌었다. 시내에 넓은 저택을 교외에는 3개의 별장을 가지게 되었던 것이다.

번영하는 뉴욕 시에서 살면서 부와 명성과 지위를 가지면서도, 박사는 그러한 세속적인 행복만으로는 마음에 채워지지 않았던 것인지 젊은 날에 결정한 생애의 '하고 싶은 일'을 잊지는 않았다.

1859년 주일 초대총영사 하리스의 보고에 의해 일본이 개국했다는 소식을 듣고서, 헤본 박사는 곧 바로 일본에서 선교활동을 하려고 마음먹고 있었다. 13년간 엄청나게 번성했던 병원을 매각하고 저택도 별장도 팔아 버렸다. 이 돈은 이윽고 상해의 은행에 예금되어 일본에 있어서의 박사의 사업에 투자하게 된다.

일본에 거처를 정하고 헤본 부부가 가나가와에 상륙했던 것은 안세이 6년(1859년) 10월 가나가와가 개항되고 3개월 후의 일이다.

가나가와 죠오부츠지 의 본당을 빌리고 살았는데 아무래도 빵도 없었다. 하나님의 종이라 하지만, 버터 우유 쇠고기도 없는 생활이었으므로, 뉴욕의 호화로운 세속적인 행복이 때때로 생각나는 것도 있었을 것이리라. 더욱이 많은 세월에 걸쳐 헤본 박사에 관한 연구를 계속해 온 다카다니 미치오 씨에 의하면, 헤본은 죠오부츠지 의 넓은 정원을 채소밭으로 해서 양상추와 샐러드채소를 경작하고 있었다고 하는데, 헤본의 편지에도「선장이나 영사로부터 쇠고기 양고기 송아지 고기가 배달되었으며, 껍질을 깐 양질의 굴을 시장에서 매입할 수 있습니다.」라고 기록되어 있다. 헤본식의 일본, 서양의 절충생활이 착실히 진행되고 있었던 같다.

좀 늦게 일본에 온 에스 알 브라운, 제임스 바라 부부 그리고 고골 일가도 이 죠오부츠지 의 경내에 살면서 선교 준비에 임했다. 헤본과 브라운과는 이미 싱가폴 시절부터 친구였으며 동시에 중국어에 뛰어났기 때문에 일본어의 실력 향상은 놀라웠다. 다만 선교사관이라고 할 이 죠오부츠지 에는 자객들과 스파이가 끊임없이 숨어 있었기 때문에 일본어 교사를 발견하는 것은 쉽지 않았다. 그렇지만 영어를 배워서 서양의 지식을 얻고 싶어 하는 난의(蘭医)가 관리를 자극하지 않으려고 변장하면서 절을 찾았고 고용인으로 살기도 했기 때문에, 이러한 학식 있는 일본인을 교사로 하면서 헤본은 일본어 편찬에 힘썼다.

사전의 편찬은 급한 업무였다. 일본어 사전을 조사하고 단어와 숙어를 수집하고 분류 정의했다. 동시에 일본의 서적을 읽어 새로운 지식을 근거로 정정과 보충을 했다. 이 일은 진료사업을 함과 동시에 꾸준히 계속되었다.

아침 5시에 일어나서 램프를 켜고 7시까지 사전에 관한 일을 했다. 1시간정도 운동하고 8시에는 아침을 먹고 오전 중에는 수로를 사이에 둔 절벽의 소오코오지 에 가서 진료와 투약의 일을 했다. 오후는 또 2시쯤부터 사전의 일을 시작해서 5시 전후에 끝낸다. 더우나 추우나 박사의 일과는 변함없었다. 가나가와 요코하마의 시골은 물론 에도(江戸)에서도 환자가 찾아왔으며 매일 2, 30명, 많은 날에는 7, 80명에 달했다. 개국 후에도 막부는 크리스트교의 전도를 허락하지 않았기 때문에 헤본은 이 무료진료소를 함으로써 전도이전의 착실한 기초 작업에 마음을 쓰고 있었다. 계층을 막론하고 위로는 정무관이나 미국의 공사 하리스님에서부터, 밑으로는 부두의 어민 심지어는 나다니는 가난한 사람에게까지 차별을 두지 않고, 탁월한 의술을 베푸는 박사의 자애에 넘치는 모습을 접한 사람들은, 그러한 신앙에 깊은 관심을 두게 되었던 것이다. 이러한 활동은 다름 아닌「의료전도」사업이었다.

<본문 4—3>

박사는 그 사전 속에 일상회화에서 많은 어휘를 모아서 수록했다고 전하는데,

이러한 의료 일을 통해서 모든 계층의 일본인 및 일본인의 말에 접할 수 있었던 것이다.

헤본 박사가 「와에이 고린 슈세이」를 출판할 때 조수의 일을 맡았던 기시다 긴코오 도 눈병 치료를 받으러 멀리 에도에서 온 환자의 한 사람이다. 긴코오는 박사의 의술에 감동도 받았지만 그 인품에도 끌렸다. 헤본 또한 긴코오가 지식인인 것을 감지하고 있었다. 한문서적을 비롯하여 일본 네덜란드 영국인들이 쓴 「일본문법서」나 각종 사전으로 가득 찬 서재에 긴코오를 불러 언어에 대하여 이야기하는 일이 많아졌다. 긴코오의 한자와 국문에 대한 지식 게다가 천부적인 글재주는 이윽고 「와에이 고린 슈세이」의 완성을 도와주게 된다.

당시 헤본은 진료소를 죠부츠지에 가까운 소오코오지에 설치했지만 분큐 2년(1862년)의 나마무기 사건을 계기로, 막부는 가나가와의 가도연변에 외국인을 거주하도록 두는 것은 국방상 문제가 있다고 하여 요코하마 마을로의 이전을 통고해 왔다. 요코하마 거류지 39번에 헤본은 살 곳을 신축해서 진료소를 옮기게 된다.

"절대 필요한 저작"이 완성 게이오 원년(1865년) 드디어 2만어를 수록한 일영사전을 탈고했다. 이 즈음 박사는 장로 선교단 본부에 이렇게 글을 써 보내고 있다. "이 사전은 나 자신의 노고의 결정입니다. 나는 일본인의 땅에서 광맥을 찾아 열심히 캐낸 것입니다. 그 노고가 어느 정도였는지 잘 이해해 줄 사람이 있을지 의문스럽습니다. 거의 7년간 부지런히 노력해서 편찬한 것입니다. 다섯 번이나 일본어교사를 바꿔야 했습니다. 그래서 불완전한 것은 어쩔 수 없었습니다. 그러나 그럼에도 불구하고 내가 얻을 수 있는 최상의 선교사업이 되는 일일 것입니다. 절대로 필요한 저작이어서 이것 없이는 성서 번역은 달성할 수가 없습니다." 「헤본의 편지」의 편역에 담당했던 전술의 다카다니 미치오씨는 "이 정도로 열렬한 의욕과 진솔한 외침을 내뿜은 헤본의 문장을 읽은 적이 없다."고 말하고 있다.

당시, 이 정도로 본격적인 사전을 인쇄할 수 있는 활판기술이 일본에는 없었기 때문에, 헤본은 긴코오 와 함께 상해로 건너가기로 했다. 출판에 드는 비용에 대하여 미국의 선교단 본부는 이 사업이 전도에 직접 관계가 없다고 하여 자금

원조를 거절하고 있다. 헤본은 이 사전이 동서상호문화의 이해에 이바지할 뿐만 아니라 장래 일본어판의 성서 출판사업에 도움이 될 것이라는 의도가 있었던 것은, 앞 편지에서 명확하게 보인다. 그러나 남북전쟁 발발 이래 선교단은 경제적인 안정을 잃어버렸으며 선교사 중에는 본국에서의 송금도 제대로 되지 않는 상황에 놓여진 사람도 있었으므로, 그것은 뜻대로 되지 않는 것이었는지도 모른다. 결국 요코하마에 있던 미국인 상인 월시 홀이 비용을 전면적으로 지원했다. 7년간의 노작은 이렇게 해서 겨우 빛을 볼 수 있게 된다.

10월 헤본 부처와 긴코오는 상해에 건너가 비카 서관에서 인쇄를 착수하게 되었다. 교정 그리고 그 외 인쇄 상 용무에 긴코오는 아낌없이 힘을 쏟았는데, 이 동안의 상황에 대해서 긴코오의 「우슨 일기」에 "일본의 가나, 만요 가나, 가타가나, 히라가나, 이로하가나, 다섯 가지 체의 밑 글씨를 쓴다.… " 등으로 쓰여 있다. 상해에 있었던 것은 약 1년간이지만 이 동안 당초에 일영사전의 계획이었던 것을 영일의 색인을 권말에 첨부하기로 했다. 이것은 재판부터 제2부 「영일(英和)의 부(部)」로 하여 독립하고 명실상부 일영·영일쌍방의 사전을 겸하게 된 것이다. 하여간 게이오 3년(1867년) 5월에 「와에이 고린 슈세이」은 완성되었다. 제목은 기시다 긴코오의 고안이었다.

초판 1000부를 갖고 헤본과 긴코오는 요코하마에 돌아왔다. 한 권에 15달러, 당시 최고의 사전으로 일본의 영학 연구자에게 있어서 실로 「절대로 필요한 저작」이 된 것이다. 메이지 5년(1872년)에는 오쿠노 마사츠나의 협조를 받아 재판을, 메이지 19년(1886년)에는 다카하시 고로가 조수가 되어 제3판을 거듭했고, 그 때마다 어휘를 늘이고 로마자를 표준식으로 통일하는 등 메이지 43년(1910년)까지 9판을 거듭했던 것이다. 초판은 런던에서도 출판되었고 재판을 모판으로 하여 뉴욕판이 메이지 6년(1873년)에 나왔다. 메이지 시대를 통틀어 영일사전의 왕좌를 독점하였으며 타의 추종을 불허했다.

<본문 4—4>

명의 "헤본 선생" 한편, 진료사업 쪽은 박사가 64세가 되어 건강상 이유로

진료소를 닫을 때까지 18년간에 걸쳐 계속되어 만 명에 가까운 환자를 진찰하고 있다. 한결같은 진료이었으며 그 비용은 당초 헤본의 개인재산에 힘입은 바 컸다. 부부의 생활비는 선교단체의 봉급으로 조달되었으며, 의료사업에도 재정원조는 있었으나 이 사업이 대단한 평판을 얻고 있었으므로 재일 외국인, 외국상관으로부터의 원조나 기부가 늘어서 차츰 선교단체에 의존하지 않고도 꾸려나갈 수 있게 되었다.

박사의 전문분야는 반드시 안과만은 아니었다. 펜실베이니아 대학에 제출한 학위논문은 뇌졸중의 연구이므로 내과도 다루었고 외과수술도 했다. 일본에서 마취를 사용했던 것은 헤본 박사가 처음이고 의족을 사용한 것도 처음이었다.

명배우로 칭송된 사와무라 다노스케 의 다리 탈저를 치료하기 위해 허벅지다리를 절단하는 대수술을 하고 의족을 끼워 무대에 설 수 있도록 한 예로 의사로서 헤본의 이름은 일본 전체로 퍼져갔다. 다노스케는 요코하마 관내의 시모다 극장에서 감사에 보답하는 시연을 했다. 메이지 원년(1868년)의 일이다. 당시의 신문 「모시오구사」에는 "에도의 배우 사와무라 다노스케, 탈저를 앓아 미국의 명의 헤본 선생에게 치료를 원해 오른쪽 다리를 가랑이부터 잘라내어 그 자국에 약을 발랐다. 헤본의 출생지에 다리를 주문했는데 2, 3일전에 주문한 다리 하나가 미국에 왔다. 가까운 시일에 다노스케가 다리에 붙여 요코하마에 올 것 같다." 라고 되어 있다. 연기와 미모로 명성을 떨친 당대 제일의 여장남자 가부키배우이기도 하다. 일본 전체에 화젯 거리가 된 것도 이상하지 않다.

이 「모시오구사」를 발행하고 오른쪽의 간단한 글을 집필한 사람은, 다름 아닌 바로 기시다 긴코오이다. 이「요코하마 신문 모시오구사」는 일본 최초의 신문이며, 따라서 긴코오는 일본 신문계의 창시자가 된다. 헤본 박사에 의해 발탁된 문재(文才)는 이렇게 해서 일본 저널리스트 제1호가 되어 결실을 맺게 되었다.

또한, 헤본은 긴코오에게 사전출판 때의 수고에 감사하여 점안수(안약)의 처방을 전수하고 발매권을 주고 있다. 긴코오는 이 안약을 "헤본 선생 처방" "세키스이(精錡水)"라고 명명하여 일본 국내는 물론 판로를 중국대륙에까지 넓혔다. 박사의 이름은 약의 상표에도 실려 널리 알려졌던 것이다.

필사의 英학자를 맞이하며 그런데 당초 헤본의 행동에 눈을 부릅뜨고 있던 관리들도 마음속으로 '그리스도의 군자'라고 박사를 칭송하게 되었고 죠오부츠지 시대의 헤본 아래에 막부는 이미 위탁생 9명의 교육을 의뢰해 왔다. 난학에서 영학으로 시대의 변화에 적응하기 위해 한편으로는 필사적인 영학자들이 계속 탄생하고 있었던 것이다. 왕복 50킬로의 길을 기마로 2년 간 에도에서 다녔던 오오무라 마스지로 도 그 중 한 사람이다. 일본인의 그 왕성한 지식욕에 접하여 헤본은 그리스도의 복음을 설교할 날도 멀지 않음을 확신했다. 일찍이 나가사키가 크리스탄과 난학의 중심이었던 것과 같이, 지금 요코하마는 영문학과 프로테스탄트의 중심지가 되려하고 있었다.

<본문 4—5>

헤본 부처가 거류지를 39번으로 옮기고 나서 같은 부지 내에 진료소와 나란히 선교사관이 지어졌는데, 이것이 후에'헤본 숙(塾)'으로 알려진 서양관이다. 정확히는 헤본부인의 사숙(개인 글방)으로 분큐 3년(1863년)에 개설되었다. 부인은 일찍이 청소년을 위한 교육에 전력을 다하고 싶다고 생각했다. 초기에는 여자가 주 였지만 그사이 박사의 곁에서 서양의학을 배우러 온 남자도 합류하게 되었다. 일본에서의 남녀공학의 원류인 것이다. 하야시 타다스, 다카하시 유키스미, 마스다 타가, 미야케 시게루, 핫토리 아야오 들이 여기에서 부인에게 영어 기초를 배웠던 것이다. 하야시 다다스 는 후년에 영국공사와 외무대신이 되어서 일영 동맹 체결에 전력을 다했는데, 당시 13살로「헤본 부인에게는 어머니 같은 보살핌을 받았다」라고 추억을 기록하고 있다.

이 남녀공학의 헤본숙에서는 정치가와 사업가가 배출되었으며, 얼마후 부인 선교사 기다의 손에 여자학생을 위탁하여 메이지 학원과 헤리스 여학원으로 나누어지게 된다. 헤본 박사는「와에이 고린 슈세이」의 제3판(메이지 19년)까지 증보하고 손질하였고, 이 제3판을 가지고 도쿄 마르젠 상사에 판권을 양도하였으며, 그 2천 달러(당시 1만 엔이라 한다)를 메이지 학원에 헤본관을 지어 기부했다. 그리고 그 곳은 시마자키 도손, 바바고쵸, 도가와 슈우코츠 들이 생활한 기숙사이다.

헤본 박사에게 있어서 '나의 사명'의 목표라고도 해야 할 성서 번역사업은 메이지 6년(1873년)에 크리스천 금지제도가 풀리자, 다음해 성서번역공동위원회를 발족시켜 박사는 그 중심 멤버로 주요 부분의 번역을 손수 다루었다. 이것은 메이지 13년(1880년)에 완성되었으며 비로서 우리 일본인이 일본어로 성서를 읽을 수 있게 된 것이다. 게다가 구약성서의 번역을 실현시키기 위하여, 박사부부는 조용한 요양을 겸해 스위스의 츄리히 에 가서 1년간 구약성서와 헤브라이어 연구를 하고, 15년(1882년)에 구약성서번역위원회를 조직, 박사자신이 위원장으로 전력을 다하였으며 메이지 20년(1887년)에 완료했다. 다음해 신약 구약이 합쳐진 완전한 성경책으로 세상에 내놓게 된 것이다.

이렇게 해서 다방면에 걸친 큰 사업을 하나하나 완성시켜간 헤본 부처의, 주도면밀한 계획성과 정력적인 일상생활과 그 강한 인내심에 오직 외경스러운 마음을 느낄 뿐이다. 안식일이라 해도 그 날은 안식일학교(일요학교. 현재는 교회학교)가 있다.

성서의 사업을 끝내고 나서 헤본 박사는 메이지 학원의 총리로서 직무에 종사하는 한편, 최후의 봉사라고도 해야 할 요코하마·시로 교회당 건축을 서둘렀다. 마음속으로 일본을 떠나야 할 때가 가까이 온 것을 느꼈던 것이다. 정말이지 거의 70을 넘긴 몸으로 힘든 일을 참아 왔던 것이다. 이 교회당 건설에 앞서 부부는 자금조달을 위해 미국으로 건너가 모금운동도 했다. 요코하마의 마을중앙에 붉은 벽돌의 당당한 시로 교회당이 그 모습을 나타낸 메이지 25년(1892년) 1월, 그 성대한 헌당식에 부부는 건강이 좋지 않아 자택에 틀어박힌 채로 참석할 수 없었다.「내가 할 일은 끝났다」는 생각이 왈칵 북받쳐 오르듯 77세의 노 박사의 감정을 휩쓸었을 것이다.

그 해 가을, 부처는, 예전에는 풀이 무성했던 늪지에 지금은 외국 상관이 나란히 들어서 있고, 국제항구의 모습을 보이기 시작한 바닷가 풍경을 감개무량하게 바라다보면서 귀국 길에 올랐다. 모든 것이 오랜 옛날의 꿈같은 일이기도 했다.

다음해 5월, 이스트오렌지의 집에 편안히 살면서 부처는 그로부터 거의 20년, 조용하게 안식의 나날들을 보냈다. 부인은 1906년 88세로 영면하였으며 박사는 1911년 96세로 평화로운 죽음을 맞이했다. 로즈데르의 무덤에는 지금도 여전히 일본인들의 성묘가 끊이지 않는다.

〔연습문제의 답〕

第1章 安全ベルトは飾りではない

<問1의 答>

安全ベルトをきちんと締めていたら六割が死なずにすんだ。

<問2의 答>

1) ベルトを着けたり、はずしたりするのがめんどうである。
2) 体の自由が奪われて、運転しにくい。
3) 車が火事になった場合、脱出が遅れるのではないか。
4) 衝突のとき車内に閉じこめられるのではないか。
5) 低速で運転しているので必要ない。
6) 高速で起こった事故では役に立たないのではないか。
7) 安全ベルトは、運転技術の未熟なものが締めるものだ。

<問3의 答>

高々三十秒から一分にすぎない。

<問4의 答>

急ブレーキをかけたときや衝突事故のときに、 反動で車内のどこかに体が激しくたたきつけられるということである。

<問5의 答>

同年中に都内で起こった。車同士の衝突や転倒などの交通事故の一・七パーセントにすぎなかった。

<問6의 答>

安全ベルトの大切な効用の一つは、 衝突の衝撃で体が車外にほうり出されるのを防ぐことである。

<問7의 答>

二十九キロ程度のおそいスピードの衝突でも、生身の人間なら即死の状態にあったとのこと。スピードがおそいから安全だとは決して言えない事実がわかった。

<問8의 答>

自分の運転技術が未熟だと思われないかと心配すること。

<問9의 答>

エンジンをかけてから発車させるまでの間に多少の時間。

<問10의 答>

安全ベルトをしめるのをきらういろいろな口実は、まったく根拠にならない。自らの生命を軽視する人々は、ともすると他人の生命まで軽視しがちだ。みんなの車にぜひ安全ベルトを取りつけて利用することが大事だ。そして安全ベルトは, ある日突然襲ってくるかもしれない交通事故の不幸から、 あなた自身をはじめ、 あなたの愛する家族の一人一人を救ってくれる、ひじょうに大事なものだ。

第2章 驚異の人間コンピューター

<問1의 答>

講堂を埋めた二百人ほどの科学者、 数学者から出された二百けたの数の二十三乗根をできるだけ短い時間で求めることである。

<問2의 答>

CERNでは多くの人物が働いているが、そのなかでも彼は、この巨大な研究機構のなかで、 コンピューターにさえ不可能な事柄を手早く処理することができる唯一の頭脳であった。

実は、精巧きわまるこの電子装置が実用に供されるようになるまでは、彼がCERNのコンピューターであった。 ある科学者がそれを解くのに何日も何週間も、 ときには何か月もかかりそうな計算にぶつかったときに、 ほとんどすぐその場で答が与えられるほどの才能であったのである。

<問3의 答>

CERNで働くウィムの同僚は彼を大自然の驚異になぞらえて、 人間マッターホーンとか、人間グランドキャニオンといった呼び方をした。

<問4의 答>

ウィムは一九一二年十二月四日、アムステルダムに生まれた。父親はユダヤ人の医師で、その二人の息子のうちの一人だった。生まれたのは水曜日、午前十時四十六分だ。知能指数もごく普通で、まったく平凡な子供として育った。

十歳前後のとき、素因数分解と出合った。数を素数ばかりの積の形にしてしまうというものである。彼は手当たり次弟に数を分解することに熱中したが、十四歳のときには、百五十までの対数表は全部頭の中にはいっていた。こうして高校を卒業するころには、どんなコンピューターにもひけをとらない材料を彼の頭脳の記憶装置のなかにたくわえることになったのである。

<問5의 答>

ギター弾きやアコーデイオン弾きと一緒に町かどや公園の片すみに立って、計算の妙技を披露した。やがてそういう生活にいや気がさして、オランダやベルギーの小学校を訪れては講演をするようになる。その後、計算係として働くようになるが、とくにラジオやテレビに出演するように心がけている。それは聴衆からチャレンジを受けるのが好きだからであった。その中で、一番人気があったのは、いわゆる魔方陣というものであった。

<問6의 答>

縦横四つずつ全部で十六のます目を作り、その一つずつにそれぞれ異なる数字を埋めていく。全部埋め終わると、その四つの数字を縦でも横でも斜めでもどの方向に足しても、答はみな同じ数になるという仕組みである。

<問7의 答>

一つは、人生に対する積極的な取組み方である。その点は, スポーツのチャンピオンに似ていると言える。持って生まれたすばらしい運動神経があったとしても、目標に立ち向かう勇気と共に絶えざる訓練をしなければならないことである。

もう一つは、数学を使いこなすコツというものは、だれでも身につけることができるということである。

<問8의 答>

掛け算をする場合、十とか百を掛けるのはそうむずかしくないだろう。どんな数でも十倍するときには、0を一つつければいいと知っているからである。10×3=30、10×30=300という具合である。

百倍するのは、0を二つつけるのと同じことになる。100×30=3000 したがって、ある数を三十倍するのには、三倍して0を一つ余分につければいいということになる。30×7=210

以上のことが頭にはいっていれば、簡単に掛け算を暗算でできるようになる。まず与えられた数字に、一番近い十の位(あるいは百の位)の切りのいい数で計算してしまう。そのあとで残ったものを、足したり引いたりして整理すればいいわけである。

たとえば、21×12の場合、まず20×12、つまり2×12=24に0を一つ加えて240が得られる。それにもうひとつ12を足せばいいから、答は252となる。もう一つ飜をあげよう。23×97の場合は、23を百倍して2300が与えられる。それから23の三倍まり69を引いて、答は2231となるというわけである。

第3章 奥様、包丁をどうぞ - 魚はなぜ高いか -

<問1의 答>

鈴木君枝さんは、同じ魚が今年の初めは百円か百二十円だったのに、今年にはいってから三、 四回も値上がりしたし、 サケの切身でも一切れが、 お正月ごろには八十円だったのに今では百二十円もすると嘆いた。

吉田英子さんの場合、子供のころは、週に六回ぐらいは魚が食膳に出したものだと言う。またタコ、カニ、サケ、ヒラメなど種類も豊富だった。でも今は家族のために魚を用意するのは週に二回か、 多くて三回だで、 五人家族の彼女の家では野菜をたっぷり入れた牛肉か鶏肉のシチューのほうが経済的だと思った。

福井ゆみさんの場合は、 10年前までは自分の魚屋通いは日課のひとつだったが、 今では何か特別のことでもないかぎり魚屋に寄ることはない。イワシでさえ、値段が五倍にはね上がったという。イワシを買うのも月に三度か四度くらいで、一昨日なんかたった八匹で四百円もしたと言った。

<問2의 答>

千葉県銚子港に水揚げされた魚を例に考えてみよう。

福井さんが買った八匹のイワシの場合、銚子港で百九十一円という値段が初めてつく。

こうして銚子で値のついた魚は、 東京の築地市場の荷受人のもとへ送られる。 荷受人はここで魚をセリにかけ、 値段をつけて仲卸人に買いとらせる。 八匹のイワシはセリで二百八十七円に売れ、荷受人はこのなかから五·五パーセントのマージンを受けとる。仲卸人はマグロのような大型の魚の場合には売りやすいように頭、尾、胴などのブロックに分けて小売店に売りわたす。この作業のあるなしにかかわらず、仲卸人はマージンとして七パーセントを受けとるので、八匹のイワシは二百八十七円プラス二十円、三百七円で小売店に売られる。小売店はこの上にマージンとして三〇パーセントを加算する。こうしてイワシ八匹が四百円という小売値になるのである。

<問3의 答>

昔は、大型の冷凍設備や海の汚染がなく、人手が豊富で人件費が安かった。そしてこの流通の仕組みがうまく働き、需要と供給を公正につなぐパイプの役割を果たしていた。しかし、いまや事情が変わり、その役割を果たさないばかりかインフレに対して弱くなってしまったからである。

<問4의 答>

日本は島国で周囲を海に囲まれ、耕作できない山地が多く、二万九千キロに及ぶ海岸線の地帯に国民の大多数が住んでいる。

そのため海は日本国民にとって大切な食料の宝庫になり、魚は日本人の食生活に欠かせぬ主要たんぱく源になった。鮮魚は単に食料という意味をこえた宗教的な意味さえもつ食品になった。したがってその姿、かおり、色彩、色つやの美しさ、鮮度を尊び、豊富な種類の魚を天与のごちそうとして賞味してきた。

<問5의 答>

第一は人件費が上がり、人手のかかる流通システムが維持しきれなくなったこと。十年間で五倍以上もはね上がった賃金が魚の値段にはねかえるのは当然のことだ。

第二は急速な工業化によって沿岸や近海では魚がとれなくなり、とれても汚染がひどくなったことである。

それで鮮魚は量も減り、築地市場でも入荷量の三割にすぎなくなった。主要たんぱく源どころか、鮮魚は庶民には手のとどかぬ高級魚になったのである。

<問6의 答>

冷凍魚は解凍の直後に料理して食べるとおいしいが、 時間が経つとエッセンスがとけだしてしまってまずくなる。ところが、解凍後、切身や刺身として魚屋の店頭に出されてしまうと、一見、鮮魚と見分けがつかない。そのため、消費者は、本来はもっとうまかったはずの冷凍魚を、まずくされるだけでなく、 鮮魚なみの高い値段で買わされることになるという問題がある。

<問7의 答>

マグロはつねに不足気味で供給が追いつかないから、ストックをかかえていても損をするおそれはない。マグロ船のほうでも出漁には費用がかかっているので、なるべく高く売らなければ採算が合わない。御売市場でセリにかけて処理するのを待っていては、荷揚げに時間がかかり滞船料がかさむ。 市場に出すことをやめ、 商社に一船単位で買ってもらったほうが有利だという結論になる。 商社は商社で相場の動きを見ながら少しずつ市場に出せば十分にマージンはとれる。そこで、消費者はいつも高いマグロを買わされるはめになるのである。

<問8의 答>

荷受人は高い魚ほどマージンが多いから、高い手数料のはいるものを扱いたがるのは当然だ。それで荷受人は生産地にむかって値の高い魚だけを送るよう働きかけるようになる。

たとえば青森県の八戸港で大量のサバが水揚げされると、地元ではわざわざこれをLMS(大中小)の三階級によりわけ、大型のLだけを東京に送り、あとは加工用や飼料用にまわすということが起こる。

その結果、カレイ、サンマ、アジのような大衆魚はますます消費者の手に届きにくくなってしまうのだ。

<問9의 答>

まず、現行の流通機構を改革しなければならない。具体的には、マグロの一船買いに対しては 「独禁法」 を適用して取締まることも考える。固定手数料を改めて値の安い大衆魚を扱ったほうが有利になるシステムを採用する。そして、手数料を金額だけでなく取扱い重量によってもきめるなどの案内が考えられる。

そして、いま一つは、いろいろ問題の多い卸売市場を通さずに産地から直接仕入れをする、いわゆる「産地直売システム」を活用することである。

<問10의 答>

県から予算を出してもらって浦和市内の三十軒の魚屋さんに無償で冷凍庫を貸しつけたのである。ただし、冷凍魚を解凍して鮮魚のようにみせかけて売るのでなく冷凍魚のままで売ること、設備を無料で貸すかわり、よそより一五パーセント安く売ることの二つが条件として行なった。

第4章 ヘボン博士と『和英語林集成』

<問1의 答>

ヘボンは開港してまもない横浜にやって来て施療所を開き、近代医学による医療活動を開始し、学塾を開いて英学の志に燃える日本の若い子弟の教育に当たる一方で、日本で最初の本格的な和英辞典を編さんし、聖書の飜訳・出版を行うなどして日本の文明開化に計り知れない貢献をしたアメリカ人宣教医である。

<問2의 答>

ヘボン(英名、ジェームズ・カーチス・ヘップバーン)は一八一五年三月、アメリカのペンシルベニア州ミルトンに生まれた。父はミルトンの町の判事から弁護士になった人。母は牧師の娘で、教会では婦人会長をつとめ、特に外国伝道に深い理解と関心を示していた。

十六歳でプリンストン大学の三年に編入し、ここで化学をはじめ、ラテン語、ギリシャ語、ヘブライ語を学んだ。父親は息子を法律家にしたいと思い、母親は牧師になるものと思っていたが、彼は医学で身を立てようと考えた。ペンシルベニア大学で医学を修め、一八三六年、二十一歳で医学博士の学位を得た。外国伝道に出ることが彼の志であった。

<問3의 答>

ニューヨークに戻ったヘボンは市内四十二番街に医院を開業した。 当初は小さな診療所にすぎなかったが、たちまち名医の評判が立って、ニューヨークでも一、二を争う大病院に発展した。 収人もそれに応じて増したから彼の生活はたちまちのうちに豪勢なそれへとのし上がった。市内に広大な邸宅を、郊外には三つの別荘を持つようになった。

繁栄するニューヨークに富と名声と地位を確立しながらも、 彼はそうした世俗的な幸福だけでは満たされなかったし、若い日に定めた生涯の“仕事”も忘れてはいなかった。

<問4의 答>

神奈川の成仏寺の木堂を借りて住みなしたが、 パンもなくバターも牛乳も牛肉もない生活であって、ヘボンは成仏寺の広い庭を菜園にしてレタスやサラダ菜を作っていた。もっとも、時には船長や領事から牛肉や羊肉や子牛の肉が届けられ、殻をとった良質のカキを市場から買い入れることができた。 つまり、 ヘボン式和洋折衷の生活が着々と進んでいた。

<問5의 答>

朝五時に起きてランプをともし、 七時まで辞書の仕事をした。 一時間ばかり運動して、八時に朝食。午前中は堀割を隔てた崖下の宗興寺に行って診療と投薬にあたった。午後はまた二時ごろから辞書の仕事をはじめて五時前後に筆をおいた。

<問6의 答>

岸田吟香は、ヘボン博士が「和英語林集成」を出版するに当たって助手をつとめた人である。 彼女は眼病の治療にはるばる江戸からやって来た患者の一人であった。 彼女は博士の医術に感心もしたし、その風格に打たれた。ヘボンもまた、彼女が知識人であるのを感じとっていた。書斎に吟香を招き入れて言語について語ることが多かった。彼女の漢字と国文の知識、それに天与の文才は「和英語林集成」の完成を助けることになったのである。

<問7의 答>

手紙の内容は、「この辞書はわたし自身の労苦の結晶です。 私は日本人の土地か

ら鉱脈を掘りあて、一生懸命にそれを掘り出したのです。その労苦がどれほどであったか、十分に理解してくれる人があるかどうか疑問に思っています。ほとんど七年間孜々として編集していったのです。 五回も日本語の教師を変えなければならなかったのです。ですから不完全なのはやむをえません。しかしそれにもかかわらず、わたしがなしえた最上の宣教事業となることでありましょう。 絶対に必要な著作であって、 これなくしては聖書の飜訳は達成できません」というものであった。

<問8의 答>

演技と美貌でならした当代随一の女形の歌舞伎俳優として有名であった。 足の脱疽を患んで米国の名医ヘボン先生に治療を受けたが、彼は股を切断する大手術を受けることになった。その後、義足をはめて舞台に立った。

<答9의 答>

長崎が切支丹と蘭学の中心とした町なら、横浜は英学とプロテスタントの中枢とした町だと思う。

<答10의 答>

初めて日本人がバイブルを日本語で読めるようになったのは、明治13年で、 新旧合わせた完全なバイブルの翻訳書は明治21年完成した。

<答11의 答>

島崎藤村·馬場孤蝶·戸川秋骨ら。

<答12의 答>

ヘボンは96歳でその妻は88歳でなくなった。彼の墓はアメリカのローズデールにある。

색인

일본어

한국어

(ㄱ)